Again
나의 **꿈**
10억 만들기

Again
나의 **꿈**
10억 만들기

초판 1쇄 인쇄 | 2018년 11월 20일
초판 1쇄 발행 | 2018년 11월 26일

지은이 | 김대중
펴낸이 | 박영욱
펴낸곳 | 북오션

편 집 | 허현자 · 이상모
마케팅 | 최석진
디자인 | 서정희 · 민영선

주 소 | 서울시 마포구 월드컵로 14길 62
이메일 | bookocean@naver.com
네이버포스트 | m.post.naver.com('북오션' 검색)
전 화 | 편집문의: 02-325-9172   영업문의: 02-322-6709
팩 스 | 02-3143-3964

출판신고번호 | 제313-2007-000197호

ISBN 978-89-6799-430-3 (03320)

이 도서의 국립중앙도서관 출판예정도서목록(CIP)은 서지정보유통지원시스템
홈페이지(http://seoji.nl.go.kr)와 국가자료공동목록시스템
(http://www.nl.go.kr/kolisnet)에서 이용하실 수 있습니다.
(CIP제어번호: CIP2018035140)

10억 부자 나도 될 수 있다!

Again
나의 꿈
10억 만들기

김대중 지음

15년 만에 새로 쓴
10억 만들기, 돈 버는 노하우

북오션
콘텐츠그룹

행복한
작은 부자가 되자

2003년 《나의 꿈 10억 만들기》라는 책을 썼습니다. 그 책에서 나는 45살까지 10억 원을 만들어야 한다고 주장했습니다. 당시 나이는 41살이었고 10억 원을 만들지 못한 상황이었습니다. 서문에서 이렇게 이야기하였습니다.

〈아직 10억을 채 만들지는 못했지만, 조금만 더 노력하면 45살이 되는 4년 후에는 10억대 자산가로 변해 있을 제 모습을 상상해 봅니다. 그 꿈을 위해 정말 부단히 노력하고 있습니다.

그런데 제가 발견한 이 노하우를 저 혼자만 알고 있는 것보다 많은 사람들에게 얘기해 주고 싶었습니다. 제 동생에게도 얘기해 주고 싶었

고, 특히 자신의 재산이 얼마인지도 모르고, 자신의 인생 마스터플랜조차도 짤 줄 모르는 '돈맹' 젊은이들에게 더욱 말해·주고 싶었습니다.

제가 행복한 인생 후반전을 위해 10억을 이야기하는 것은 우리가 노력하면 만들 수 있는 수준의 돈이기 때문입니다. 더 큰 금액이 되어 버리면 오르지 못할 나무가 되어 중간에 포기하기 쉽습니다.

10억이란 돈은 우리가 충분히 오를 수 있는 나무이고, 저는 여러분들이 그 나무를 오르는 데 조그만 사다리가 되고 싶습니다. 그것이 금융기관의 지점장으로 일하는 저의 사명이 아닐까 생각해 보았습니다. 그래서 저는 여러분들이 불행한 큰 부자가 되기보다는 현실적으로 가능한, 행복한 작은 부자가 되기를 소망합니다.〉

그리고 15년이 흘렀습니다. 내 나이는 56살이 되었고 10억 만들기는 성공했습니다. 돌이켜보면 많은 고비들이 있었지만 어쨌든 지금은 돈에 얽매이는 생활에서는 벗어났습니다. 아주 조그만 경제적 자유를 찾은 것이지요.

요즘은 시간이 날 때마다 여행을 다닙니다. 작년에 간 곳만 하더라도 스페인, 터키, 발칸, 미국, 동경, 시즈오카를 다녀왔고 올해에는 중국과 러시아, 오키나와, 다카마츠를 다녀왔습니다. 아내와 손잡고 다니는 여행은 참으로 행복합니다.

그러다가 문득 이런 생각이 들었습니다.

'그때 그 책을 읽은 사람들은 10억 만들기에 성공했을까? 여전히 경제적인 어려움 속에서 10억을 꿈꾸고 있는 사람들이 있다면 나의 경험과 이야기를 들려드리면 어떨까?'

그렇게 《Again 나의 꿈 10억 만들기》가 시작됐습니다. 전작에는 10억을 만든 다양한 사람들의 이야기가 실려 있지만 《Again 나의 꿈 10억 만들기》에는 나의 이야기가 실려 있습니다. 전혀 모르거나 너무 큰 부자들의 이야기보다는 누군지 아는 저자의 이야기가 더 설득력이 있을 것이라는 생각도 들었습니다.

이 책은 총 10장으로 구성되어 있습니다. 10억 만들기가 어떻게 해서 시작되었는지, 그리고 10억 만들기가 지금도 유효한지, 10억을 만들기 위해서는 어떻게 해야 하는지, 10억을 만들었다면 어떤 부자가 되어야 하는지에 대한 내용들이 적혀 있습니다.

그동안 TV나 방송, 강의, 집필, 기고 등에서 주장해 왔던 것들입니다. 이전에 썼던 다른 책들과 강남대학교 겸임교수로 강의한 내용이 많이 들어가 있습니다. 이런 이야기들을 한 자리에 묶는 작업을 지난 몇 달간 했습니다. 아주 유익하고 보람찬 시간이었습니다.

책의 부록에는 내가 20살 때부터 어떻게 살아왔는지를 이야기했습니

다. 별로 잘 난 것도 없는 이야기지만 그래도 한 번 읽어보시면 마음을 다잡는 데 도움이 되지 않을까 합니다.

오늘이 있기까지 옆에서 도와준 세 분의 여인들에게 감사의 말을 전하고 싶습니다. 하늘나라에 계신 어머님과 지금도 곁에서 지켜주는 아내와 늘 웃음을 주는 며느리에게 이 책을 바치고 싶습니다.

지은이의 말은 여기까지 하겠습니다.
이 글을 읽는 여러분들의 건투와 행운을 빕니다.

김대중

| 차 례 |

chapter 1

모든 것은
IMF에서 시작되었다

1997년, IMF가 발생했다
대한민국 최대의 위기였다

IMF의 공포

1997년, IMF가 발생했다. 6·25전쟁 이후 대한민국 최대의 위기였다.

은행들이 망했다. 조흥은행, 상업은행, 제일은행, 한일은행, 서울은행 등 5대 시중은행이 모두 문을 닫았다. 은행도 망할 수 있다는 것은 큰 충격이었다.

은행원들에겐 실직의 고통이 따랐다. IMF 이전까지 은행은 평생직장의 대명사였다. 월급도 많았고 복지 혜택도 훌륭했다. 두 자릿수 금리 시대에도 무이자에 가까운 금리로 몇 천만 원의 주택자금을 빌릴 수 있었고 근무환경도 좋았다. 사회적으로도 신망 받는 직업에 누구 하나 나가라고 하는 사람도 없었다. 완벽한 직장이었다.

IMF를 맞으면서 은행의 부실문제가 불거졌다. 여파는 은행권의 구조조정으로 이어져 일자리를 잃은 은행원이 4만 명이나 되었다. 동화은행, 경기은행 등은 부실은행으로 퇴출되면서 직원의 80%가 실업자가 되었다. 합병 당시 거론됐던 고용승계 약속은 지켜지지 않았다. 부실은행으로 낙인찍힌 다른 은행들도 마찬가지였다. 제일은행과 서울은행은 절반이 짐을 쌌다. 구조조정은 은행만의 문제가 아니었다. 급속하게 다른 업종으로 확산되었다.

〈합병은행 현황〉

1998년 6월 이전	1차	2차	2018년 현재
한국주택은행	한국주택은행	한국주택은행	KB금융지주
대동은행			
국민은행	국민은행	국민은행	
동남은행			
장기신용은행	장기신용은행		
조흥은행	조흥은행	조흥은행	신한금융지주
강원은행			
충북은행			
동화은행	신한은행	신한은행	
신한은행			
제주은행	제주은행		
상업은행	한빛은행	한빛은행	우리금융지주
한일은행			
평화은행	평화은행		

제일은행	제일은행	제일은행	SC제일은행
서울은행	서울은행	서울은행	하나금융지주
하나은행	하나은행	하나은행	
충청은행			
보람은행	보람은행		
외환은행	외환은행	외환은행	
한미은행	한미은행	한미은행	한국씨티은행
경기은행			
농협	농협	농협	NH농협은행
축협			

증권회사도 망했다. 업계 4위의 동서증권, 8위의 고려증권이 망했다. 단자사도 망했다. 종금사도 망했다.

금융기관뿐만 아니었다. 삼성, 현대그룹과 어깨를 나란히 하던 대우그룹이 무너졌다. 기아그룹, 한보그룹, 한라그룹, 삼미그룹도 무너졌다. 진로, 삼립식품, 대농, 해태제과 등도 부도가 났다. 대기업들의 연쇄부도는 취약한 재무구조가 원인이었다. 한보의 부채비율은 2,066%, 삼미는 자본잠식, 진로는 4,167%, 기아는 521%였다.

대기업도 이랬으니 중소기업은 더 말할 것도 없었다. 매일 100여 개 기업이 도산했다.

〈IMF 당시 부도 기업〉

년 월	1997	1998	1999	2000
1	한보그룹 부도	나산그룹 부도 극동건설 부도		
2		파스퇴르 부도 10개 종금사 인가취소		
3	삼미그룹 부도	단국대학교 부도 미도파 부도		
4	진로그룹 부도			
5	삼립식품 부도 한신공영그룹 부도	거평그룹 부도 동아그룹 해체		
6		5개 시중은행 폐쇄	삼성자동차 법정관리	
7	기아그룹 부도	한일그룹 부도		
8	대농그룹 부도	4개 보험사 영업정지		
9		장은증권 퇴출 동방페레그린 퇴출		
10	쌍방울그룹 부도 태일정밀 부도			현대건설 1차부도
11	해태그룹 부도 뉴코아그룹 부도 온누리여행사 부도		대우그룹 해체	대우자동차 부도 동아건설 부도

| 12 | 셰프라인 부도
고려증권 부도
한라그룹 부도
영진약품 부도
경남모직 부도
동양어패럴 부도
삼성제약 부도
13개 종금사 업무 정지
동서증권 부도
청구그룹 부도 | | | |

경제지표도 최저치를 기록했다.

종합주가지수는 277포인트까지 하락하고 삼성전자의 주가는 3만 원(액면가 5천 원 기준)이었다.

부동산 가격도 폭락했다. 지금은 18억 원인 대치동 은마아파트는 1억 5천만 원이었다.

채권 값도 폭락했다. 채권금리는 30%가 넘어 채권시장은 마비되었으며, 원·달러 환율도 장중 2천 원이 넘었다. 3%였던 실업률은 9%까지 급등했다.

엄청난 혼란이었다. IMF의 공포가 온 사회에 스며들었다. 피해는 고스란히 국민들에게 전가되었다.

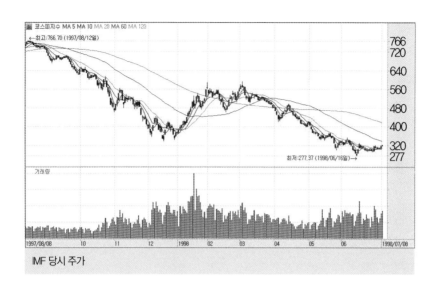

IMF 당시 주가

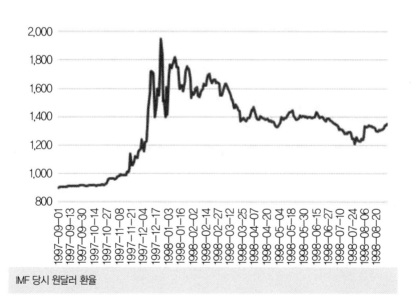

IMF 당시 원달러 환율

고용구조 파괴

IMF의 두려움을 가장 절실히 느낀 곳은 고용현장이었다.

직장인들은 난생 처음 명예퇴직을 당했다. 회사에 입사하면 정년까지 다닐 줄 알았던 사람들은 충격에 빠졌다. 우리나라 회사의 대부분은 연공서열식을 택하고 있었다. 범죄를 저지르지 않는 한 계속 회사에 남아 있을 수 있었고, 능력이 좀 떨어지더라도 회사는 그 사람을 팽개치지 않았다. 직원은 회사에 충성했고 회사도 직원을 보호했다. 한 번 입사한 사람은 그곳에서 자신의 청춘을 보내고 정년을 맞이했다. 정년 때 받은 퇴직금을 은행에 넣어놓고 이자로 노후를 보냈다.

IMF가 닥치면서 고용구조는 파괴되었다. 회사는 직원을 버렸다. 회사와 직원이 같이 죽는 것보다는 낫다는 논리였다. 피해는 고스란히 직원들에게 돌아왔다.

40대 이상의 부장급을 중심으로 명예퇴직이 실시되었다. 부장 한 명의 인건비는 20대 사원 3명의 인건비와 맞먹었다. 비용에 허덕이는 기업은 높은 급여를 받는 부장들을 명예퇴직의 1순위로 올려놓았다. 말은 명예퇴직이었지만 전혀 명예스럽지 않은 퇴직이었다.

당시의 분위기는 '구조조정은 일시적'이었다. IMF라고 하는 전대미문의 사건 속에서 어쩔 수 없다고 생각했다. 회사가 잘 되면 직원들을 다시 부를 것이라 생각했다. 어려운 고비만 넘기면 다시 예전 같은 태평성대가 오리라 생각했다. 하지만 그렇지 않았다. 시간이 지나감에 따라 구조조정은 일시적이 아니라 상시적이 되었다.

완전히 파괴당한 고용구조

당시 내가 근무하던 회사에서도 30%의 인원이 감원 당했다. 한 부서에서 2~3명씩 짐을 챙겨야 했다. 처음에는 부서장에게 명예퇴직 할 사람 명단을 요구했고, 부서장이 난색을 표한 경우에는 인사고과 점수로 밑에서부터 명단에 올렸다. 전혀 자발적이지 않은 명예퇴직이었다. 보증을 잘못 서서 도피한 직원도 있었다. 주식투자에 실패하여 행방불명된 직원도 많았다. 600명의 직원이 순식간에 400명으로 줄었다. 어제까지 같이 근무했던 동료의 빈자리는 유난히 커보였다.

급여도 삭감 당했다. 하지만 급여 삭감을 불평하던 직원은 아무도 없었다. 살아남았다는 안도감과 감원당한 사람들에 대한 미안함이 뒤섞인 복잡한 심정들이었다. 회사의 분위기는 살벌했다.

예전의 고용구조는 완전히 파괴되어 버렸다. 그리고 빠르게 새로운 고용구조가 확립되기 시작했다. 50대 임원과 40대 부장을 시작으로 한 명예퇴직은 30대 과장까지 내려왔다. 심지어 입사 몇 년차 사원까지 확대되었다. 회사에서 정년을 맞으려는 꿈은 야무진 바람이요, 희망사항으로 전락하였다.

취업희망 직군에도 변화가 나타났다. 대기업에 비해 급여가 낮다는 이유로 비인기직군이었던 공무원은 인기직군으로 탈바꿈했다. 지원자가 없어서 지원이 곧 합격이던 경찰공무원 순경도 두 자리 수의 경쟁률을 보였다. 학교 선생님에 대한 선호로 교대의 합격점이 껑충 뛰었다. 모두 명예퇴직이 없고 고용이 보장된다는 이유에서였다.

03

수명의 연장

고용구조 파괴와 더불어 또 하나의 문제가 대두되었다. 수명이 급격히 늘어난 것이다. 오래 산다는 것은 축복받을 일이다. 하지만 미처 노후를 준비하지 못한 사람들은 곤혹스러웠다. '노인거지'가 되어 산다는 것은 악몽이었다. 하지만 현실로 다가왔다.

우리나라 사람의 평균수명은 2016년을 기준으로 남자가 79.3세 여자가 85.4세이다. 1970년의 평균수명은 62.3세에 불과했고, 정년은 대부분 55세에서 60세였다. 정년까지 일하고 퇴직금으로 몇 년을 살다가 인생을 마감하는 것이 직장인의 삶이었다. 정년에서 사망까지의 기간이 짧아 정년 뒤를 설계할 필요가 없었다.

연도	1970	1975	1980	1985	1990	1995	2000	2005	2010	2015	2016
전체	62.3	64.3	66.2	68.9	71.7	73.8	76.0	78.2	80.2	82.1	82.4
남자	58.7	60.3	61.9	64.6	67.5	69.7	72.4	74.9	76.9	79.0	79.3
여자	65.8	68.2	70.4	73.2	75.9	77.9	76.7	81.6	83.6	85.3	85.4

평균수명은 20년이 늘었다. 앞으로도 늘어날 전망이다. 반면 퇴직 시기는 앞당겨졌다. 전반전은 열심히 뛰고 후반전은 손주 재롱을 보며 살다가 생을 마감하던 인생이 '후반전에는 어떤 삶을 살아야 하는가?'를 고민해야 하는 시대가 되었다.

앞으로 몇 년 동안 생존할 수 있는가를 계산한 잔존수명을 기대여명이라고 한다. 현재 30세인 남자는 평균적으로 50년을 더 살 수 있고 30세인 여자는 56년을 더 살 수 있다. 운이 좋아 50세까지 직장을 다닌다고 하더라도 기대여명은 34년이나 된다.

태어나서 학교를 다니고 취직해서 정년을 맞이하는 전반전에 비해 정년 후의 삶인 후반전은 무척 긴 시간이 되어버렸다.

〈연령대별 기대여명〉 단위: 년

연령별	전체	남자	여자
31세	52.0	49.1	55.0
32세	51.0	48.1	54.0
33세	50.1	47.1	53.0
34세	49.1	46.2	52.0
35세	48.1	45.2	51.1
36세	47.2	44.2	50.1
37세	46.2	43.3	49.1
38세	45.2	42.3	48.1
39세	44.3	41.3	47.2
40세	43.3	40.4	46.2
41세	42.4	39.5	45.2
42세	41.4	38.5	44.3
43세	40.5	37.6	43.3
44세	39.5	36.6	42.3
45세	38.6	35.7	41.4
46세	37.6	34.8	40.4
47세	36.7	33.9	39.5
48세	35.7	32.9	38.5
49세	34.8	32.0	37.5
50세	33.9	31.1	36.6

사람들은 고민에 빠졌다.

인생의 후반전을 어떻게 보낼 것인가. 제2의 인생은 어떻게 살아야 할까. 새로운 인생을 살아야 하지 않을까. 전반전이 끝날 때까지 후반전을 위한 계획을 세워야 하지 않을까. 경제적 어려움을 겪지 않도록 미리 준비해야 하는 것 아닐까.

고민이 이어지면서 사람들은 자신의 노후를 생각하게 되었다. 20년 번 돈으로 40년 살아야 하는 현실에서 '과연 나는 노후에 인간다운 삶을 유지할 방패를 가지고 있는가?'를 생각하게 되었다. 국민연금이라고 하는 방패는 미덥지 못했다. 무딘 창에도 쉽게 뚫려 버리는 얇은 방패라는 생각이 들었다. 노후를 보호해 줄 두터운 방패는 스스로 해결할 수밖에 없다는 셀프서비스의 시대가 되었음을 인식하게 되었다. 사람들은 드디어 '돈'을 입에 올리기 시작했다.

돈에 대한 열망

IMF가 본격적으로 시작되었다. 어려워진 경제사정과 처음 맞이하는 충격이 사회에 몰아쳤다. 많은 실업자가 거리로 내몰렸다. 실업을 숨기기 위해 도서관으로 출근하는 직장인도 있었다. 지하철 로커에 양복을 넣어두고 등산복으로 갈아입고 산으로 향하던 사람들도 있었다. 퇴직 이후가 전혀 준비되지 않았던 사람들에게 명예퇴직은 재앙 그 자체였다.

명예퇴직 후 자영업으로 생계를 꾸려가던 개인사업자들도 힘들긴 마찬가지였다. 높아진 이자를 갚기 위해 발버둥 쳤다. 세상 물정 모르고 창업한 가게들은 망하기 일쑤였다. 퇴직금으로 받은 돈을 자영업으로 말아 먹는 사례가 줄을 이었다. 돈 때문에 가정이 깨어지고 가족은 뿔뿔이 흩어졌다. 자살하는 사람의 기사가 연일 신문을 장식했다. 사람들은 돈이 실생활에서 얼마나 큰 부분을 차지하고 있는지 온몸으로 실감

했다. 돈을 입에 올리게 되고 부자가 되기를 갈망했다.

우리 사회에서 재테크의 화두는 이렇게 시작되었다. 하지만 부자에 대한 구체적인 기준은 없었다. 그저 막연하게 '부자가 되었으면 좋겠다. 돈이 많았으면 좋겠다'고만 생각했다. 어렴풋이 '경제적 자유'에 대해 관심을 가지기 시작했지만 어떻게 해야 부자가 되는지도 몰랐고 재산이 얼마나 있어야 부자인지도 몰랐다. 목표가 뚜렷하지 않다 보니 제대로 된 계획을 세울 수도 없었다.

이때 나는 부자의 조건으로 10억을 제시하였다.

뜨거운 10억 열풍

10억 열풍은 거세게 우리 사회에 휘몰아쳤다.

온라인에서는 '10년10억 만들기' 카페가 인기를 끌었으며 오프라인에서는 《나의 꿈 10억 만들기》 책이 불티나게 팔려나갔다. 재테크 강좌에 대한 관심도 높아졌다. 많은 사람들이 공개강좌에 참여하였다.

10억 열풍은 왜 이렇게 폭발적으로 우리 사회를 강타했을까?

불안한 노후에 대한 두려움 때문이었다. 믿을 것은 돈밖에 없다는 처절한 마음이 10억 열풍의 근원이었다.

삶의 시스템이 바뀌었다는 것에 사람들은 공감했다. 삶의 시스템이 바뀌었는데도 불구하고 예전과 같은 삶을 고집하면 그 삶은 힘겨운 삶이 될 것이라는 것을 깨달았다.

IMF 이전은 한국 경제의 고도성장기였다. 일자리는 넘쳐났고 취업은 힘들지 않았다. 좀 더 좋은 회사에 가려는 욕망은 있었지만 취업 자체가 힘들지는 않았다. IMF가 터지면서 고도성장 시대는 끝나고 저성장기의 시대가 되었다. 취업은 점점 힘들어졌다.

취업난은 '경기가 좋지 않아 잠시 동안 있다가 사라지는 것'이 아니었다. 기업들은 상시구조조정체계를 갖추어 놓았다.

정년퇴직의 문제도 있다. IMF이전에는 퇴직금을 은행에 넣고 이자로 사는 것이 가능했다. 1980년의 은행금리는 21.8%였다. 1억 원만 은행에 넣어도 2천만 원이 넘는 세전이자가 나왔다. 행복했던 시절이었다. 저금리 시대가 되면서 은행 이자는 더 이상 생활비가 되지 못했다.

또 하나 빠트릴 수 없는 문제는 나와 자식과의 관계이다. 예전에는 자식이 가장 든든한 노후대책이었다. 내가 지금 아무리 고생해도 자식을 잘 키워 놓으면 자식이 나를 봉양할 것이라는 믿음이 있었다. 이런 기대는 이미 물거품이 되어 버렸다. 지금은 자녀가 부모를 모시려고 하지도 않고, 부모도 그런 생각을 버린 지 오래다.

현실적으로도 힘들다. 출산율이 1.05라고 하는 것은 한 가정에 자녀가 1명 있다는 이야기다. 자녀가 1명씩 있는 상황에서 결혼을 하게 되면 모셔야 될 부모는 시아버지, 시어머니, 장인, 장모 4분이 된다. 여기에 시아버지의 부모님, 시어머님의 부모님, 장인의 부모님, 장모의 부모님이 각각 살아계시니 모셔야 할 분은 12분이 된다. 자식이 부모를 모시지 않는 것이 자연스러운 일이 되어버렸다.

이런 상황들이 복합적으로 아우러져 10억 열풍으로 이어졌다.

10억 만들기 열풍

많은 사람들이 '왜 하필 10억인가', '5억은 안 되는가', '20억이나 30억
은 되어야 하지 않는가?'하고 물었다.

나는 이렇게 답했다.

〈인생을 행복하게 살기 위해서는 경제력이 필수다. 10억보다는 20억,
20억보다는 30억이 있다면 더 행복할 것이다. 하지만 과연 우리네 삶이
돈만 있다고 행복할까? 그건 아닌 것 같다. 돈과 더불어 '원만한 가정생
활', '일에 대한 성취감', '건강' 이런 것들이 함께 아우러질 때 진정 우리
는 행복함을 느낄 것이다. 20억, 30억을 만들려고 하다가 가정도 파탄
나고 일 중독증에 걸리고 건강마저 해친다면 이는 우리에게 행복을 주
는 경제력이 아니라 불행을 주는 경제력이 되고 만다. 내 가정 지키면

서, 일에 대한 성취감을 느끼면서, 그리고 건강도 유지해나가면서 목표로 삼을 수 있는 금액이 10억이다. 물론, 10억이 있다고 해서 하고 싶은 것을 다 할 수는 없다. 자가용비행기를 굴릴 수도 없고 풀장이 있는 집에서 살 수도 없다. 하지만 10억이란 돈은 우리들에게 경제적인 자유를 주는 최소한의 금액이다. 싫은 일을 단순히 돈 때문에 억지로 해야 하는 비참함에서 벗어날 수 있는 금액이다. 우리가 손을 쭉 뻗으면 도달할 것도 같은 금액이다. 그래서 더욱 실현가능성이 높은 금액이다. 왠지 어려워 보이지만, 그래서 불가능해 보이지만, 그래도 조금 더 애써 노력하면 닿을 것 같은 금액이 바로 10억이다. 목표라고 하는 것은 기를 쓰고 손을 뻗었을 때, 닿을 동 말 동 한 것이 가장 효과적이다. 목표가 지나치게 높으면 중간에 포기하기 쉽고 목표가 지나치게 낮으면 성취욕이 떨어지기 때문이다. 이런 점에서도 10억이란 수치는 아주 매력적이다.〉

모으기와 만들기의 차이

이렇게 이야기하면 또 이렇게 반문한다.

'아니 내 연봉이 3천만 원인데 10년 동안 1원도 쓰지 않고 모아봤자 3억인데 도대체 어느 세월에 어떻게 10억을 모으라는 거야?'

이런 의문은 '모으기'와 '만들기'의 개념을 이해하지 못해서 발생한다.

단순히 10억을 모으려고만 하면 힘들다. 10억을 모은다는 것은 오로지 저축만 한다는 것인데 낮은 이자로 10억을 모으기는 정말 힘들다.

하지만 생각을 달리해서 10억을 '만들려고' 하면 어떨까? 이때의 '만들기'는 저축+투자의 개념이다. 그래서 내 책 제목도 '나의 꿈 10억 모으기'가 아니고 《나의 꿈 10억 만들기》였다.

모으기와 만들기의 차이점을 그림으로 나타내보자.

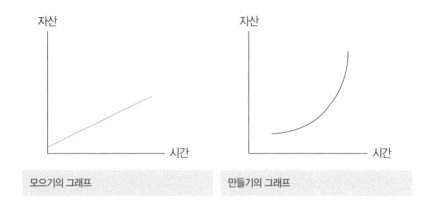

모으기의 그래프   만들기의 그래프

왼쪽 그림은 모으기의 그래프다. 산술급수적으로 증가한다. 오른쪽 그림은 만들기의 그래프다. 기하급수적으로 증가한다.

10억은 모으는 것이 아니고 만드는 것이다. 10억을 만든다는 것은 처음엔 각고의 노력으로 종잣돈을 만들고 이 종잣돈을 적절한 시기에 적절한 곳에 투자함으로써 가능하다.

돈이 없는 상태에서 1천만 원을 모을 때는 무척 힘이 들지만 1억 원 있는 사람이 1천만 원 모으는 것은 덜 힘들다. 5억 원 있는 사람이 1천만 원 모으는 것은 더 쉬운 일이다.

돈은 직선으로 증가하는 것이 아니고 곡선을 그리면서 증가한다. 처음에는 아주 완만하게 모인다. 그렇게 완만하게 모이다가 어느 순간이 되면 돈이 돈을 불러오는 단계가 되어 급격하게 늘어난다.

돈을 모으는 과정에서 '왜 이렇게 돈이 빨리 안 모이지?'하고 조급히 생각할 필요는 없다. 초조해 할 필요도 없다. 대부분의 사람들이 돈을 모으는 초기 단계에서 돈이 빨리 모이지 않는다고 짜증을 내고 포기하곤 한다. 이 고비를 잘 넘겨야 한다. 그래야 돈이 쑥쑥 늘어나는 단계로 접어든다. 이 고비를 제대로 넘기지 못하면 영영 돈에 허덕이는 생활이 될 수밖에 없다. 차근차근, 또박또박, 한 걸음 한 걸음, 나아가야 한다.

2018년 오늘,
10억은 여전히 유효한가?

　내가 10억 만들기를 주장한 이후 15년의 세월이 흘렀다. 그때 그 책을 읽었던 많은 사람들은 10억 만들기에 성공했을까? 성공한 사람도 있을 것이고 실패한 사람도 있을 것이다. 성공한 사람은 성공한 사람대로의 힘든 과정이 있었을 것이고 실패한 사람은 실패한 사람대로의 사연이 있었을 것이다.

　먼저, 성공한 사람에게는 박수를 보낸다. 아마 지독한 저축을 했을 것이고 돈에 대한 공부를 했을 것이고 마음 졸이는 투자도 했을 것이다. 본인의 실력도 있었을 것이고 약간의 운도 따라 주었을 것이다. 그렇게 10억 부자가 되어 조금은 여유로운 생활을 즐기고 있을 것이다. 진정 축하드린다!

　하지만 실패한 사람이 훨씬 더 많을 것이다. 가족이 아파 병원비가 들어간 경우도 있을 것이고 돈을 모으는 과정에 지쳐 '내가 무슨 부귀영화를 누리겠다고…' 하면서 눈길을 피한 경우도 있을 것이다.

세월은 흘렀지만 2003년의 현실과 2018년의 현실은 놀라우리만치 닮았다.

사회생활의 시작이라고 하는 취업은 여전히 어렵다. SKY로 대변되는 일류대학의 입학점수보다 의대점수가 더 높다. 대학 입시의 기준은 취업률이다. 취업이 잘 되는 과는 인기학과가 되고 취업이 잘 되지 않는 학과는 비인기학과가 되어 정원수가 줄거나 아예 폐과가 되기도 한다.

취업도 어렵지만 버티기도 어렵다. 2017년 한 해에만 5천 명의 은행원들이 짐을 쌌다. IMF때에는 큰 폭의 적자로 은행원들을 떠나보내야 했지만 2017년에는 11조 원이 넘는 순이익을 내면서도 5천 명의 은행원들을 떠나보냈다. 상시적인 구조조정으로 인해 정년까지 버티기는 점점 어려운 일이 되고 있다.

출산율은 1.05를 기록하고 있다. 결혼도 하지 않고 아이도 낳지 않는다. 인구가 줄고 있다. 2017년 말 5,170만 명의 인구는 2064년이 되면 1천만 명이 준 4,196만 명이 될 것으로 추계된다(통계청, 출산율-현 수준, 기대수명-중위, 국제순이동-중위 가정).

노후의 최후 보루인 국민연금의 재원은 점점 줄어들고 있다. 2043년에 적자 전환되어 지금 20~30대 젊은이들이 국민연금을 받을 2060년이면 고갈될 것으로 예상되고 있다. 2060년 고갈은 사설연구소의 발표가 아니다. 정부의 발표다. 국민연금재정추계위원회에서 전망한 것이다. 건강보험은 2025년에 누적수지가 바닥나고 노인장기요양보험은 2028년에 누적수지가 바닥날 것으로 전망되고 있다.

10억은 여전히 유효한 것일까?

결론부터 이야기하자. 2018년에도 10억은 여전히 유효하다.

자신의 노후에 대해 처음으로 인지하고 고민하기 시작한 것이 2003년 10억 만들기의 근간이었다. 15년이 지난 지금도 여전히 자신의 노후에 대해 고민하고 있다. 고민의 깊이는 더 깊어졌으며 너비도 더 넓어졌다.

자신의 노후를 지원해 줄 국민연금은 고갈위험에 빠져있고 건강보험도, 노인장기요양보험도 위태롭다. 인구가 준 만큼 세금도 준다. 정부의 복지 정책만 믿고 있기에는 너무 불안하다.

늙어서 경제력을 상실하는 것만큼 안타까운 일은 없다. 재산이 많은 부모는 서로 모시려 하고, 재산이 없는 부모는 서로 피하는 것이 요즘 세태다. 현실이 이럴진대 돈 없는 노후가 어찌 행복하랴? 가끔 관광이라도 다녀오고 손주들에게 과자 값이라도 쥐어주려면 경제력 있는 노인이 되어야 한다. 늙어서 최소한의 인간다운 삶을 위해서라도 돈은 필요하다.

물가상승률을 고려하여 계산해 보았더니 2018년의 10억은 2003년의 7억 정도에 해당되었다. 그리고 2003년의 10억은 2018년의 14억에 해당되었다. 15년의 세월이 흐른 만큼 금액의 차이는 없을 수 없다. 하지만 '10억'이라고 하는 금액의 상징성은 여전히 존재한다.

상징성뿐만 아니라 실제로도 그렇다. 머니투데이에서는 국민들의 '부'에 대한 인식을 살펴보기 위해 2004년부터 매년 설문조사를 실시하고 있다. 2018년 조사에 따르면 부자의 기준으로 40%가 넘는 국민들이 지목한 곳이 10억이었다. 20억이나 30억을 지목한 목소리도 있었지만 그 비율이 줄어든 반면 10억을 제시한 목소리의 비율은 늘어났다. 삶이 팍팍하다보니 10억이라는 최소한의 소박한 부자에 목표를 두고 있는 것이다.

〈15년간 물가상승률과 정기예금 금리 변화〉 (단위: %)

년도	물가지수	정기예금금리
2003	3.5	4.15
2004	3.6	3.75
2005	2.8	3.57
2006	2.2	4.36
2007	2.5	5.01
2008	4.7	5.67
2009	2.8	3.23
2010	3.0	3.18
2011	4.0	3.69
2012	2.2	3.43
2013	1.3	2.70
2014	1.3	2.42
2015	0.7	1.72
2016	1.0	1.47
2017	1.9	1.51

chapter 2

다시
새로운 시작을 위하여

부자가 되는 지름길이 있다
다시 10억 만들기 열풍이 분다

부자가 되지
못하는 사람들

　나는 왜 부자가 되지 못할까. 부자가 된 사람들은 어떻게 부자가 되었을까. 부자가 되지 못한 사람은 또 어떤 연유로 부자가 되지 못한 것일까?

　게으른 사람이라서 그런 것일까. 재운이 없어서 그런 것일까, 낭비벽이 심한 탓일까? 위의 세 가지 경우에 해당되면 당연히 부자 되기는 힘들 것이다. 문제는 그렇지 않은 사람들도 부자가 되지 못한다는 데 있다. 도대체 어떤 경우에 부자가 되지 못하는 것일까?

　그렇다. 가난을 운명으로 받아들이면 부자 되지 못한다.

　보릿고개라고 하는 것이 있었다. 지난해 가을에 수확한 곡식은 바닥나고 올해 농사지은 보리는 미처 여물지 않은 5~6월을 이야기한다. 농촌 대부분이 이런 춘궁기를 겪어야 했다. 사람들은 배고픔에 소나무 껍

질을 벗겨먹기도 했다.

그때는 부자가 되고 싶다는 생각보다 흰 쌀밥에 소고기국이 더 간절한 소망이었다. 실제로 그 당시는 부자들만이 흰 쌀밥에 소고기국을 먹을 수 있었다. 그저 세 끼 먹는 것만으로 행복하다고 자위하며 살아온 사람들은 가난을 숙명처럼 받아들였다. 이렇게 마음을 놓아 버리면 부자가 될 수 없다.

돈에 대한 마인드가 부족해도 부자 되지 못한다.

돈이 있으면 있는 대로 쓰고, 없으면 없는 대로 살아가는 사람들이다. 소비행태는 항상 현재의 소득에 의존하고 돈의 수입과 지출에 대한 생각이 전무하다. 돈에 대한 마인드를 가진 사람이라면 현재의 수입이 불안정할 때 안정된 수입을 찾기 위해 아이디어를 낸다. 장래 지출이 수입을 초과할 것 같으면 시기에 맞추어 추가적인 소득원을 개발한다. 하지만 그런 마인드가 없다면 늘 가난에 찌들 수밖에 없다.

저축과 투자

저축은 하되 투자를 하지 않아도 부자 되지 못한다. 저축만으로 자산이 늘어나는 시기는 10% 이상의 금리가 지급되던 2000년 이전이었다. 지금은 저축으로 자산이 늘어나는 것을 경험하기 힘들다. 더 큰 문제는 은행의 정기예금 금리가 물가상승률을 이기지 못한다는 것이다. 2017년의 물가상승률은 1.9%였으며 정기예금 금리는 1.51%였다. 은행의 정기예금으로 자금을 운용했다고 하면 실질화폐가치는 0.39% 줄어들었다. 은행 예금으로는 실질적인 자산의 감소를 가져오게 된다.

저축만으로 충분히 작은 부자의 길에 접어드는 경우는 고액연봉자, 일부 전문직, 규모가 큰 개인사업자라면 가능하다. 저축만으로 부자가 될 수 있다면 가장 바람직하다. 위험이 있는 투자에서 벗어날 수 있기 때문이다. 하지만 고액연봉자, 일부 전문직, 규모가 큰 개인사업자가 아니라면 이야기는 달라진다.

어느 정도의 저축이 이루어지면 투자에 나서야 한다. 주식투자건 채권투자건 부동산투자건, 자산증대에 기여할 수 있는 계기를 찾아 나서야 한다.

저축의 단계를 그치지 않고 바로 투자에 나서는 경우도 부자가 되지 못한다. 가장 대표적인 사례가 대출을 받아 주식에 투자하는 식이다. 주식을 해서 성공하면 좋겠지만 실패하게 되면 자금흐름이 완전 꼬이게 된다. 돈을 1천만 원 모으는 것이 1년 걸린다면 1천만 원 갚는 것은 2년 걸린다.

주식은 투자다. 투자라고 하는 것은 손실을 볼 수도 있는 것이다. 투자할 때에는 마음이 편해야 한다. 내 돈 가지고 투자에 나서면 마음이 불편하지 않다. 남의 돈으로 투자하면 마음이 불안하고 초조해 진다.

명절날, 고스톱 칠 때를 한 번 생각해 보자. 한참을 치다가 그만둘 때쯤 되면 돈 딴 사람이 "어휴, 피곤해. 이제 막판 3판만 할까?"라고 이야기 한다. 이 이야기를 들은 돈 잃은 사람은 무척 초조해진다. "이야, 이거 내가 지금 12만 원 잃었으니까 한 판에 4만 원씩 따야 본전이네" 하고 생각하며 패가 좋지 않게 들어와도 그냥 "고!"를 외친다. 패도 좋지 않은데 무리하게 '고!'를 부르면 당연히 손실은 더 커진다. 심지어 그때까지 잃은 것보다 막판 3판에서 잃은 것이 더 많은 경우도 있다. 하지만 이때 잘 보라. 돈 딴 사람은 웬만하면 죽는다. 그때까지 딴 돈을 관리하기 위함이다. 주식이 바로 그런 것이다. 초조한 마음으로 하게 되면 승률은 떨어진다.

조급한 마음에 투자에 나섰다가 실패하게 되니 충격을 극복하는 데 많은 세월이 걸린다. 계단을 하나씩 둘씩 밟고 올라가야 하는데 한꺼번에 여러 계단을 밟고 올라가려다 가랑이가 찢어진 꼴이다.

행동으로 옮기지 않으면 부자 못 된다

부자들은 부지런하다. 오늘 할 일을 내일로 미루지 않는다. 내일은 내일의 태양이 뜨는 법이다. 내일이 되면 내일의 할 일이 또 나타나게 된다. 오늘 할 일을 다 하지 못하면 내일에는 오늘 일을 해야 하고 내일 일은 모레로 미루게 된다. 미루는 것이 매일 누적되면 결국은 하지 않고 넘어가는 것도 생기게 된다. 바로 그런 것에서 부자와 보통 사람의 차이가 발생하고 격차는 점점 더 벌어진다.

오늘 할 일을 내일로 미루지 말라고 하는 것은 돈 관리에 있어서도 마찬가지다. 오늘 깜박 잊고 공과금을 내지 않으면 연체료를 물어야 하고, 입금하지 않으면 하루만큼의 이자를 손해 본다.

주위를 둘러보면 돈 지식에 정통한 사람들이 많다. 주로 금융기관에 종사하는 사람들이다. 정기예금의 금리는 꿰고 있고 각종 금융사별 상품 종류에 대해서도 해박하다. 심지어 펀드를 운용하는 펀드매니저의 성격까지 알고 있다. 그런데 이런 사람들이 모두 부자는 아니다. 해박한 돈 지식을 가지고 있으면서도 왜 부자가 되지 못하는 것일까? 머리로만 입력되어 있고 실행에 옮기지 못해서 그런 것이다.

10억 부자에게는
10억만큼의 배울 점이 있다

우리는 모두 부자가 되기를 원한다. 그러면서도 부자를 존경하는 데는 인색하다. 부자에 대해서는 막연한 거부감을 가지고 있다. 특히 대물림부자에 대해서 그렇다.

대물림부자에 대한 거부감은 가질 필요가 없다. 거부감은 우리가 부자가 되는 데 걸림돌만 될 뿐이다. 우리가 부자가 되었을 때 남들이 우리를 괜히 터부시한다면 별로 유쾌한 일은 못 될 것이다.

대물림부자는 부모를 잘 만나서 부자가 되었다. 하지만 우리나라는 자본주의 사회다. 자본주의 사회에서 내 재산을 모두 자식에게 물려주든, 전부 기부를 하든 그건 모두 가진 자의 뜻이다. 정당하게 세금내고 증여하는 데 하자는 없다. 다소 도발적으로 들릴지 모르겠지만 불평만 하고 있기에는 부자가 될 시간이 별로 없다.

부자를 가까이 해야 부자가 되고 가난뱅이를 가까이 하게 되면 가난뱅이가 되는 법이다. 부자의 줄에 서야 한다.

부자는 부자들끼리 어울린다. 부자가 되지 못한 일반인이 부자를 가까이하기는 힘들다. 하지만 주위를 둘러보면 분명 우리가 접근할 수 있는 부자가 있을 것이다. 바로 그분들과 친해져야 한다.

부자들에게는 분명 배울 점이 있다. 하지만 부자들은 우리에게 부자 되는 법을 체계적으로 첫째, 둘째 하면서 가르쳐 주지 않는다. 그저 지나가는 말 한마디, 무심코 하는 행동 하나하나에서 우리 스스로 깨닫고 느끼고 배워야 한다. 그러기 위해서는 마음의 자세가 되어 있어야 한다. 배움을 담을 상자를 내 마음 속에 미리 준비해 놓아야 한다. 그 분들의 노하우를 하나씩 볼 때마다 '내 마음 속의 상자'에 담아야 한다. 그 분이 10억의 부자라면 10억만큼의 배울 것이 있을 것이고, 30억의 부자라면 30억만큼의 배울 것이 있을 것이다.

부자의 길

예전의 부자들 중에는 '못 배운 사람들'이 더러 있었다. 여러 가지 사회적 격변이 있었기 때문에 편히 학교 다닐 처지가 못 되었기 때문이다. 하지만 실제로 무식한 사람들은 없다. 못 배웠다는 것과 무식하다는 것은 비슷한 말인 것 같지만 그 뜻은 천지차이다. 못 배웠다는 것은 체계적인 교육을 받지 못했다는 뜻이고 무식하다는 것은 지식의 양이 많지 않다는 뜻이다. 그 분들은 스스로 자신이 무식하다고 겸손해 하지만 옆에서 지켜보면 모두가 현명한 분들이다. 사물을 뚫어보는 통찰력이 있어 기회가 오면 잡을 줄 안다. 그분들이 뛰어난 직관력을 가질 수 있는 배경에는 쉴 새 없이 생각하는 사고에 있다. 사물을 바라볼 때 그냥 멍하니 바라보지 않고 날카로운 눈빛으로 주시하며 생각한다.

어떤 일을 하더라도 윗사람이 시키니까 아무 생각 없이 하는 사람이 있는 반면 좀 더 나은 방법을 생각해 내는 사람이 있다. 이런 점이 부자가 되는 사람과 보통사람의 차이점이다.

일중독보다 효율을 추구하라

그렇다고 일중독증에 걸려서는 곤란하다.

일중독이란 일 이외에는 관심이 없고 일만을 생각하는 병적인 상태를 말한다. 노는 것보다 일하기를 더 좋아하고, 일이 없으면 불안과 초조감을 느끼고, 휴일에도 출근해서 일을 챙겨야지만 직성이 풀린다. 일중독에 빠진 사람들은 대체적으로 운동을 게을리 하고 담배와 술을 많이 하는 경향이 있다. 일이 잘 풀리지 않으면 스트레스를 받고 심할 경우에는 우울증에 빠지기도 한다. 부자로 가는 길은 행복으로 가는 길인데 건강과 가정생활을 다 포기하고 부자가 된다면 곤란하다.

일중독에 걸린 사람들의 또 다른 단점은 매너리즘에 빠져서 일하는 경우가 많다는 것이다. 독창적인 아이디어는 고사하고 변변치 못한 아이디어조차 내지 못해 늘 하던 대로만 일한다. 같은 시간을 일하고도 효율적으로 일하는 사람에 비해 결과는 좋지 못하다. 소비시간에 비해서 결과물이 빈약한 것은 독창적인 아이디어 없이 일을 했기 때문이다. 효율을 추구하는 사람은 충분한 계획을 가지고 꼭 필요한 것을 중심으로 일한다. 자신의 건강도 챙길 줄 알고 가족에게도 관심을 가지며 같이 시간을 보낼 줄도 안다.

10억 만들기에 성공한
부자들의 공통점

자수성가하여 부자가 된 사람들은 혹독한 가난을 이겨낸 경우가 많다. 돈의 무서움을 뼛속 깊이 알고 있다. 젊어서부터 고생을 하다 보니 돈에 대한 감각이 보통사람보다 더 빨리 트이고 일단 손에 들어온 돈을 허투로 쓰는 법도 없다. 남들은 구두쇠라고 이야기하지만 그것은 돈의 무서움을 모르는 숙맥들이 하는 얘기라고 치부한다.

돈은 처음에 목돈 만드는 것이 제일 힘들다고 이야기한다. 돈을 모으는 첫 단계에서는 상상조차 하기 힘들 정도로 어렵게 돈을 모았다. 그렇게 모은 돈으로 투자에 나서고, 돈을 불려 성공할 수 있었다.

왜 내가 부자가 되어야 하는가, 부는 어떻게 이루어야 하는가? 이러한 질문에 대답할 수 있는 주관이 있다. 주관은 자신감으로 이어지고 삶 자체를 긍정적으로 보는 동인으로 작용한다. 막연하게 부자가 되겠다고 결심하는 것보다 언제까지 얼마를 만들겠다고 결심하는 것이 훨씬 더 실현가능성이 높다.

기회는 수줍은 처녀같이 와서 토끼처럼 사라진다고 한다. 언제 어느 때 기회가 나에게 올지 늘 신경을 곤두세우고 있어야 한다. 이런 준비를 해 놓지 않으면 기회가 지나갔을 때 '아차!' 하기도 하고 아예 기회가 왔었는지도 모르고 지나친다.

늘 돈에 대해서 연구하고 공부한다. 그러다 보니 투자에서의 성공률은 일반인보다 높다. 좋은 투자처에 대한 안목은 철저한 돈 공부에서 비롯되기 때문이다.

나도 주위에서 학창시절에 공부 잘 했던 친구들이 크게 부자가 된 경우를 본 적이 별로 없다. '왜 그럴까?' 생각해 보았더니 그 친구들은 사회에 나와서는 공부와 담을 쌓은 공통점이 있었다. 좋은 대학을 나오고 성적이 좋으니 좋은 회사에 취직하기도 쉽다. 입사한 후에도 힘든 영업부서보다 덜 힘든 본사 지원 부서에서 일한다. 그럭저럭 생활하다가 나이가 되면 은퇴하는 것이다.

여기에 비해서 학창시절에는 별다른 두각을 나타내지 못했지만 사회에 나와서는 성공한 친구들을 여럿 보았다. 비록 영어단어 외우는 것에 서툴고 수학공식 암기하는 것은 힘들어했지만 사회에 나와서 하는 '돈 공부'에는 모두 우등생이었다. 학교에서 하는 공부에 만족하고 안주한 사람은 평범한 소시민이 되어 버린 반면 학교에서 배움이 좀 부족했더라도 사회에서 돈 공부를 열심히 한 사람은 성공한 것이다.

부부관계도 원만하다

대부분의 부자들은 부부관계도 원만하다. 경제적으로 안정이 되니까 서로에게 불만도 적은 것 같다. 돈을 모으는 과정에서 서로 도움을 주지 못하고 이해를 못 하는 경우는 위험하다. 여자는 남자가 '쩨쩨하다'고 비난할 것이고 남자는 여자가 살림을 못한다고 힐난할 것이다. 결국은 가정불화가 생긴다. 결혼을 한 사람이라면 아내에게 혹은 남편에게 먼저 이해를 구해야 한다. 손뼉도 부딪쳐야 소리가 나는 법인데 배우자의 도움 없이 부자가 되기란 힘들다.

결혼을 하지 않은 경우라면 배우자가 될 사람에게 협조를 구해 결혼을 빨리 하는 것도 고려해 보자. 미혼남녀가 돈을 모으는 데 가장 큰 걸림돌은 데이트비용이다. 결혼정보회사 듀오의 2017년 조사에 따르면 1회 데이트 비용이 57,650원이라고 한다. 한 달 평균 9회를 만난다고 하니 매달 518,850원의 적금을 부을 수 있는 기회를 놓치게 된다. 어차피 해야 할 결혼이라면 빨리 하는 것이 재테크의 한 방편이다. 먼저 시작하는 것만큼 유리한 것은 없다.

04

작은 부자가 되자

부자라고 해서 모두 다 똑같은 부자는 아니다. 부자도 부자 나름대로의 등급이 있다. 큰 부자가 있고 중간 부자가 있고 작은 부자가 있다. 큰 부자란 대기업 회장같은 분이다. 몇 조, 몇 천억의 부자들이다. 보유하고 있는 주식으로 재산이 평가되는 분들인데 소위 하늘이 내린 부자들이다.

중간 부자는 몇 백억, 몇 십억의 재산을 가진 부자다. 대기업의 사장을 지냈거나 자수성가한 분들에게서 많이 볼 수 있다.

작은 부자는 10억대의 부자다. 우리가 주변에서 흔히 볼 수 있는 분들이다. 이 분들의 특징은 대부분 각고의 노력으로 부자의 대열에 합류했다는 점이다. 우리는 바로 이 대목에 주목하고자 한다. 우리의 평범한 이웃이 저축하고 투자하여 10억 자산가로 변한 모습에서 우리도 할 수 있다는 희망을 느낀다.

　당대에 무에서 유를 창조한 큰 부자들은 부럽기 짝이 없는 존재다. 하지만 그 분들의 삶을 뒤돌아보면 부를 이룩하기 위해 많은 것들을 희생했다는 것을 알 수 있다. 행복의 근원이라고 할 수 있는 가족과의 시간도 희생하였다. 같이 늙어 갈 친구와의 교제도 없었다. 개인의 취미 생활 같은 것은 꿈도 꾸지 못할 정도로 살아오신 분들이다. 오죽했으면 나의 애인은 '사무실'이고 나의 취미는 '일'이라고 하는 분도 있었겠는가?

작은 부자

　작은 부자란 큰 부자에 비해 유명하지도 않고 큰 명예도 없다. 본인이 하고 싶은 일을 하면서 살아갈 정도의 재력만을 가지고 있는 최소한의 부자다. 작은 부자들은 가족 간의 유대감에도 관심을 가질 수 있고 개인의 취미 생활에도 적극적일 수 있다. 주말이면 친구들과 골프를 치며 담소를 나눌 여유도 있고 가족과 해외여행도 다녀 올 수 있다. 경제적인 여유 못지않은 정신적인 여유를 같이 가진 사람들이다.

　1개를 가진 사람이 1개에 감사함을 느낄 때 99개를 가진 사람은 1개를 더 가져서 100개를 채우려 한다는 말이 있다. 사람의 행복이 돈이라는 변수만으로 좌우된다면 많이 가질수록 더 행복할 것이다. 현실은 그렇지 않다. 100억 부자가 10억 부자보다 10배 더 행복하다고 생각하는 사람은 아무도 없을 것이다. 돈과 행복이라는 두 변수가 절묘하게 조화를 이루는 수준이 바로 10억대다.

2018년 3월, 취업포털 잡코리아가 남녀 직장인 708명을 대상으로 한 설문조사 결과에 따르면 직장인들이 생각하는 부자의 재산기준은 40억이었다. 하지만 자신이 평생 모을 수 있는 예상금액은 평균 8억 원 정도로 평생 일해도 부자가 되지 못할 것이라고 생각하고 있었다. 올해의 저축목표는 1천만 원에 약간 못 미치는 967만 원이었다고 한다. 부자의 기준으로 제시되는 금액이 40억인데 본인은 만지지 못할 돈으로 생각한다면 패배주의에 빠질 수밖에 없다. 본인이 만들 수 있다고 생각하는 8억에서 조금만 더 보태어 10억은 실현가능한 돈이다. 40억의 부자가 되려고 하지 말고 가장 작은 부자인 10억을 목표로 하는 것을 어떨까.

나는 지금 어디에
서 있는가?

10억이라는 목표를 달성하기 위해 가장 먼저 해야 할 일이 있다. 현재 나의 위치를 살펴보는 것이다. 그럼으로써 돈을 갚아야 하는 시점인지, 모아야 하는 시점인지, 굴려야 하는 시점인지를 알 수 있다. 돈을 갚아야 할 사람이 투자에 나선다든지, 돈을 굴려야 할 사람이 계속 모으기만 해서는 목표를 달성하기 힘들다.

먼저 필요한 자금수요가 얼마인지부터 계산해 보자.

30대의 자금 수요는 주택자금과 맞물려 있다. 주택자금을 제외하고는 생활비 외에 달리 들어가는 돈이 없다. 자녀들이 유치원 혹은 초등학생이기 때문에 학원비 정도만 부담하면 된다. 따라서 30대에 최대한의 저축을 통해서 주택문제를 해결하는 것이 좋다. 일단 30대에 집을 매입하고 확장하는 방법을 강구한다.

40대에는 자녀들 학비가 만만치 않다. 학교에 내는 학비도 부담스럽고 학비보다 더 큰 금액인 학원비나 과외비도 부담스럽다.

50대가 되면 일단 아이들이 대학을 졸업할 시기다. 교육비에 대한 부담은 많이 줄어든다. 하지만 결정적인 복병이 존재하고 있으니 바로 자녀들의 결혼이다. 결혼자금이라고 하는 것은 천차만별이겠지만 어쨌든 큰 목돈이 들어가게 된다.

60대 이상이 되면 지출 규모는 많이 축소된다. 이제부터는 본인이나 배우자의 의료비에 지출이 늘어나게 된다.

이렇게 자금수요를 계산해 보면 돈을 어떻게 운용해야 되는지 그림이 나오게 된다.

내 재산의 재무상태표

자금수요에 대한 계산이 끝난 다음에는 재무상태표를 만들어 보자. 재무상태표라고 하니까 어렵게 생각할 수도 있겠지만 사실 아주 단순한 표다.

왼쪽에는 자신의 자산을 모두 기록한다. 내가 살고 있는 집, 전세금, 적금, 귀금속 등을 모두 기록하고, 오른쪽에는 자신의 부채를 모두 기록한다. 대출금을 비롯해서 카드결제금액, 마이너스통장의 잔액 등을 빠짐없이 기록한다. 집을 가지고 있는 경우는 현 시세를 적고 펀드에 가입한 경우는 평가금액을 적는다.

그럼 다음과 같은 표가 그려질 것이다.

〈재무상태표의 예시〉 (단위 : 백만원)

차변	금액	대변	금액
아파트 전세금 은행 예금 저축은행 예금 보험 자동차 집안 가구 귀금속	200 10 10 5 5 5 3	아파트전세자금 대출 카드결재금액 마이너스 통장 보증	20 1 1 0
자산 총계	238	부채 총계	22

이때 중요한 것은 자동차, 집안 가구 등은 내 재산으로 생각하면 안된다는 점이다. 법적으로는 내 재산이 맞다. 하지만 위의 표를 계산할 때에는 빼고 계산해 주어야 한다. 자동차, 집안 가구라고 하는 것은 감가상각이 되는 것이다. 자산 가치가 올라가는 법은 없다. 사용하고 나면 버리는 것이다.

예를 들어서 이런 경우는 있을 수 있다.

"호호호, 영희 엄마, 글쎄 작년에 산 우리 집이 1년 사이에 20%나 올랐지 뭐에요."

하지만 이런 경우는 없다.

"호호호, 영희 엄마, 글쎄 작년에 산 우리 냉장고가 1년 사이에 20%나 올랐지 뭐에요."

금반지, 금목걸이, 금팔찌 같은 귀금속은 내 재산이 맞다. 이런 것들은 시간이 지나가도 자산 가치를 계속 이어가기 때문이다.

또 하나 중요한 것이 있다. 부채를 계산할 때에는 보증도 계산해 두어야 한다. 보증은 피보증인이 돈을 갚지 않으면 내가 대신 갚겠다는 약속이다. 피보증인이 돈을 갚지 않아 보증인이 낭패를 보는 경우는 허다하다. 많은 사람들이 보증 때문에 월급을 차압당하고 부부싸움을 하고 심지어는 이혼까지 가는 아픈 경험을 한다.

보증은 서 주지 않는 것이 좋다. 피치 못할 사정으로 서 주었다면 반드시 자신의 지급능력내로 해야 한다. 표에서 계산할 때도 필히 부채로 넣어 계산한다.

자산과 부채를 정확히 계산한 다음, 자산에서 부채를 빼 준 금액이 순수한 재산이다. 간혹 자산만 생각하고 부채를 생각하지 않는 사람도 있다. 곤란한 노릇이다.

이렇게 나온 금액이 마이너스라면 빠른 기간 내에 부채를 해소하는 전략을 세워야 한다.

다시 10억에
도전한다

부자가 되는 방법은 여러 가지가 있다. 분명한 것은 그 길에 왕도란 없다는 것이다. 누구나가 다 아는 길, 알면서도 실행으로 옮기지 못하는 그 길이 바로 부자가 되는 길이다. 잔머리를 굴리면서 괜히 지름길로 가려다가 낭떠러지를 만나기도 하고, 늪에 빠지기도 한다. 그저 묵묵히 걸어가는 편이 오히려 가장 빠른 길이다.

이러이러한 인생을 살겠노라는 하는 계획을 세우는 것부터 부자의 길은 시작된다. 계획을 세운 다음에는 목표를 세운다. 목표는 장기목표, 중기목표, 단기목표로 세분화한다.

단기목표는 실천사항까지 세부적으로 작성하고 실천한다. 자신의 수입과 지출에 대한 통제권을 행사하는 것이 중요하다. 수입이 적다면 늘리기 위한 방도를 생각해야 하고 지출이 많다면 원인을 파악해서 줄여야 한다. 지출을 많이 하면 즐거울 수는 있겠으나 행복해지지는 않는다. 지출을 줄인다면 불편할지는 모르나 행복은 더 가까워진다. 수입과 지출의 통제로 최대한 빨리 종잣돈을 만드는 것이 중요하다. 그래야 기회가 왔을 때 놓치지 않는다.

부자가 되기 위한 첫 번째 단추는 얼마나 빨리 종잣돈을 모을 수 있느냐 하는 것이다. 남들보다 1년 먼저 모은 종잣돈은 남들보다 5년 먼저 우리를 부자로 만들어 줄 것이다.

종잣돈을 모으는 데 가장 큰 유혹은 자동차다. 누구나 다 갖고 있기 때문에 나도 가져야겠다면 남들과 똑같아질 수밖에 없다. 부자가 되고 싶다면 남들이 하는 것도 하지 않는 결단이 필요하다.

현대인에게 자동차는 필수로 인식된다. 자동차를 소유하는 것보다 소유하지 않는 것이 더 대단한 결심과 용기를 필요로 한다. 자동차를 산다는 것은 돈을 주고 자동차를 갖는다는 단순한 행위가 아니다. 자동차를 유지하기 위한 각종 비용은 엄청나다. 엔진오일도 갈아 줘야 하고 미션오일도 갈아줘야 한다. 가끔 점화플러그도 교체해야 할 것이고 겨울이 되면 부동액도 넣어야 한다. 자동차를 구매함으로서 각종 세금에도 노출된다. 아무 생각 없이 넣는 휘발유에도 세금은 자그마치 70%다. 7만 원어치 휘발유를 넣으면 5만 원이 세금이다.

부자들이 가장 싫어하는 것은 세금이다. 어떻게 절세를 해서 나의 부를 불리느냐 하는 것이 부자들의 공통된 관심거리다. 아직 부자가 되지 못한 사람이 이렇게 세금에 노출되면 부자의 길은 점점 더 멀어진다.

10억의 걸림돌

두 번째는 현금서비스다. 돈이 급할 때 습관적으로 받는 현금서비스는 이자가 무려 24%에 달한다. 이런 서비스를 이용하고도 '10억 만들기'에 도전하겠다면 일찌감치 그 꿈은 포기하는 편이 낫다.

세 번째는 보증이다. IMF 때 수많은 직장인들이 직장을 떠난 이유 중의 하나도 바로 보증 때문이었다. 직장인들끼리 서로 맞보증과 삼각보증을 서주는 통에 한 명이 실직하면 줄줄이 회사를 그만 두는 일이 발생한 것이다. 우정을 내세워서, 의리를 내세워서 보증을 강요하지도 말고 강요당하지도 말자.

네 번째는 로또 같은 복권이다. 부자들은 복권을 사지 않는다. 돈 없는 서민들이 복권을 산다. 호텔 로비에서 복권을 파는 경우는 보지 못했다. 복권은 항상 버스정류장 앞의 간이매점이나 지하철 통로의 판매대에서 판다. 부자들이 다니는 곳에는 없는 복권판매대가 왜 서민들이 다니는 곳에는 있는가? 로또에 당첨된 사람들의 신문기사를 보고 착각하지 말자.

마지막으로 도박이다. 화투나 카드놀이에 빠져서는 곤란하다. 처음부터 도박으로 시작하는 경우는 없다. 심심풀이 장난으로 시작하다가 점점 커지는 법이다. 도박으로 돈을 버는 사람은 도박장 주인밖에 없다. 도박이 복권보다 더 치명적인 이유는 우리의 귀한 시간을 앗아간다는 것이다. 생산적인 일로 보낼 시간에 도박을 한다면 돈도 돈이려니와 지나간 시간은 어디서도 보상받을 수 없다.

chapter 3

10억 만들기의
전제조건

돈 버는 메커니즘이 있다
마스터플랜을 짜라

분명한 인생 목표와
철학이 필요하다

'돈이 나를 쫓아오게 해야 한다.' 내가 돈을 쫓아다니다간 허구한 날 뒷북만 치기 일쑤다. 돈이 나를 쫓아오게 하려면 나의 행동이 돈을 부르는 것이 되어야 한다. 돈을 부르는 태도는 먼저 자신의 인생 목표를 세우는 것에서부터 시작된다.

누구에게나 자기 인생에 대한 목표는 있을 것이다.

목표는 나이에 따라 다르고 처한 환경에 따라 다르다. 자신의 목표를 세워 놓은 사람과 그렇지 않은 사람 사이에는 많은 차이가 있다. 목표를 세운 사람은 목표를 달성하기 위해 행동강령까지 생각한다. 중간에 힘들고 고통스러운 일이 생기더라고 극복할 줄 안다. 목표가 달성된 이후의 삶에 대한 희망이 있기 때문에 고통을 기꺼이 받아들인다.

목표가 없는 사람은 아무 생각 없이 하루하루를 살아간다. 중간에 힘든 일이 생기면 그냥 포기한다. 동기부여가 없기 때문이다.

목표는 분명하게 설정해야 한다. 목표가 굳건하다면 달성 확률은 높다. 확고한 목표와 신념이 있기 때문에 유혹으로부터 벗어날 수 있다. '이번 시험에 꼭 1등 해야지' 하는 뚜렷한 목표의식이 있는 학생은 아침에 어머니가 깨우면 금방 일어난다. 목표의식도 없이 막연히 시험을 잘 봤으면 좋겠다고 생각하는 학생은 아침에 어머니가 깨우면 '엄마, 5분만…' 하며 이불 속을 파고든다. 그런 차이다.

자신의 삶에 대한 철학도 필요하다. 철학이라고 하니까 다소 거창하게 들릴지도 모르겠지만 '나는 인생을 이렇게 살겠다'고 생각하는 것이 바로 삶에 대한 원칙이다. 그것이 법적으로 문제가 있거나 도덕적으로 흠이 아니라면 무엇이든 좋다. 철학이 있으면 쉽게 흔들리지 않는다. 강인한 정신력으로 무장할 수 있다.

삶에 대한 철학이 없으면 돈을 아무리 벌어도 금방 새나가는 법이다.

좋아하는 일에 내 전부를 걸어라

자기가 진정으로 좋아하는 일을 해야만 가장 빨리 부자가 될 수 있다.

첫 번째 이유는 남들이 24시간 일을 할 때 본인은 48시간 일을 할 수 있기 때문이다. 사람은 좋아하는 일을 하면 시간 가는 줄 모른다. 근로 기준시간인 8시간을 일하고도 피곤한 줄 모르고 더 일한다. 싫은 일을 하면서 밤을 새라고 하면 온 몸이 뒤틀릴 것이다. 피곤해서 견딜 수가 없다. 하지만 일이 재미있는 사람은 밤을 새면서도 피곤한 줄 모른다.

열심히 하다 보니 결과는 좋을 수밖에 없다.

두 번째는 일을 하면서 나오는 아이디어가 남들보다 더 빠른 부의 축적을 가능하게 한다. 똑같은 일을 하더라도 보는 시각에 따라 여러 가지 생각을 할 수 있다. 일이 싫어서 하는 사람은 '그냥 시간만 때우자' 하고 일을 하겠지만 일이 좋아서 하는 사람은 '어, 이렇게 하면 더 좋지 않을까?' 혹은 '이것을 응용해서 이렇게 하면 어떨까?' 하는 아이디어를 내게 된다. 아이디어는 단발성으로 끝나지 않고 무궁무진하게 쏟아져 성공의 지름길로 안내하는 초석이 된다.

세 번째는 행복한 마음이 얼굴에 번진다. 좋아하는 일을 하게 되면 얼굴 가득히 미소가 번지게 된다. 이마 한 가운데는 '행복'이란 두 글자가 새겨질지도 모르겠다. 이렇게 미소를 지으며 일을 하게 되면 돈이 나를 쫓아오게 된다. 진정 행복한 마음으로 물건을 파는지, 기계적으로 물건을 파는지를 고객은 금방 알아차린다. 얼굴에 가득 번진 행복감을 본 고객이라면 분명히 다시 한 번 방문할 것이고 단골이 될 것이다.

직장은 정해진 시간에 자신의 노동력을 제공하고 대가를 받는 곳이다. 늦잠도 포기하고 아무 곳으로나 떠나는 자유도 속박하고 때로는 휴일마저 반납해야 한다. 그렇다면 진정 자신이 좋아하고 원하는 일을 직업으로 선택해야 하지 않을까? 요즈음 같이 취직이 어려운 때 자신의 적성을 찾아서 취직하라고 하면 속없는 사람으로 보일지도 모르겠다.

하지만 내가 취직하던 30여 년 전에도 적성을 찾아 취직하는 경우는 드물었다. 졸업생들이 가고 싶어 하는 직장은 월급 많이 주고 인사적체가 덜하고 근무 환경이 좋은 곳이었다. 시간이 지나고 직장생활을 오래하다 보니 이렇게 직장을 선택하는 것이 얼마나 어리석은 일이었던가를 절실히 깨닫게 되었다. 단순히 월급을 많이 준다고, 진급을 빨리 시켜준다는 이유로 직장을 선택했을 때, 그 일이 본인의 적성과 맞지 않다면 일하는 시간이 얼마나 고역일 것인가?

무엇보다 중요한 건
마음가짐이다

간절히 원하자. 나의 소망을 간절히 원하자. 그리고 스스로에게 다짐하자. '나는 할 수 있다. 나는 할 수 있다' 하고 말이다. 꿈이 이루어진 이후의 나의 생활을 상상해 보자. 경제적인 독립을 쟁취하여 내가 내 인생의 주인공이 된 모습을 상상하노라면 가슴이 벅차지 않은가!

원하기만 하고 노력하지 않으면 실현가망성은 없다. 하지만 간절히 원하면 자기 최면이 걸리고 스스로 할 수 있다는 신념이 생기게 된다. 신념은 행동으로 표출된다. 반신반의할 때는 행동도 느릿하지만 신념을 가지게 되면 민첩해진다. 생활자체가 소망과 연계되어 움직인다.

부자들은 돈을 모으는 과정에서 자신의 목표와 세부계획을 적어 지갑에 넣어 다녔다고 한다. 지갑에서 돈을 꺼낼 때마다 쪽지를 보고 다시 한 번 '내가 이 돈을 꼭 써야 하나?'를 자문했다고 한다.

마음을 고쳐먹으면 여러 면에서 사람이 바뀌게 된다. 아침잠이 많은 사람이라면 '내가 좀 더 부지런해져야겠다. 내일부터 1시간 일찍 출근해야지' 하는 마음을 가질 것이다. 회사에 가서는 밝은 얼굴로 하루를 보낼 것이며 맡은 바 임무는 완수할 것이다. 늦게까지 남아 일을 보충하고 제일 마지막에 퇴근할 것이다. 투자에 대한 공부도 열심히 하고 자신의 몸값도 올릴 것이다. 본인이 잘 할 수 있는 분야가 무엇인지 발견할 것이다.

마음이 바뀌면 행동도 바뀐다

우리나라에 10억 이상의 부자들은 몇 명이나 있을까?

좀 오래된 자료이긴 하지만 2012년 상반기 기준으로 부의 백분율을 추정한 것이 있었다. 이에 따르면 9억 원 이상의 재산을 가진 사람은 3% 정도였다. 3%라면 100명 중에서 세 명이라는 얘기다.

〈부의 백분율 추정〉 (기준: 2012년 상반기, 단위: 원)

금액	15억 이상	9억~15억	6억~9억	3억~6억	1.3억~3억	1억 이상
누적 비율	1%	3%	10%	30%	50%	60%

여기서 잠깐, 학교 다닐 때를 한 번 돌이켜 보자. 내가 학교를 다닐 때에는 한 학급에 70명이 넘었다. 요즘엔 30~35명쯤 된다고 들었다.

30~35명에 3%라면 1등을 할 수준이다. 반에서 1등하는 친구들이 다른 아이들이 놀 때 같이 놀고, 다른 아이들이 잘 때 같이 자면서 1등을 할 수 있었을까? 모르긴 몰라도 1등하는 친구는 남들이 놀 때 영어 단어 외우고, 남들이 잘 때 수학공식을 외운 아이일 것이다. 그런 노력이 있었기에 1등을 할 수 있었을 것이다.

돈도 마찬가지다. 부자가 되려면 남들이 놀 때 놀지 않고 남들이 소비할 때 소비하지 않고 남들이 잘 때 '돈 공부'를 하는 마음가짐이 되어 있어야 한다. 그래야 부자가 될 수 있다. 남들이 논다고 같이 놀고 남들이 잔다고 같이 잔다면 그 사람은 영원히 서민으로 끝날 것이다.

강한 집중력이
필요하다

세계에서 가장 부자인 빌 게이츠와 가장 가난한 누군가에게 공통으로 주어지는 것이 있다. 하루 24시간이라는 '시간'이다. 24시간을 어떻게 사용하느냐에 따라 누구는 부자가 되고 누구는 가난뱅이가 된다. 집중력이 뛰어난 사람은 하루 24시간을 48시간으로 활용하지만 집중력이 떨어지는 사람은 하루 24시간을 12시간밖에 활용하지 못한다. 강한 정신력으로 집중해서 일을 한 사람은 남들보다 빠른 시간 내에 부자의 길에 들어설 수 있다.

집중력을 높이기 위해서는 아침에 일어나자마자 명상을 해 보자. 내가 눈 뜬 오늘은 '어제 죽은 사람들이 그토록 바랐던 내일'이라는 사실에 감사하면서 어제 나의 생활을 반성하자. 오늘 펼쳐질 나의 삶에 대해 생각하자. 오늘 내가 해야 할 일에 대해 생각하자. 부자로 가는 길은 가시밭길이지만 매일 아침마다 각오를 다진다면 즐거운 마음으로 집중할 수 있을 것이다.

일을 할 때는 중요한 일부터 먼저 해야 한다. 일은 4가지로 구분할 수 있다. 첫 번째는 중요하고 급한 일, 두 번째는 중요하지 않지만 급한 일, 세 번째는 중요하지만 급하지 않은 일, 네 번째는 중요하지도 않고 급하지도 않은 일이다.

나는 대학에서 처음으로 전산을 접했다. 제일 먼저 공부한 것이 순서도(flow chart)였다. 프로그램을 머리로만 짜면 꼭 어디선가 문제가 생겼지만 순서도를 보면서 프로그램을 짜면 에러가 생기지 않았다. 이때부터 일을 할 때는 습관적으로 항상 마음속으로 순서도를 그리면서 일을 한다. 훨씬 효율적으로 집중할 수 있다.

전략도 필요하다

나의 어머니는 이른 새벽부터 밤늦게까지 열심히 일하셨지만 평생을 가난하게 사시다 돌아가셨다. 미장원 출입이라곤 자식 졸업식 날 '고데' 한 번 하는 것밖에 보지 못했고, '몸베' 바지를 즐겨 입으셨던 분이니 옷 입는 것에 신경 쓰는 분도 아니셨다. 그런데 왜 당신께서는 평생을 가난하게 살다가 떠나신 것일까? 지금 이 순간에도 전국의 방방곡곡에서 힘겹게 살아가는 사람들은 왜 그렇게 고단한 삶을 이어가야 하는 것일까? 이런 의문이 늘 머릿속을 지배하고 있었다.

곰곰이 생각해 본 결과 그 이유는 막연히 '열심히만 살면 내 인생이

나아지겠지' 하는 헛된 믿음 때문이었다. 구체적인 계획 없이 열심히만 산다고 분명 인생이 나아지지는 않는다. 축구를 잘 하는 사람은 공이 올 곳을 찾아 미리 움직인다. 못 하는 사람은 공만 쫓다가 공은 한 번도 차보지 못한다.

마냥 열심히 살기보다는 전략적인 사고방식을 가지고 구체적으로 살아가야 한다. 그렇게 해야 삶이 효율적이 된다. 42.195㎞의 거리를 달리는 마라톤 선수는 전 구간을 전력 질주하지 않는다. 초반에는 체력을 비축하고, 선두그룹도 유지하고, 골인 지점에서는 스퍼트를 내고, 이런 세부적인 전략이 필요하다. 처음부터 전력질주를 하게 되면 중간에 지쳐서 1등은커녕 완주도 하지 못할 것이다.

내가 임원 생활을 하면서 만났던 부하직원들의 유형은 크게 4가지다.

뚜렷한 전략을 가지고 열심히 일하는 사람: 아주 예쁘다.

뚜렷한 전략을 가지고 있으나 열심히 하지 않는 사람: 아주 밉다.

뚜렷한 전략도 없이 열심히만 하는 사람: 사고 칠까봐 좀 불안하다.

뚜렷한 전략도 없고 일도 열심히 안 하는 사람: 조만간 다른 본부로 보내야겠다.

재테크도 마찬가지인 것 같다.

재테크의 뚜렷한 전략을 가지고 열심히 노력하는 사람: 부자 된다.

재테크의 뚜렷한 전략은 가지고 있으나 노력하지 않는 사람: 부자 못 된다.

재테크의 뚜렷한 전략도 없이 열심히 노력만 하는 사람: 밥은 먹고 산다.

재테크의 뚜렷한 전략도 없고 노력도 안하는 사람: 노인거지 된다.

04

돈 버는
메커니즘을 알자

흑자부도라는 말이 있다. 흑자기업인데도 불구하고 부도가 발생한 경우다. 흑자기업은 이익금이 있는데 왜 부도가 났을까? 이유는 바로 돈의 흐름을 적절히 통제하지 못했기 때문이다. '돈의 흐름'에 이상이 생기면 기업은 부도가 나고 개인도 심각한 상황에 빠지게 된다.

지출의 범위가 수입의 한계를 넘어서면 안 된다. 이렇게 되면 가계부는 적자로 전락한다. 더 큰 문제는 분명히 수입보다 지출이 적은데도 불구하고 돈에 헉헉거릴 때가 많다는 것이다. 돈의 흐름을 효과적으로 통제하지 못했기 때문이다. 돈의 흐름을 통제하지 못하면 여러 가지 곤란한 점에 봉착하게 된다. 지출이 일시에 몰려 뜻지 않게 카드빚을 사용해야 하는 경우도 생길 수 있다. 미리 돈의 흐름을 파악해 놓았다면 지출의 시기를 분산시키든지 대출금리가 싼 마이너스통장을 개설하는 등의 대비책을 강구할 수 있었을 것이다. 그런 대비책이 없다 보니 본의 아니게 카드빚을 쓰게 되는 것이다.

그나마 이렇게라도 해서 연체를 시키지 않으면 다행이다. 돈의 흐름에 더 둔감한 사람이라면 본인의 신용카드 결제일이 지났는지, 아니면 연체가 되어 있는지도 모를 것이다. 지급여력이 있음에도 불구하고 카드사로부터 '고객님, 지난 달 카드결제금액이 연체 되었거든요' 하는 전화를 받게 될지도 모른다. 전화마저 받지 못한다면 본의 아니게 채무불이행자로 등록될 것이다.

연체의 기록이 남아있으면 높은 대출이자를 감수해야 한다. 똑같은 돈을 빌리면서 앞에 있는 김 대리는 5%에 빌리고 나는 10%에 빌린다면 그것은 전적으로 돈의 흐름에 둔감한 '나'의 책임이다. 금융비용 부담이 적은 김 대리, 금융비용 부담이 높은 '나', 지금은 똑같이 4백만 원의 급여를 받는다고 하더라도 나중에는 큰 차이로 벌어질 것이다.

수입과 지출에 대한 돈의 흐름을 철저히 파악한다는 것은 돈을 버는 첫 번째 단추다. 이 단추를 잘 끼움으로써 나머지 단추들도 잘 채워질 것이다.

돈이 새 나가는 구멍을 최대한 막자

급여생활자에게 수입은 일정한 범주를 벗어나지 못한다. 돈을 더 벌고 싶어도 더 벌 수 있는 한계가 있기 때문이다. 급여생활자들은 수입의 증대보다 지출의 축소에 관심을 기울여야 한다. 돈이 새나가는 구멍을 최대한 막는 것이 중요하다.

돈을 효과적으로 사용하기 위해서는 '사고 싶은 것'과 '필요한 것'을 구분해서 생각하자. 힘들겠지만 필요한 것만 사자. 사고 싶은 것은 참 았다가 나중에 사자. 사고 싶은 물건이 있다면 '이 물건 값이 1년 뒤에 는 얼마나 갈까?'를 생각해 보자. 신기술 개발이 빠른 요즘 같은 시기에 는 지금 10만 원짜리 물건이 1년쯤 뒤에는 적어도 10% 정도의 가격인 하는 되어 있을 것이다. 1년 동안 구매 욕구를 억제할 수 있다면 10%의 이익을 챙길 수 있다.

중고를 사용하는 것도 한 방법이다. 직업상 자동차가 필요하다면 중 고차를 사자. 새 차를 구입할 때와 중고차를 구입할 때의 세금 차이는 꽤 크다. 이는 자동차뿐만 아니라 감가상각 되는 모든 자산에 해당된다.

만일, 수입의 규모가 정 불만이라면 휴일을 이용한 일거리를 찾아보 아야 한다.

대학교 같은 과 친구인 박 씨는 산을 무척 좋아하는 사람이다. 우린 모두 증권회사에 근무했던 관계로 둘 다 여의도에 있을 때에는 점심도 같이 먹곤 했었다. 이 친구는 본인이 좋아하는 등산을 또 다른 잡(job) 으로 만들었다. 주말에 혼자 산에 가는 것이 아니라 전세버스를 대절해 사람들과 같이 가는 것이다. 회비를 걷어 전세버스비와 기타 비용을 지 불하더라도 20~30만 원의 수입은 생긴다고 한다. 등산할 때에는 본인 이 앞장을 서고 후미는 다른 사람에게 부탁하는데 후미를 맡은 사람도 산을 좋아하는 사람이라 별도의 경비는 지불하지 않는다고 했다. 그저 '대장님'이라는 호칭만으로도 충분하다고 했다.

애로사항도 있다. 주말에 열리는 결혼식에 참석하지 못한다는 것이다. 꼭 참석해야 하는 것이라면 아내를 대신 보내고 대부분은 축의금으로 갈음한다고 한다.

금융권 활용법

금융기관은 제1금융권과 제2금융권으로 나뉜다.

제1금융권은 은행이다. 은행은 자금의 운용을 원하는 그룹과 자금의 대여를 원하는 그룹 사이에서 공급과 수요를 직·간접적으로 중개해주는 역할을 한다. 쉽게 말해 돈이 필요한 사람에게는 돈을 빌려주고 대출이자를 받는다. 돈을 가진 사람에게는 돈을 받고 예금이자를 준다. 대출이자는 높게 받고, 예금이자는 낮게 준다. 그 차이로 수익을 얻는다. 소위 예대마진이라고 하는 것이다.

은행은 수표를 발행할 수 있다. 수표는 자기앞수표와 당좌수표로 나뉜다. 자기앞수표는 은행이 보증하는 것이고 당좌수표는 당좌를 열어보고 돈이 있는 범위 내에서 지급해준다. 당좌에 돈이 부족하면 지급이 안 된다. 부도다.

당좌수표와 비슷한 것은 어음이다. 차이점은 당좌수표는 언제든 은행에 제시해 돈을 찾아갈 수 있지만 어음은 정해진 날짜에만 지급한다는 것이다. 돈이 급한 사람들은 어음날짜까지 기다리지 못하고 어음을 담보로 돈을 융통하기도 한다.

제2금융권은 증권사·보험사·자산운용사·종금사·여신금융회사·상호

저축은행 등이다. 보험사는 다시 생명보험사와 손해보험사로 나뉜다. 여신금융회사에는 신용카드사·캐피털회사·할부금융사·벤처금융 등이 있다.

증권사는 주식 매매, 기업자금 조달 등을 담당하고, 보험사는 각종 위험을 보장하는 역할을 한다. 자산운용사는 고객이 맡긴 돈을 주식이나 채권에 투자해서 운용하는 역할을 하며, 종금사는 어음할인과 관련된 일을 취급한다. 여신금융회사는 결제대금을 대행하고, 상호저축은행은 규모는 작지만 금리는 높다.

마스터플랜을 짜라

마스터플랜을 작성하는 가장 큰 이유는 재정설계의 기본이 되기 때문이다. 이를 통해 인생 전반에 걸친 재무적인 문제들이 어떻게 전개될지 미리 짐작할 수 있다.

자신과 배우자와 자녀의 나이를 기록하고 주택 구입, 주택 확장, 자녀 교육, 자녀 결혼 등에 대한 지출 아이템을 기록한다. 이렇게 기록하다 보면 어느 정도의 수입이 필요한지 추정되고, 데이터가 모여 자금 스케줄표가 완성된다.

제일 위쪽 항목에는 연도를 기입한다. 연도의 시작은 올해로 하고 마지막은 80세 정도로 한다. 현업에서 은퇴할 나이인 55세 전후 정도까지만 기입해도 되지만 조금 여유 있게 80세까지 기입해보기로 하자. 연도의 아래에는 가족 구성원들을 기록한다. 가장 먼저 본인이 들어가야 할 것이고, 결혼을 했다면 배우자의 이름도 들어갈 것이다. 배우자의 이름 밑으로는 자녀들의 이름을 기록한다.

미혼자라면 예상 결혼 시기를 기준으로 작성한다. 독신주의자라면 싱글로 살아갈 계획을 짜야겠지만, 그렇지 않다면 미래에 태어날 2세도 같이 기록하도록 하자. 연도에 맞춰 자신과 배우자의 나이, 그리고 자녀들의 나이를 기록하고, 자녀의 나이 아래에는 유치원·초등학교·중학교·고등학교를 구분해두자. 이렇게 해놓으면 자신과 배우자가 몇 살까지 아이들 학비를 뒷바라지해야 하는지 알 수 있다.

그 아래 항목에는 생활비나 교육비, 보험료 등의 지출 항목을 기록한다. 최대한 꼼꼼하게 작성해야 한다. 대충 기입해놓으면 나중에 적절한 판단이 어려워진다. 생활비는 빠듯하게 작성한다. 주택구입자금이나 넓은 집으로 이사 가기 위한 주택자금 소요분도 같이 계산한다.

주택 마련을 위한 계획 못지않게 중요한 것이 자녀의 결혼 계획이다. 자녀가 언제 결혼할지는 알 수 없으나 준비는 미리 해놓아야 한다. 목돈이 지출되기 때문이다. 이후 인생의 후반전에 쓸 품위유지비나 경조사비, 의료비 등에 대한 수요도 추정한다.

고민스러운 부분은 돈의 현재가치와 미래가치에 관한 것이다. 해결책으로 예상인플레이션을 감안해 매년 복리로 계산해야 하지만 번거롭기 때문에 그냥 현재가치로 계산한다.

〈마스터플랜의 예〉

연도		2018	2019	2020	2021	2022	2023	....	2067
나이	본인	31	32	33	34	35	36		80
	배우자	–	–	32	33	34	35		79
	자녀1	–	–	–	1	2	3		47
	자녀2	–	–	–	–	–	1		45
생활비									
교육비									
보험료									
주택자금소요									
학비									
결혼자금									
품위유지비									
가계비상금									
총자금수요									

가능한 목표를 정하자

돈의 흐름을 파악해서 내가 1년 동안 모을 수 있는 최대의 금액을 산정해 보자.

내가 최대한 모을 수 있는 금액은 내 수입을 초과할 수는 없다. 현실적으로 가능한 목표를 스스로 정해 보아야 한다. 목표는 구체적으로 산정하는 것이 좋다. 막연하게 올해는 '1천만 원이 목표다'라고 생각하지 말고 '1천만 원을 모으기 위해서는 한 달에 83만 원을 저금해야 하는구나' 하고 생각해야 한다. 다음 단계는 한 달에 83만 원을 저금하기 위한 방법을 생각해야 한다. 월급에서 83만 원을 따로 저금하면 도저히 생활이 안 될 때에는 목표액을 낮춘다.

돈을 한 군데 가만히 내버려 두어서도 안 된다. 쉴 새 없이 더 좋은 조건과 환경을 찾아 부지런히 움직여야 한다. 수시입출금도 보통예금에 넣어놓는 것은 바람직하지 않다. 미리 융자금 이자를 갚을 수도 있고 이율이 더 높은 CMA로도 운용할 수 있다. 낮은 이자를 높은 이자로 돌리는 것이 돈이 돈을 벌게 하는 첫 단계다.

돈을 버는 가장 이상적인 모델은 돈이 돈을 벌어주는 시스템이다. 돈은 자기복제능력이 있다. 돈이 돈을 벌어주는 대표적인 것은 예금이다. 예금에서 이자가 나오기 때문이다. 돈으로 인해서 돈이 벌린다. 임대 빌딩에서 매달 나오는 수입도 돈이 돈을 벌게 해 주는 것이다. 채권에 투자하여 3개월마다 이자를 받는 것도 돈이 돈을 벌게 해 주는 것이다. 돈이 돈을 버는 방법은 돈이 많아야만 가능한 것은 아니다. 돈을 모으는 초기 단계부터 돈이 돈을 벌어주는 시스템을 활용해야 한다.

구체적 계획을 세우자

짧은 시간에 많은 저축을 하기 위해서는 보통 사람들과 같은 소비행태를 보여서는 곤란하다. 남들이 여름휴가를 동해안으로 간다고 나는 서해안으로 가고, 남들이 등심 구워먹는다고 나는 안심 구워먹으면 돈을 모으는 기간이 길어질 수밖에 없다. 처음에는 힘든 고난을 각오해야 한다. 그렇게 각고의 노력을 기울이지 않으면 늘 남과 비슷하게 살 수밖에 없다.

나는 여름방학이 되면 아들의 손을 잡고 박물관 순례를 돌곤 하였다. 동해안에 가는 것이 좋은 피서겠지만 돈이 많이 든다. 박물관 순례는 입장료만 든다. 절약하고 아끼고자 하는 마음만 먹으면 얼마든지 생활에서도 돈을 쓰지 않게 되는 지혜를 짜낼 수 있다.

인맥관리도 재테크다

재테크라 하면 주식이나 부동산을 가장 먼저 떠 올린다. 주식이나 부동산 못지않게 중요한 재테크의 한 분야가 있으니 바로 '인맥관리'라고 하는 부분이다.

인맥관리를 잘 하라고 하면 명절 때 비싼 선물 보내고, 평소에 술을 잘 사야 하는 것으로 착각한다. 물론 선물도 필요할 것이다. 중요한 것은 비싼 선물이 아니라 기억에 남는 선물이어야 한다. 평범한 선물보다 아이디어 선물을 주어야 한다. 일반적으로 선물은 '내가 사기는 뭐 하지만 갖고 싶은 것'을 주는 것이 제일 효과적이다.

내가 지점장으로 근무하던 때, 대구에서 지하철 사고가 났다. 다음날 나는 산소 캔을 들고 다니며 고객들에게 드렸다.

"이사님, 어제 대구에서 지하철 사고 난 것 보셨죠? 무고한 사람들이 희생되었으니 얼마나 가슴이 아픕니까. 정말 안타깝기 그지없더라고요. 희생되신 분들이 대부분 유독가스 때문에 호흡곤란으로 돌아가셨다고 하네요. 이사님! 이거 산소 캔인데요, 이것 가지고 다니시다가 혹시 급한 일 있으면 쓰세요."

비록 3천 원짜리 산소 캔이었지만 받는 사람에게는 매우 기억에 남는 선물이 되었을 것이다.

돌 잔치에 초대받으면 돌 반지 대신 주식을 준비했다. 내가 다니던 교보증권의 주가는 2~3천 원대였다. 당시 돌 반지는 5만 원가량이었는데 5만 원에 맞추어 20주 정도를 준비해서 주었다. 돌 반지나 현금을 받은 경우 누가 주었는지 잊어버리기 쉽지만 내가 준 주식을 잊어버리기는 힘들 것이다. 나중에 듣자하니 주식이 1만 원까지 상승했을 때 팔아 시세차익도 누렸다고 한다.

가까운 가족부터

인맥관리에 있어 가장 기초가 되는 것은 나와 가장 가까이 있는 사람들이다. 늘 같이 있어서 소홀하기 쉬운 가족부터 잘 관리해야 한다.

5월은 가정의 달이다. 가정의 달에 내가 가족을 위해서 할 수 있는 것은 무엇일까 한 번 생각해보자.

가장 먼저 찾아온 어린이 날. 초등학교에 다니는 자녀나 조카가 있거든 어울리는 이벤트를 준비해보자.

나는 아들이 초등학교에 다닐 때 어린이 날이면 항상 대학을 찾았다.

그곳은 넓은 잔디밭과 분수대가 있어 아이들이 놀기 좋았다. 우리 가족만 가는 것이 아니라 친구의 가족들도 같이 불렀다. 비슷한 연령대의 아이들이 꽤 모였다. 아이들이란, 모아놓으면 자기네들끼리 알아서 노는 법이다. 아이들은 뛰어다니며 신나게 놀고 개중에는 분수대까지 들어가는 아이도 있었다. 아이들이 노는 동안 어른들은 그늘에 앉아서 여유 있게 담소를 나누었다. 롯데월드나 서울랜드 같은 놀이공원을 방문했다면 이런 여유는 누리기 힘들었을 것이다.

선물도 아이들의 눈높이에 맞추어 주었다. 남자아이들에게는 TV 만화영화에 나오는 로봇을 주었고 여자아이들에게는 인형을 주었다. 이렇게 하루를 보내고 집에 돌아오는 길에 자장면이라도 하나 사 주면 아이들은 매우 만족해했다. 그리곤 내년에도 꼭 다시 오자며 새끼손가락을 내밀었다.

어버이날

어버이날에는 편지를 쓰자. 부모가 자식에게 가장 받고 싶어 하는 것은 자식의 정성어린 관심이다. 어떤 설문조사를 보니 '돈'이라는데 실제로는 자녀의 마음을 가장 받고 싶어 한다. 그렇다면 자식으로서의 마음을 담아 편지를 써 보자. 아마 부모님은 감동의 눈물을 흘릴 것이다.

부모님이 가까운 곳에 계시다면 시간을 내서 카네이션을 달아드리자. 부모님은 하루 종일 카네이션을 달며 가슴 뿌듯해 할 것이다. 부모님이 먼 곳에 계신다면 미리 소포로 카네이션을 보내 드리자. 비록 직접 가슴에 달아드리지는 못하지만 부모님은 그 소포를 눈에 잘 띄는 곳에 놓아두며 자식을 생각할 것이다.

돈을 드릴 때에도 그냥 봉투에 담아드리기보다는 한지 같은 내지로 한 번 싸고, 그 다음에 봉투에 넣어 드리자. 같은 금액의 돈이지만 품격이 달라진다.

사교육비부터 줄여라

자녀 1명이 대학 졸업할 때까지 평균 2억8천만 원 가량 든다고 한다. 영아기의 양육비는 2천5백만 원, 유아기의 양육비는 2천9백만 원, 초등학생의 양육비는 6천3백만 원이 필요하다는 보고서가 있었다. 자녀의 양육비는 어쩔 수 없다. 하지만 사교육비는 줄일 수 있다.

돈을 모으는 과정에서 가장 큰 걸림돌은 사교육비다. 자녀에 대한 교육열이 지나치게 높은 우리나라에서는 다른 무엇보다도 사교육비에 대한 지출이 선행되고 있다.

2018년 통계청과 교육부가 공동으로 실시한 사교육비 조사결과에 따르면 초중고생 1명이 지출하는 월평균 사교육비는 38만4천 원이라고 한다. 초등학생의 월평균 사교육비는 30만7천 원, 중학생은 43만8천 원으로 나타났다.

사교육비로 거금을 지출하게 되면 돈을 모으는 기간은 매우 늘어난다. 물론 이렇게 헌신적인 뒷바라지 속에서 아이가 훌륭하게 커 나간다면 더 없이 기쁜 노릇이다. 하지만 자녀가 성장하여 어른이 된 다음, 노후를 준비하지 못한 부모는 오히려 자녀의 짐이 될 수도 있음을 알아야 한다. 진정 자녀를 위한다면 자녀가 어른이 되었을 때 자녀의 짐이 되기보다는 든든한 우군이 되어야 한다. 우리가 노후를 지금부터 준비하는 또 다른 이유는 사랑하는 자녀들에게 짐이 되지 않기 위해서다.

사교육비를 줄일 수 있는 방법은 얼마든지 있다. 가장 먼저 생각해볼 수 있는 것은 부모가 직접 가르치는 것이다. 아이가 학년이 올라갈수록 점점 가르치기 힘들겠지만 최소한 초등학교 정도는 부모가 충분히 지도할 수 있을 것으로 본다. 초등학교 교과서를 보고 내가 가르칠수 있겠는지 파악해 보자. 모르는 부분이 있으면 미리 예습 해 두자. 초등학교에서 배우는 과목 수준은 국민들이 기초적으로 알아야 하는 것들이다. 부모들이 조금만 신경 써서 공부하면 충분히 자녀들을 가르칠수 있을 것이다.

나도 아이가 초등학교 때에는 직접 가르쳤다. 과도한 사교육비나 고액과외 없이도 얼마든지 좋은 고등학교, 좋은 대학교에 보낼 수 있다.

가장 좋은 선생님은 부모

부모가 자녀를 가르치면 자녀들도 좋아한다. 집안 분위기도 공부하는 분위기로 바뀐다. 아이는 공부하다가 모르는 것이 있으면 자연스럽게 엄마 아빠에게 물어보고, 엄마 아빠는 아이가 모르는 부분을 인터넷으로 찾아보면서 학구적인 분위기가 형성된다.

이때 주의할 점은 행여 아이의 이해가 느리더라도 부모가 흥분해서는 안 된다는 것이다. 아이가 이해할 때까지 몇 번이고 반복해서 설명해 주어야 한다. 만일 흥분해서 언성이 높아지고 얼굴이 붉어지면 아이는 절대 같이 공부하려고 하지 않을 것이다.

나는 아이에게 공부를 가르칠 때마다 속으로 이렇게 주문을 외웠다. "지금 내 앞에 있는 이 아이는 내 아이가 아니다. 우리 사장님의 아이다"라고. 사장님의 아이에게 화를 낼 사람은 없을 것이다. 그렇게 화를 내지 않고 아이를 가르쳤더니 어느 날 아이는 나에게 "아빠, 저는 아빠하고 같이 공부하는 시간이 제일 좋아요"라고 이야기해 주었다.

또 한 가지는 품앗이 과외다. 어떤 엄마는 영어를 잘하고 어떤 엄마는 수학을 잘하고 또 어떤 엄마는 미술을 잘한다면 서로가 잘하는 부분을 가르칠 수 있을 것이다. 특별하게 잘하는 것이 없는 엄마는 가르치는 선생님 어머니의 아이를 대신 돌봐줄 수도 있다. 한 동네에 사는 엄마들끼리 충분히 해결할 수 있을 것이란 생각이 든다. 품앗이 과외의 장점은 엄마들의 의사소통이 원활하다는 것이다. 자녀의 부족한 부분을 정확하게 알 수 있고 그 부분을 집중적으로 교육시킬 수도 있다.

인터넷 시대이니만큼 앱을 활용한다거나 사이버강의를 듣는 것도 고려해 보자. 사이버강의는 무료이거나 저렴하다. EBS에서 제공하는 수능 사이버강의는 무료다. 대부분의 인터넷 강의는 과목별로 낮은 수준의 강의료만을 요구한다.

자녀가 원하지 않는데도 불구하고 억지로 학원을 보낸다면 이 또한 진지하게 생각해 보자. 부족한 부분을 보충하기 위해 학원에 보내는 것은 필요할 것이다. 하지만 아이가 원하지도 않은데, 심지어 아이가 싫어하는데도 학원에 보낸다면 돈 낭비로 이어진다.

사교육비에 얽매이는 삶에서 벗어나 하루빨리 노후준비를 서둘러야 한다.

chapter 4

돈 공부에
충실하자

저축, 투자, 금리, 환율, 대출, 세금
숫자와 친해지자

저축과 투자

저축은 소득 중에서 소비로 지출되지 않은 부분이다. 저축을 최대한 늘리기 위해서는 소득을 늘리든지 아니면 지출을 줄이든지 혹은 둘 다 이루어져야 한다.

아이들이 학교에서 돌아오면 부모들은 "애야, 숙제 먼저 하고 나가 놀아"라고 얘기한다. "애야, 나가 놀다가 지치면 그때 들어와서 숙제 해"라고 얘기하는 부모는 없을 것이다. 돈도 마찬가지다. 쓰고 나서 남은 돈을 저축한다는 마음보다는 저축하고 남은 돈을 소비한다는 마음 자세가 필요하다.

저축상품으로 가장 많이 이용하는 것은 적금이다. 그런데 사람들이 적금에 대해서 오해하고 있는 것이 있다. 1년 적금이율이 2%라고 하면 내가 넣은 돈의 2%를 받는 줄 안다. 한 달에 1백만 원을 넣는 적금을

1년간 불입했다고 하자. 내가 총 불입한 금액은 1천2백만 원이다. 이 경우 이자는 얼마가 나올까? 많은 사람들은 1천2백만 원×2%=24만 원인 줄 안다. 아니다. 그렇지 않다. 실제 나오는 금액은 109,980원이다. 어찌된 일일까? 그 내막은 다음과 같다.

첫 번째 달에 불입한 100만 원에 대해서는 1년 치 이자인 2%가 적용된다. 이자는 2만 원이다. 하지만 다음 달에 불입한 100만 원은 은행에서 11개월만 운용할 수 있기 때문에 1년 치 이자의 11/12만 적용된다. 18,333원이다. 그 다음 달은 1년 치 이자의 10/12만 적용된다. 16,667원이다. 이런 식으로 쭉 계산하다보면 마지막 달에 넣는 1백만 원은 1년 치 이자의 1/12만 적용된다. 1,667원이다. 이자의 합은 130,000원이 된다. 이 돈을 모두 받을 수도 없다. 세금을 내야 한다. 13만 원의 15.4%인 20,020원을 세금으로 내고 나면, 실제 손에 쥐어지는 돈은 109,980원이다. 실제 이율은 0.92%다. 이렇게 장황하게 설명하는 이유는 많은 사람들이 착각하고 있기 때문이다.

개월	불입금(원)	이자(원)
1	1,000,000	20,000
2	1,000,000	18,333
3	1,000,000	16,667
4	1,000,000	15,000
5	1,000,000	13,333
6	1,000,000	11,667

7	1,000,000	10,000
8	1,000,000	8,333
9	1,000,000	6,667
10	1,000,000	5,000
11	1,000,000	3,333
12	1,000,000	1,667
합계	12,000,000	130,000

투자

투자는 장차 얻을 수 있는 수익을 위해 현재의 자금을 지출하는 것이다. 장래 얻을 수 있는 수익은 가변적이다. 큰 수익으로 연결되기도 하고 손실로 나타날 수도 있다. 저축과 투자의 차이점은 리스크가 있느냐, 없느냐의 차이다. 원금에서 손실이 발생되지 않는 것을 저축이라 하고 발생할 수도 있는 것을 투자라 한다.

투자에 미치는 영향은 여러 가지다. 그중 계량화 시킬 수 없는 것은 사람의 마음, 즉 심리라고 하는 것이다. 심리는 개인이 처해있는 환경이나 상황에 따라 각기 다른 양태로 표출된다. 많은 사람들이 모이게 되면 군중심리가 되어 일정한 방향성을 갖게 된다. 개인이 혼자일 때 느끼고 판단하고 행동하는 방법이 군중이 모인 곳에서는 무시되고, 오로지 군중과 같은 방향, 즉 군중심리에 휩싸인다.

다른 사람이 살 때 내가 팔면 왠지 손해 보는 것 같고, 다른 사람이 팔 때 내가 사면 왠지 불안해 지는 것, 이것은 소신껏 투자하기보다 남들과 같은 배를 타려는 심리에서 기인한다. 이렇게 군중과 같이 움직이면 수익은 크게 내지 못하고 손실은 크게 이어진다.

모두들 앞으로의 장세가 좋다고 얘기할 때 의외로 주가는 하락하고, 모두들 비관적으로 볼 때 의외로 주가는 올라간다. 모두가 장세를 좋게 본다는 것은 대부분이 주식을 가지고 있다는 뜻이다. 주식이라고 하는 것은 누군가가 사줘야 올라간다. 모두가 주식을 가지고 있다는 얘기는 모두가 돈이 없다는 얘기다. 추가매수가 더 이상 이루어지지 않으면 주가는 하락한다. 반대로 모두가 비관적으로 본다는 것은 대부분 주식보다 돈으로 가지고 있을 때다. 매도물량이 적으니 조금만 주식을 사도 주가는 큰 폭으로 상승한다. 한 번만 뒤집어 놓고 생각해 보면 쉽게 짐작이 가지만 사람들은 이런 심리를 간과하고 있다.

잃을 수도 있다는 사실을 인식하자

주식시장에서 일반투자자의 가장 큰 단점은 조금이라도 손해난 주식은 팔지 못한다는 것이다. 손실 폭은 점점 더 커지고 나중에는 감당하지 못할 지경에까지 이른다. 이렇게 일이 번지는 이유는 손실 보았다는 것을 인정하지 못하기 때문이다.

주가가 어느 정도 하락하면 '곧 올라가겠지' 하며 스스로 위안한다. 더 하락하게 되면 오기가 생긴다. '내가 이렇게 손해보고는 절대 못 팔지'라고 생각한다. 또 하락하게 되면 부아가 치민다. '내가 이 주식을 내 자식한테 물려주는 한이 있더라도 절대 이 가격에는 못 판다'며 고집을 부린다. 여기서 더 하락하게 되면 이젠 거의 포기상황이 된다. 이 상황에서 다른 종목이 부도라도 나면 '큰일 났군. 이것도 부도나면 어떡하지? 이 금액이라도 건지자' 하며 매도에 나선다.

투자에 나섰다가 평가손을 입는 경우 대처하는 방법은 2가지다. 첫 번째는 '손절매(loss-cut)'고 두 번째는 다시 올라갈 때까지 기다리는 것이다. 손절매란 손실을 본 상황에서 더 큰 손실을 방지하기 위하여 매도하는 것이다.

손절매는 주식투자에서 유용하게 쓰이는 방법이다. 주가가 매입가보다 일정 수준 하락하게 되면 기계적으로 매도하는 것이다. 주가가 올라갈 것으로 예상하고 매수했는데 하락한다면 투자판단이 틀렸다는 뜻이다. 실수를 깨끗이 인정하고 다시 생각할 시간을 갖기 위해 일단 매도부터 하는 것이다. 정리를 해 놓은 다음 다시 매수 시점을 찾는다.

다시 올라갈 때까지 기다리는 방법은 부동산에서 많이 사용하는 방법이다. 부동산은 주식과 달라 침체기에는 매매자체가 성립되지 않는 경우가 많다. 부동산의 가격은 횡보 내지 약보합을 보이다가도 어느 순간에 한 단계 혹은 두 단계 계단식으로 상승하는 특징이 있어서 다시 매입시세가 되고 또 초과수익을 올려주기도 한다.

투자와 투기

투자와 투기를 혼동해서는 안 된다. 투자는 정상적인 상황에서 수익을 추구하는 행위지만 투기는 기회에 편승하거나 우연한 사실에 의하여 수익이 발생하기를 기대하는 행위다. 사실, 투자와 투기의 차이는 해묵은 논쟁거리다. 사람에 따라 정의하는 것도 다르고 판단기준도 다르다. 증권투자를 투기로 싸잡아 폄하하기도 하고 투기성이 짙은 분야를 투자라고 미화하기도 한다. 본인은 투자라고 생각하지만 남들이 보기에는 투기인 경우도 많다. '내로남불'이 여기서도 존재한다.

나는 이렇게 정의하고 싶다. 투자는 장차 얻을 수 있는 수익을 위해 '현재'의 자금을 지출하는 것이고 투기는 '미래'의 자금을 지출하는 것이라고.

A와 B는 똑같이 아파트를 한 채 구입하였다. A는 본인이 살기 위해

서 저축한 돈에 감내할 수 있는 범위의 은행 대출을 보태 아파트를 샀다. B는 들어와 살 것도 아니면서 시세차익을 노리고 감내할 수 없는 범위의 은행 대출을 받아 아파트를 샀다. 이 경우 A는 부동산 투자를 한 것이고 B는 부동산 투기를 한 것이다. 집을 산 행위는 동일하다. 부동산 가격이 하락하게 되면 투자에 나선 A는 어차피 거주하는 집이니 그냥 살면 된다. 투기에 나선 B는 막대한 금융손실과 자산가치의 하락을 맛보게 된다. 아파트 가격이 5억 원이고 융자금이 4억 원이라고 가정하자. 이런 상황에서 아파트 가격이 4억으로 하락하는 경우, 은행융자금을 갚고 나면 빈털터리가 된다. 주식시장에서만 통용되는 '깡통'(평가금액에서 융자금액을 뺀 금액이 마이너스가 되는 경우)이란 용어가 부동산시장에도 적용된다.

투자는 OK, 투기는 NO

왜 투자는 장려되지만 투기는 만류되어야 하는지 아래 그림을 통해 분석해 보자.

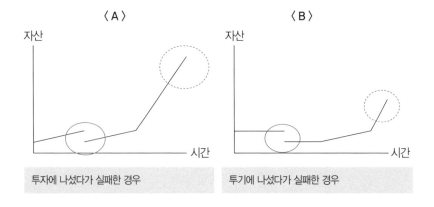

〈A〉 투자에 나섰다가 실패한 경우

〈B〉 투기에 나섰다가 실패한 경우

그림 〈A〉의 경우는 투자에 나섰다가 실패한 경우의 그림이다. 투자에 실패했기 때문에 자산은 주저앉을 수밖에 없다. 다시 종잣돈을 모으는 단계로 되돌아간다. 종잣돈을 만들고 다시 투자에 나서서 성공하게 되면 자산은 기하급수적으로 불어나게 된다.

그림 〈B〉의 경우는 투기에 나섰다가 실패한 경우의 그림이다. 실패했기 때문에 자산이 주저앉는 것은 〈A〉의 경우와 같다. 다만 이후의 전개과정은 상당히 다르다. 부채상환에 상당한 기간을 허비해야 하기 때문이다. 자산은 상당기간 옆으로 횡보하는 모양이 될 수밖에 없다. 다행히 종잣돈을 모아 투자에 나서 성공을 하게 되면 자산이 불어나겠지만 그림 〈A〉와 비교해보면 상당한 시간 차이를 확인할 수 있다.

03

내 신용
내가 관리하기

현대사회는 신용사회다. 자신의 신용을 어떻게 관리하느냐에 따라 금융기관과 거래할 때 좋은 조건을 제시받을 수도 있고 혹독한 조건을 감수할 수밖에 없는 경우도 있다.

금융기관은 신용을 크게 세 가지로 나누어 체크한다.

첫째는 연체 여부다. 돈을 갚기는 갚는데 제 때 갚지 않았는지를 따진다는 얘기다. 이런 사람은 신용이 나쁜 축에 속한다. 돈을 빌려주기는 빌려 주는데 이자를 비싸게 받는다. 혹시라도 떼일 염려가 있기 때문이다.

둘째는 개인이 소유하고 있는 재산이다. 금융기관에서 융자를 받으려면 재산세는 얼마를 냈는지, 집은 몇 평인지, 자동차의 종류는 무엇인지 묻는다. 재산이 얼마나 되는지 파악하기 위해서다. 재산이 많으면 신용이 높은 것으로 평가한다.

셋째는 연소득이다. 근로소득자의 경우 꼭 요구 받는 것이 '근로소득 원천징수영수증'이다. 이것을 보면 작년에 얼마를 벌었는지 정확하게 알 수 있다. 재산상황과 마찬가지로 연소득이 높을수록 신용이 높은 것으로 평가 받는다.

가장 신경 써야 하는 부분은 연체다. 연체에 대해서 별로 중요하게 생각하지 않는 사람들이 있다. 그렇지 않다, 연체는 정말 중요한 기록이다. 연체 기록은 해당 금융기관의 기록에 남아 대출을 받으려고 하면 높은 금리를 요구한다.

또 한 가지는 대출조건을 비교하기 위해 이 곳 저 곳에 인터넷 대출 신청을 하지 말라는 것이다. 인터넷 대출신청은 몇 번의 클릭만으로 신청이 가능하고 조건이 마음에 들지 않으면 안 하면 그뿐이라고 생각하기 쉽다. 대출신청을 받은 금융기관은 신청인의 신용정보를 조회하게 되고, 이 기록은 신용정보망에 누적된다. 조회처가 많다는 것은 여러 군데에 혹은 여러 번 대출을 신청했다고 받아들여진다.

은행에서 대출을 담당하고 있는 후배의 말에 의하면 조회건수가 많은 사람은 일단 의심부터 하고본다고 한다. 다른 은행에서 퇴짜 맞아 자기 은행에 온 것이 아니냐며 어떤 하자가 있는지 세밀히 본다는 것이다. 대출이 필요하다고 무분별하게 신청하지 말고 대출조건을 비교해 본인에게 유리한 금융기관에 신청하는 것이 좋다.

채무불이행자

가장 중요한 것은 채무불이행자(신용불량자)가 되면 안 된다는 것이다.

금액에 관계없이 대출금을 3개월 이상 연체하거나 5만 원 이상의 신용카드대금, 카드론을 3개월 이상 연체하면 채무불이행자가 된다. 아무 생각 없이 카드 현금서비스를 받다가 깜빡 잊고 돈을 갚지 않으면 채무불이행자가 되어 버린다. 채무불이행자가 되면 거의 모든 금융거래가 제한되고 취업도 힘들어진다. 입장을 바꿔 놓고 생각해 봐도 어느 누가 돈 떼먹은 경험이 있는 사람에게 돈을 빌려주고 싶을 것인가. 어느 누가 돈 관리를 제대로 하지 못하는 사람을 채용하고 싶을 것인가.

연체금액을 다 갚더라도 일정 기간 기록이 보존되어 금융거래에 불이익을 준다. 3~5년 정도 지나면 기록이 삭제되지만 금융회사끼리 공유한 정보를 삭제한다는 의미다. 연체한 금융기관에서 자발적으로 삭

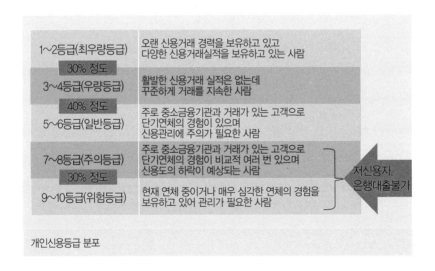

개인신용등급 분포

제하는 것은 아니다. 금융회사들은 신용정보를 중히 여기는 곳이다. 자사가 확보하고 있는 연체기록을 삭제할 이유가 없다.

단, 등록된 지 90일 이내에 해제하거나 등록금액이 1천만 원 이하(신용카드, 카드론은 2백만 원 이하)면 해제와 동시에 기록도 삭제된다.

신용관리에서 반드시 명심해야 할 것이 있다. 사채는 절대 사용하지 말라는 것이다. 사채는 한 번 쓰면 헤어나지 못한다. 선(先)이자도 선이 자이려니와 살인적인 금리는 상상을 초월한다. 급한 마음에 사채를 쓰게 되면 이자가 눈덩이처럼 불어나 금방 원금을 초과한다. 사채업자의 돈을 떼어 먹는 것은 불가능하다. 사채를 사용할 바에는 아예 개인회생 절차를 밟는 것이 낫다.

금리

한국은행에서 기준금리를 정하면 시중은행은 기준금리에 맞추어 예금금리와 대출금리를 정한다. 금리는 주식, 부동산, 경기와 밀접한 관련이 있어 역학관계를 잘 파악해야 성공적인 투자가 가능하다.

일반적으로 금리가 올라가면 소비심리와 투자심리가 약해지기 때문에 저축은 늘어나고, 이자부담이 증가하기 때문에 대출은 줄어든다. 과열된 경기는 진정되고 주식시장과 부동산시장은 침체를 맞는다. 금리가 내려가면 소비심리와 투자심리가 살아나 저축은 줄어들고, 이자부담이 경감돼 대출은 늘어난다. 경기회복을 기대할 수 있고 주식시장과 부동산시장은 활황을 보인다.

대체적으로 금리와 주가는 역의 관계에 있다. 금리가 상승하면 주가는 하락하고 금리가 하락하면 주가는 상승한다. 금리의 하락은 이자비용 감소로 이어지기 때문에 기업 실적은 좋아진다. 개별주가에 가장 큰 영향을 미치는 것이 실적인 점을 감안하면 당연히 주가는 올라간다.

금리가 내리면 부동산 가격이 오르는 경향이 있다. 낮은 금리에 만족하지 못한 자금이 투자처를 계속 찾기 때문이다. 주식시장이 활황을 보이면 주식시장으로 유입되지만 주식시장이 침체를 보이면 부동산으로 향한다. 낮은 금리로 대출받아 집을 사려는 수요세력까지 등장하면 과열로 치닫기도 한다. 부동산 가격이 올라가면 시중자금이 부동산으로 몰리게 되고 은행에 예치되어 있던 자금들이 빠져나간다. 빠져나간 자금을 보충하기 위하여 은행은 금리를 올리게 된다. 그래서 부동산 가격이 오르면 금리도 오르는 경향이 있다.

금리가 낮아지면 기업은 돈을 빌려 공장을 짓거나 기계를 도입하는 등 투자에 나선다. 금융비용 부담이 줄기 때문이다. 설비투자는 고용을 증대하고 다른 산업에도 영향을 미쳐 경기가 전반적으로 좋아진다. 금리가 올라가면 투자에 소극적이 되어 경기가 진정되는 효과가 있다.

금리에 대한 감각을 익히는 가장 좋은 방법은 경제신문을 꾸준히 보는 것이다. 금리동향에 대한 기사도 있고 금융통화위원회에서 한국은행 총재가 어떤 발언을 했는지도 알 수 있다. 한국과 미국의 금리가 역전되었다는 둥, 향후 금리상승이 예상되어 어떤 업종 주식이 좋을 것이라는 둥, 여러 가지 해설기사도 볼 수 있다.

금리공부는 금융기관을 통해서도 할 수 있다. 금융기관에 들러 어떤 신상품이 나왔는지, 금리는 어떻게 되는지 살펴보자. 객장에 비치된 팸플릿이나 안내장에도 금리는 적혀있을 것이다.

고정금리와 변동금리

금리는 고정금리와 변동금리로 나뉜다. 고정금리는 말 그대로 금리가 고정되어 만기까지 가는 것이다. 변동금리는 금리가 변동되면서 만기까지 가는 것이다. 고정금리는 금리가 고정되어 있기 때문에 향후 금리가 오르더라도 저축자는 이자를 더 받을 수 없고 대출자는 이자를 더 낼 필요가 없다. 변동금리는 향후 금리가 오르면 저축자는 이자는 더 받을 수 있고 대출자는 이자를 더 내야 한다.

반대로 향후 금리가 내리더라도 고정금리의 경우 저축자는 이자를 덜 받지 않고 대출자는 이자를 덜 내지 않는다. 변동금리의 경우 저축자는 이자를 덜 받게 되고 대출자는 이자를 덜 내게 된다.

고정금리로 예금했는데 금리가 상승할 때는 기존에 가입했던 상품을 해지하고 새로 가입하는 전략이 유효하다. 금리가 완만히 상승할 때는 큰 효과가 없지만 금리가 급등할 때에는 중도해지수수료를 부담하더라도 더 이익이다.

IMF시기에 나는 증권회사에서 투자신탁영업을 하고 있었다. IMF직전에는 12%의 기대수익이 예상되는 3년짜리 채권형 펀드를 팔았다. 이후 금리가 급등하여 거의 30%에 육박했을 때 나는 고객들에게 이렇게 설명했다. "기존의 펀드를 계속 가지고 있으면 만기에 40% 가까운 수익이 나옵니다. 하지만 이 펀드를 해지하고 새로 가입하면 만기에 100% 가까운 수익이 나옵니다. 중간에 환매하기 때문에 기존에 가입한 펀드에서는 기대수익보다 낮은 수익이 발생하지만 길게 봐서는 이쪽이 더 이익입니다."

고객들은 나의 설명을 듣고 기존의 펀드를 해지하고 새로 3년짜리 채권형 펀드에 가입하였다. 결과는 나의 설명대로였다. 12% 기대수익률을 가진 펀드와 비교했을 때 2.5배 이상의 수익을 올릴 수 있었다.

고정금리로 대출을 받았는데 금리가 큰 폭으로 하락할 때에는 중도상환 후 새로 대출을 받는 것도 고려할 수 있다. 이때에는 중도상환수수료를 체크해야 한다.

2018년 10월 현재 우리나라와 미국의 금리는 역전된 상태다. 미국의 금리수준이 우리나라의 금리수준보다 더 높아졌다. 우리나라 금리가 향후 인상될 것이라는 예상을 할 수 있는 대목이다. 이 경우 회전식예금에 관심을 기울인다. 회전식예금은 정기예금 가입기간에 실세금리를 연동해 금리를 변경 적용하기 때문이다.

〈고정금리와 변동금리의 장단점〉

고정금리	장점	예금: 금리가 하락해도 약정이자는 취득 대출: 금리가 상승해도 약정이자만 부담
	단점	예금: 금리가 상승해도 약정이자만 취득 (예금갈아타기 전략, 중도해지수수료 체크) 대출: 금리가 하락해도 약정이자는 부담 (대출갈아타기 전략, 중도상환수수료 체크)
변동금리	장점	예금: 금리가 상승하면 예금이자 증가 대출: 금리가 하락하면 대출이자 감소
	단점	예금: 금리가 하락하면 예금이자 감소 대출: 금리가 상승하면 대출이자 증가

05

세상에는
착한 빚도 있다

빚은 2가지 종류가 있다. 착한 빚과 나쁜 빚이다.

착한 빚이란 자산관리에 도움이 되는 빚을 말한다. 집을 사기 위해 대출을 받는다든지, 연체이자를 피하기 위해 마이너스 통장을 만든다든지 하는 것들이다. 나쁜 빚이란 본인의 자금흐름을 감안하지 않고 무리해서 융통하는 빚이다. 해외여행을 가기 위해 빚을 낸다든지, 아니면 주식투자를 위해 대출을 만드는 따위다. 착한 빚은 현금흐름을 원활하게 하고, 나쁜 빚은 현금흐름을 꼬이게 한다.

자산의 축적과정에서 빚은 금물이다. 유일하게 예외가 있으니 바로 착한 빚을 낼 때다. 대표적인 것이 내 집을 마련할 때다.

내 집을 장만해야 하는데 돈이 모자라는 경우가 많다. 고정수입이 있다면 대출 받는 것을 두려워 할 필요는 없다. 이때의 빚은 소비를 위한 빚이 아니라 도약을 위한 빚이다. 대출을 받으면 이를 갚기 위해 더욱 절약하고 검소하게 살 수밖에 없다. 강제저축의 효과도 발휘된다.

고정수입에 비해 과도하게 융자받는 것은 지양해야 한다. 은행의 이자를 감내할 수 있는 수준이라면 상관없다. 고정수입이 400만 원이고 한 달 생활비를 아껴서 200만 원을 사용한다면 200만 원의 여유분이 생긴다. 그럼 원금+이자로 지급할 수 있는 한도는 200만 원이다. 만일 소득이 더 늘어날 것으로 예상한다면 거기에 맞추어서 계산하면 된다.

대출을 받을 때는

대출을 받을 때는 최대한 낮은 금리로 대출 받아야 한다. 주로 거래하는 은행이 있으면 그곳이 아마 제일 낮을 것이다. 주거래은행은 기업만 가지고 있는 것이 아니다. 개인도 주거래은행을 가질 수 있다. 급여이체를 비롯해서 공과금 납부, 보험료 납부, 핸드폰 요금 등을 모두 한 은행으로 모아놓으면 그곳이 바로 나의 주거래은행이 된다. 혹시 자동이체가 여기저기 흩어져있다면 한 군데로 모으자. 자동이체통합관리서비스를 이용하면 굳이 은행 지점을 방문하지 않더라도 클릭 몇 번으로 모든 자동이체를 한군데로 쉽게 모을 수 있다.

신용대출을 받았는데, 기간 중에 직장이 바뀌었다든지(비상장기업에서 상장기업으로) 전문자격증을 취득하였다든지, 진급을 해서 연봉이 올랐다든지 하면 금리인하요구권을 행사할 수 있다. 금리인하요구권은 금리를 인하해달라고 요구하는 권리다. 방법도 간단하다. 금리인하요구신청서와 금리인하요구의 사유를 확인할 수 있는 관련서류를 제출하면 된다.

요즘같이 금리가 조금씩 상승할 때는 고정금리로 대출 받는 편이 유리하다. 하지만 은행은 그렇게 허술한 곳이 아니다. 고정금리로 대출해 주었다가 금리가 상승하면 은행 입장에서는 역마진이 생기기 때문에 고정금리로 대출해주는 경우에는 높은 이율을 요구한다. 변동금리로 대출받을 때와 고정금리로 대출 받을 때의 차이를 세밀히 계산하는 것이 좋다.

낮은 금리로 대출 받기 위해서는 담보를 활용한다. 담보로 돈을 빌리는 것이 신용으로 빌리는 것보다 대출이율이 훨씬 낮다. 이것저것 제출해야 되는 서류도 많고 금융기관 직원과 상담도 해야 하지만 이것이 귀찮다고 그냥 신용대출을 받는다면 돈의 흐름에 부작용이 생긴다.

대출처는 가급적 은행을 이용한다. 은행의 대출이율이 타 금융기관보다 월등히 낮기 때문이다. 은행에서 필요한 자금을 조달하고 부족할 경우 보험사와 저축은행을 활용한다. 이 단계가 지나서 신용카드의 대출은 심각하게 고려하여 최단기간 내에 갚을 수 있도록 해야 한다.

급하게 돈이 필요할 때 가장 먼저 생각나는 것이 신용카드의 현금서비스다. 아무 생각 없이 급한 마음에 현금서비스 받는 것이 여러 번 반복되면 이것도 습관이 된다. 이 경우는 마이너스 통장을 미리 만들어 놓으면 요긴하게 사용할 수 있다. 거래하고 있는 은행에 마이너스 통장을 신청하면 몇 가지 기본적인 서류만으로 개설이 가능하다. 돈을 쓰지 않으면 이자는 없다. 사용한 기간만큼 일수를 따져서 이자를 내면 된다. 이자도 카드사의 현금대출서비스에 비해 훨씬 낮다.

현재 본인이 가지고 있는 대출정보를 조회하기 위해서는 금융감독원의 금융소비자 정보포털(fine.fss.or.kr)을 이용한다.

파인에서는 대출뿐만 아니라 계좌통합, 보험가입정보, 자동이체 등도 조회할 수 있다. 통합된 계좌에 자투리 돈이 남아있을 때에는 내 계좌로 바로 넘겨받을 수도 있다. 나도 계좌통합조회를 통해 잊고 있었던 몇 만 원을 돌려받을 수 있었다.

지금 잠깐 책을 덮고 위 사이트에 접속하여 검색해 보자. 모르긴 몰라도 몇 천 원에서 몇 십만 원까지의 잠자고 있던 내 돈을 찾을 수 있을 것이다.

신용카드와 빚

신용카드는 물건을 구입하거나 서비스를 제공받을 때 자신의 신용을 담보로 지급을 미루는 것이다. 현금을 가지고 다녀야 하는 불편함을 덜어주고, 원하는 물건을 아무 때나 살 수 있는 편익을 제공한다. 그런데 신용카드를 사용하는 사람들 중에 가끔 주객이 전도된 경우를 본다. 물건을 구입하거나 서비스를 제공받는 것이 아니라 현금서비스를 이용하는 사람들이다. 현금서비스는 이율이 매우 높은 수준이기 때문에 피치 못할 사정이 아니라면 받지 않는 것이 현명하다.

신용카드는 발급받는 즉시 뒷면에 서명을 해야 한다. 분실되거나 도난당한 카드가 부정 사용됐을 경우 카드사에서는 가장 먼저 서명 여부를 확인한다. 카드를 분실했다면 지체 없이 신고해야 한다. 신고를 지체할 경우 회원의 일부 과실이 인정돼 전액 보상이 어렵다. 만일 60일 경과 후 신고한 경우 그전에 발생한 부정 사용대금은 보상받을 수 없다. 단, 현금 인출과 현금서비스는 신고 시점 이후다.

여성들은 카드 혜택을 누리기 위해 다양한 신용카드를 갖고 다니는 경우가 많다. 주의해야 한다. 혹 지갑을 분실하게 되면 연락해야 할 카드사도 많을 것이고, 그러다 보면 분실 신고를 누락할 가능성도 크다. 지갑에는 꼭 필요한 카드만 가지고 다니고 별도로 카드번호를 기입해 놓는 것이 좋다.

신용카드의 연회비도 무시하지 못한다. 필요도 없으면서 많은 연회비를 내야 하는 카드를 발급받으면 부담은 더욱 커진다. 골드카드니 플래티늄카드니 하는 것들이 신분 과시용 수단으로 이용되기도 하는데, 연회비는 10만 원이 훌쩍 넘는다. 카드를 하나만 사용하는 것이 아니라 여러 개 사용하는 경우 연회비만 모아도 꽤 큰 금액이 된다. 연회비 내역을 꼼꼼히 살펴보고 가능하면 연회비가 싼 카드를 선택해야 한다. 외국에 나갈 일이 없는 사람이 모든 카드를 비자나 마스터로 발급받을 필요는 없다. 상표 사용에 따른 로열티를 내야 하기 때문에 그만큼 연회비는 더 올라간다. 연회비가 면제되는 제휴 카드도 있는데 이를 선택할 수도 있다. 1년에 얼마 이상을 사용하면 그 다음 해 연회비를 면제해준다.

사용하지 않는 카드에서 연회비가 빠져나갔다면 카드사에 돌려달라고 청구할 수 있다. 연회비는 고객에게 다양한 서비스를 제공하기 위해

카드사가 회원에게 징수하는 수수료로 선납의 성격을 갖고 있다. 한 번도 사용하지 않은 경우에는 카드사에서 연회비를 돌려준다. 단, 카드는 해지해야 한다. 어차피 사용하지 않을 카드라면 해지하고 연회비를 반납 받는 것이 낫다.

신용카드의 해지는 해당 카드의 서비스에 대한 사용 중지를 의미한다. 해지할 경우 카드사에 개인정보가 그대로 남아 있게 된다. 자신의 개인정보가 완전히 삭제되기를 원한다면 해지 대신 탈퇴를 해야 한다.

〈신용카드사 상품별 수수료율〉　　자료 : 여신금융협회, 2018년 10월 7일 기준

신용 카드사 (가나다순)	단기카드대출 (현금서비스) 수수료율	할부 수수료율	장기카드대출 (카드론) 이자율	일부결제금액 이월약정(리볼빙) 일시불	일부결제금액 이월약정(리볼빙) 단기 카드대출	연체 이자율
롯데카드	5.95~23.50	4.90~20.90	4.95~23.50	5.89~23.50	6.89~23.50	6.10~24.00
비씨카드	7.85~23.28	11.00~18.50	–	–	–	9.00~23.90
삼성카드	6.40~23.90	10.00~21.80	5.90~23.90	5.80~23.90	6.40~23.90	8.80~23.90
신한카드	6.10~23.90	9.5~20.90	6.16~23.90	5.40~23.90	6.40~23.90	8.40~24.00
우리카드	6.40~23.80	9.50~19.50	5.90~22.90	5.40~21.90	6.40~23.80	9.00~23.90
하나카드	6.90~23.00	9.20~20.70	6.90~23.00	6.90~23.00	6.90~23.00	9.00~24.00
현대카드	6.50~23.90	4.20~21.70	5.50~23.50	5.50~23.50	6.50~23.90	7.20~24.00
KB 국민카드	5.90~23.60	4.30~21.80	4.90~23.50	5.60~23.60	5.90~23.60	7.30~24.00

앞의 표는 신용카드사의 상품별 수수료율이다. 단기카드대출 수수료율은 6~24% 수준이며 할부수수료율도 4~22% 수준이다. 장기카드대출은 5~24% 수준이고 연체이자율은 14~24%에 이른다. 이 표를 보고도 카드를 함부로 사용하는 사람은 아마 별로 없을 것이다.

숫자와 친해지자

돈은 늘 관찰하고 감시해야 하는 존재다. 돈을 감시하기 위해서는 수치화해서 분석하는 수고가 필요하다. 최소한 분기마다 자신의 자산을 종합적으로 체크해서 표를 만들어 놓으면 분석하기 편하다. 아무리 머리가 좋아도 숫자로 적어 놓지 않으면 제대로 분석할 수 없다.

의사결정에 있어서도 셈을 활용한다. 플러스가 될 것인지 마이너스가 될 것인지 냉정하게 분석할 수 있다. 간단한 셈이야 계산기로 몇 번 두드리면 나오지만 복잡한 셈은 엑셀 같은 스프레드시트를 활용한다. 복잡한 계산을 일일이 손으로 다 할 수는 없다. 예를 들어 금리 변수를 집어넣을 때, 금리가 1.0%일 때부터 5.0%에 이르기까지 각종 경우의 수를 다 손으로 계산한다면 아마 상당한 시간이 걸릴 것이다. 엑셀을 사용하면 금리를 1.0부터 5.0까지 계산한다고 하더라도 클릭과 드래그 몇 번이면 가능해진다.

　이자지급방식은 단리와 복리가 있다. 단리는 원금에 이자가 붙는 것을 말한다. 100만 원을 2% 단리로 가입했다면 이자가 매년 2만 원씩 나온다. 복리는 이자에 다시 이자가 붙는 것을 말한다. 100만 원을 2% 복리로 가입했다면 첫 해에는 단리와 같이 이자가 2만 원 나오지만 그 다음해에는 104만400원이 나온다. 이자 2만 원에 대해서도 2%의 이자가 붙었기 때문이다. 얼핏 보기에는 큰 차이가 나지 않지만 시간이 흐르면 흐를수록 차이는 커진다. 10년 후를 단리로 계산하면 20만 원의 이자가 나오지만 복리로 계산하면 218,994원이 된다. 20년 후에는 단리 40만 원, 복리 485,947원이 되며 30년 후에는 단리 60만 원, 복리 811,362원이 된다.

　복리를 손쉽게 계산하는 것으로 72법칙이 있다. 72법칙은 돈을 얼마 만에 2배로 늘릴 수 있는지 쉽게 계산해 준다. 2%의 수익률로 운용하면 72/2=36, 36년이 걸린다. 5%의 수익률로 운용하면 72/5=14.4년이 걸린다. 10%의 수익률로 운용하면 72/10=7.2년이 걸린다.

　돈을 2배로 불리기 위해서 어느 정도의 수익률로 운용해야 하는지도 계산할 수 있다. 10년 후에 2배로 불리기 위해서는 72/10=7.2%로 운용해야 한다. 5년 후에 2배로 불리기 위해서는 72/5=14.4%로 운용해야 한다.

　물가상승률을 감안한 돈의 가치를 계산할 때도 편리하다. 물가상승률이 2%라면 72/2=36년이 지나면 현재 돈의 가치는 절반으로 줄어든다.

　월스트리트에서 가장 성공한 펀드매니저로 손꼽히는 피터 린치는 복리의 위대함을 다음과 같이 이야기했다.

〈미국 뉴욕시에 있는 맨해튼을 단돈 24달러에 백인에게 팔아넘긴 인디언은 오늘날 맨해튼의 모습을 보면 땅을 치며 후회할 것이다. 그러나 복리의 개념을 도입하면 이야기는 달라진다. 그가 24달러를 연 8%의 이자율로 복리 계산하는 예금을 했더라면 1626년의 24달러가 1989년에는 39조 달러가 된다. 1989년 현재와 같이 놀랍게 개발되어 있는 맨해튼의 전체 땅값은 600억 달러로 30조 달러의 0.2%에 불과하다.〉

환율

환율이란 국가와 국가 간 돈의 교환가치에 대한 비율을 말한다. 원·달러 환율이 1,000원이라는 말은 미국 돈 1달러의 가치가 우리나라 돈 1,000원과 같다는 것이다. 환율은 한 국가에서 고정시킬 수도 있고 시장의 상황에 맡기는 경우도 있는데 전자를 고정환율제, 후자를 변동환율제라고 한다. 현재 우리나라는 변동환율제를 적용하고 있어 수많은 변수에 따라 환율이 움직인다.

2018년 10월 현재 1달러는 1,130원 수준, 100엔은 1,000원 수준, 1유로는 1,300원 수준, 1위안은 165원 수준에서 움직이고 있다.

환율은 일반인에게 그다지 와 닿지 않는다. 일반인들이 외화에 관심을 가질 때는 외국에 있는 가족에게 송금할 때나 해외여행을 할 때다. 하지만 환율을 이용하여 재테크에 참여할 수도 있다. 환율의 변화가 재테크에 어떻게 영향을 미치는지도 알아두면 좋다.

환율과 가장 직접적인 관계를 맺고 있는 것은 해외펀드, 해외채권에 투자했을 때다.

해외펀드에서 수익이 발생하더라도 원화가 절상되면 수익이 환율에 상쇄되어 오히려 손실이 발생하는 경우도 생긴다.

1천만 원을 해외펀드에 투자하면 먼저 우리 돈을 해당 국가의 돈으로 환전해야 한다. 미국의 경우 1달러를 1천 원이라고 하면 1만 달러로 바꿀 수 있다. 1만 달러로 운용을 잘해서 10%의 수익을 올려 돈은 1만1천 달러가 되었다. 하지만 원화가 절상되어 1달러가 1천 원에서 9백 원이 되었고, 1만1천 달러를 원화로 바꾸니 990만 원이 되었다. 운용에서는 10%의 수익을 올렸지만 원화의 강세로 1% 손해를 보게 되는 것이다.

해외채권도 유사하다. 1천만 원어치 브라질 채권을 샀다. 이자는 6개월에 한 번씩 5%가 지급된다. 매입 당시 브라질 헤알화는 500원이었다. 헤알화가 500원을 유지한다면 6개월마다 이자는 50만 원이 지급된다. 하지만 원화강세로 헤알화가 300원이 되면 이자는 30만 원만 지급된다.

물론 원화가 약세를 보일 때에는 운용수익과 환율변동에 따른 수익도 같이 누릴 수 있다.

07

예금자보호법

　법이라고 하면 보통사람들은 왠지 거리감을 느낀다. 살면서 파출소도 한 번 가보지 않은 선량한 사람에게는 법이 무섭고 두려운 존재다. 하지만 법이라고 하는 것은 '우리가 상식적으로 생각할 수 있는 것을 문서화시켜 놓은 것'에 불과하다. 어려워 할 필요는 없다. 진정한 의미의 법은 세상을 이롭게 하고 삶의 질을 향상시키기 위해서 존재한다.

　가장 먼저 알아두어야 할 법은 예금자보호법이다. 예금자보호법은 금융기관이 파산 등의 사유로 예금을 지급할 수 없는 상황에 처할 때 예금자를 보호하기 위해서 만든 법이다. 모든 예금이 보호받는 것은 아니다. 금융상품에 가입할 때 법의 보호를 받는 것인지 아닌지 확인해 보는 것이 좋다.

　보호대상예금은 은행의 예금, 적금, 부금 등이 포함되고 증권사는 고객예탁금, 증권저축 등이 포함되며 보험사는 개인보험, 퇴직보험 등이다. 상호저축은행의 예금, 적금, 계금, 신용협동조합의 출자금, 예탁금, 적금 등도 보호대상이다. 보호대상 제외예금은 실적배당신탁상품, 담보부배서매출어음 등이다. 쉽게 생각해서 저축상품은 보호 받고 투자상품은 보호받지 못한다.

우체국은 예금자보호법에서 제외된다. 우체국은 정부기관이기 때문에 굳이 예금자보호법이 필요 없다. 대한민국이 망하지 않는 이상 금액과 관계없이 전액 보호되기 때문이다.

예금자보호법을 통해 보호받을 수 있는 한도는 원리금으로 5천만 원까지다. 원금과 이자를 합쳐서 5천만 원이기 때문에 5천만 원을 입금하고 이자로 1백만 원이 나왔다면 원금 5천만 원에 대해서만 보호받는다. 만일 4천9백만 원을 입금하고 이자로 1백만 원이 나왔다면 전액 보호받을 수 있다.

5천만 원은 1개 금융기관에서 1인당 보호받는 총금액이다. 정기예금으로 5천만 원, 정기적금으로 5천만 원이 가입된 상황이라면 총 1억 원 중 5천만 원만 보호받을 수 있다. 정기예금은 본인의 이름으로 하고 정기적금은 배우자의 이름으로 하면 둘 다 보호받을 수 있다. 주의할 점은 명의만 달리하고 도장을 같이 사용하는 등 실질적으로 한 사람의 돈이라고 판단되면 금융기관에서 지급을 거부할 수도 있다는 점이다.

〈예금자보호법 적용대상〉

금융기관	예금자보호법 적용대상	예금자보호법 미적용대상
은행	예금, 적금, 부금, 표지어음, 원금 보전형신탁	CD, RP, 외화표시예금, 개발신탁, 실적배당신탁, 농수협 중앙 공제 상품, 간접투자상품
증권사	고객예탁금, 외화표시예금, 증권 저축	유가증권, 청약자예수금, RP, MMF, 간접투자상품
보험사	개인보험계약, 퇴직보험계약	변액보험, 보증보험, 재보험
종금사	CMA, 포지어음, 발행어음	RP, 매출어음, 종금사 발행채권
상호저축은행	예금, 적금, 부금, 계금, 표지어음	수익증권
신용협동조합	적금, 예탁금, 출자금	공제상품

상속법

상속에 관한 법도 알아 두어야 한다. 상속받을 재산이 있는지, 아니면 빚이 있는지는 안심상속원스톱서비스를 통해 확인 가능하다. 금융소비자 정보포털 파인(fine.fss.or.kr)에서 주요 절차를 안내받을 수 있다. 조회범위는 조회신청일 기준으로 금융회사에 남아있는, 망자 명의의 모든 금융채권, 금융채무, 보관금품의 존재유무다.

금융감독원 본원 1층 금융민원센터 및 각 지원에서 접수를 받고 있으며 조회 결과는 접수일로부터 3개월까지 금융감독원 홈페이지에서 일괄확인 및 각 금융협회 홈페이지에서 개별 확인 가능하다.

부자 아빠에게 거액의 유산을 받는 사람은 상속이 더 없이 좋게 느껴질 것이다. 하지만 빚만 잔뜩 있는 가난한 아빠에게 거액의 빚을 상속받는다면 참으로 당황스럽다.

아버지가 빚을 지면 아들, 손자, 대대로 빚을 갚아야 한다. 이런 불합리한 점을 막기 위해서 법은 '상속포기'와 '한정승인'이라는 제도를 두고 있다. 즉 상속개시가 있음을 안 날로부터 3월 안에 상속재산에 대하여 한정승인(상속받은 재산 한도 내에서 빚을 갚겠다는 의사표시) 또는 상속포기(재산을 상속받지 않겠다는 의사표시)를 할 수 있도록 규정한 것이다. 상속인이 상속포기를 하게 되면 다음 순위의 상속인이 상속을 받게 된다. 그 사람이 다시 상속포기를 하면 다음 순위로 계속 넘어간다. 상속포기는 순차적으로 제4순위 상속인인 4촌 이내의 방계혈족까지 모두 해야 빚의 상속을 피할 수 있다. 물론 상속개시 있음을 안 날이므로 선순위의 상속인이 '상속포기'한 사실을 몰랐다면, 안 때로부터 3개월 내에 하면 된다.

상속순위는 1순위가 직계비속, 2순위가 직계존속, 3순위가 형제자매, 4순위가 4촌 이내의 방계혈족이다. 배우자는 직계비속이 있으면 직계비속과 같은 순위로 상속인이 되고, 직계비속이 없으면 직계존속과 같은 순위로 상속인이 되며, 직계비속과 직계존속이 없으면 배우자가 단독상속을 하게 된다.

상속포기를 할 때 주의할 점은 상속재산에 대하여 일체의 처분행위를 해서는 안 된다는 것이다. 처분행위를 하게 되면 상속포기의 효력이 없어진다.

세금

세금은 국가에 내는 국세와 지방자치단체에 내는 지방세로 분류할 수 있다. 국세는 다시 내국세, 관세, 부가세로 분류하고 지방세는 보통세와 목적세로 분류한다.

관심을 가져야 할 부분은 금융기관을 이용할 때 내는 세금, 부동산을 매매하거나 보유할 때 내는 세금, 급여생활자의 연말정산에 관련된 세금이다.

은행의 정기예금 금리가 2%라고 하면 1백만 원을 예금했을 때 2만 원이 이자로 나온다. 이때 소득세(14%)와 주민세(소득세의 10%)를 떼고 84.6%인 1만6,920원을 받는다. 따라서 세금을 전혀 내지 않는 상품에 가입하거나 세금을 돌려받는 상품에 가입하는 것이 현명하다.

세금을 전혀 내지 않는 상품으로는 비과세종합저축이 있다. 아무나

가입할 수 있는 것은 아니고 ① 65세 이상 거주자 ② 장애인 ③ 독립유공자와 그 유족 또는 가족 ④ 기초생활수급자 ⑤ 국가유공자 또는 상이자 ⑥ 고엽제후유의증환자 ⑦ 5·18민주화운동부상자로 한정되어 있다.

단위농협, 수협, 신협, 새마을 금고의 조합원에 한해서는 예탁금 비과세 혜택이 주어진다. 예탁금은 은행의 정기예금과 같은 성격이다. 3천만 원까지 비과세인데 완전비과세는 아니고 농특세 1.4%는 내야 한다.

조합원이 되기 위해서는 만 20세 이상이어야 하고 출자금을 내야 한다. 출자금은 본인이 내고 싶은 만큼 내면 된다. 적게는 1만 원부터 가능하다. 출자금은 원하면 돌려받을 수 있는 금액으로 1천만 원까지 배당소득에 대해 비과세다. 1년에 한 번씩 배당을 주기 때문에 확정금리는 아니지만 예탁금 이자보다 더 많이 나오는 경우가 많다. 예금자보호법의 대상은 아니다.

비과세 상품은 점점 줄어드는 추세다. 한시적으로 운용하는 경우는 그때를 잘 이용해야 한다.

급여생활자의 경우는 연말정산이 좋은 재테크 기회다. 서류를 제대로 챙기고 꼼꼼히 확인하는 번거로움만 감수한다면 작게는 몇 만 원에서 많게는 몇 백만 원까지 세금을 절약할 수 있다. 연초에 대봉투를 하나 만들어 겉면에 '연말정산용'이라고 써 놓고 의료비영수증, 학비영수증, 기부금영수증 등을 넣어 놓는다. 연말이 되면 봉투를 엎어서 정리하여 연말정산서류를 제출한다면 환급받는 세금이 한결 많을 것이다. 국세청의 연말정산간소화서비스에 누락되는 경우도 있기 때문이다. 특히 기부금영수증은 잘 보관해야 한다. 경험적으로 보면 국세청의 연말정산간소화서비스에 출력되는 기부금 내역에 누락되는 부분이 많이 있었다.

거래에 대한 세금

부동산에 관련된 세금은 부동산을 취득할 때, 보유하고 있을 때, 양도할 때로 구분한다. 부동산을 취득할 때 내는 세금으로는 취득세, 등록세, 농어촌특별세, 교육세, 인지세가 있으며 보유하고 있을 때 내는 세금은 재산세, 종합토지세 등이다. 양도할 때는 양도소득세를 내야 한다.

주식에서 배당을 받으면 세금을 내야 한다. 매매 차익에는 세금이 없다. 내가 1만 원에 산 주식을 2만 원에 팔든, 3만 원에 팔든 세금은 없다. 다만 주식을 매도할 때에는 거래대금의 0.3%를 세금으로 내야 한다. 손실이 나더라도 세금은 내야 한다. 거래소 시장의 경우 증권거래세 0.15%, 농어촌특별세 0.15% 합계 0.3%를 세금으로 내고, 코스닥 시장의 경우 증권거래세로만 0.3%를 낸다. 증권거래세는 주식을 팔 때 내는 것이기 때문에 주식을 살 때는 내지 않는다.

아직까지는 시세차익에 대한 세금이 없지만 세원확보 차원에서 끊임없이 거론되고 있다. 대주주판정기준을 강화하여 과세를 유도하는데 2021년 4월 이후에는 3억 원 이상 보유 시 대주주로 판정하게 된다. 다음 표의 금액보다 작은 금액일 경우에는 여전히 비과세가 유지된다.

〈자본차익과세 대주주 판정기준〉

구분	2018.3.31 이전	2018.4.1~2020.3.31	2020.4.1~2021.3.31	2021.4.1 이후
거래소	25억 원 이상	15억 원 이상	10억 원 이상	3억 원 이상
코스닥	20억 원 이상	15억 원 이상	10억 원 이상	3억 원 이상
코넥스	10억 원 이상	10억 원 이상	10억 원 이상	3억 원 이상
비상장	25억 원 이상	15억 원 이상	10억 원 이상	3억 원 이상

chapter 5

투자를 위한
준비

자신의 몸값을 높여라
리스크와 수익의 관계를 알자

01

자기계발은
가장 이율 높은 적금이다

투자는 2가지로 구분할 수 있다. '돈'에 대한 투자와 '사람'에 대한 투자다. 돈에 대한 투자는 저축의 다음 단계에서 이루어져야 하지만 사람에 대한 투자는 재테크의 전 기간에 걸쳐 이루어져야 한다. 사람에 대한 투자, 즉 본인의 몸값을 높이기 위한 투자는 다른 어떤 투자보다도 남는 장사다. 돈에 대한 투자는 리스크가 상존하지만 본인의 몸값을 높이기 위한 투자는 리스크가 없다. 가다가 중단하면 아니 감만 못하다지만 내 몸값을 올리기 위한 투자는 가다가 중지해도 간만큼 이익이다.

돈에 대한 투자는 그 돈에 대해서만 수익이 발생한다. 몸값을 올려놓음으로써 발생되는 수익은 죽을 때까지 발생한다. 급여생활자들의 재테크 덕목 1위는 몸값을 높이라는 것이다. 어찌 비단 급여생활자뿐이겠는가? 급여생활자건 자영업을 하건 프리랜서건, 어느 분야의 어느 위치에 있더라도 자신의 몸값을 올려야 한다.

경제력을 기르기 위해 돈을 아끼는 것은 당연하다. 그렇다고 자기계발에 관한 것까지 아낀다면 곤란하다. 자기계발이란 자신의 몸값을 올리는 일이기 때문이다.

지출은 '투자성 지출'과 '소모성 지출'로 구분할 수 있다. 투자성 지출이란 영어 학원을 다니거나 책을 사는 것같이 지출이 지출로 끝나지 않고 플러스알파(+α)가 되는 것이다. 지금 당장은 지출로 보이지만 긴 관점에서 본다면 투자가 되는 돈이다. 이렇게 지출한 돈은 몇 배, 아니 몇십 배가 되어 나에게 돌아온다. 효과가 당장 나타나지는 않을지라도 평생을 두고 나의 몸값에 플러스 요인이 된다. 투자성 지출은 '살아 있는 돈'이다.

소모성 지출은 먹고 마시고 놀면서 쓰는 돈이다. 순간의 즐거움을 위해 사용하는 돈이라면 모두 소모성이다. 쓰는 당시는 즐거울지 모르나 쓰고 나면 후회하기 쉽다. 이런 돈은 '죽은 돈'이다.

돈은 아껴야 한다. 하지만 자기계발에 들어가는 지출에 대해서는 관대해질 필요가 있다. 이것은 죽은 돈이 아니라 살아 있는 돈이어서 언젠가 다시 나에게 돌아올 것이기 때문이다.

자신의 몸값을 높여라

안정적인 수익구조를 유지하기 위해서는 무조건 본업에 충실해야 한다. 본업에 충실하다 보면 남보다 더 빨리 진급할 것이고 자산의 축적

또한 빠를 것이다. 다른 곳을 기웃거리기보다 지금 있는 그 곳에서 더 노력하는 것이 바로 자신의 몸값을 높이는 길이다.

직장인도 부자가 될 수 있다는 조짐들이 나타나고 있다. 2018년 10월 발표된 국민연금 가입자 현황에 따르면 월소득 1천만 원 이상 직장인이 34만 명이 넘는다. 이제 억대연봉자는 우리 주위에서 심심치 않게 볼 수 있다. 억대연봉을 받는 사람들은 자신의 몸값을 올림으로써 부자에 한 걸음 더 다가서고 있다.

강연회 때 자신의 몸값을 높이라는 이야기를 하면 반론을 제기하는 사람도 있다.

"나는 좋은 대학도 안 나왔고 집안도 별로다."

"난 유학도 안 갔다 왔고 MBA도 아니다."

자신의 몸값을 올리는 것은 꼭 많이 배워야지만, 그리고 집안이 좋아야지만 되는 것은 아니다. 현재 자신이 하고 있는 일에 최선을 다 하는 것. 그리고 그 분야에서 톱(top)이 되기 위해 노력하는 것. 바로 이런 것들이 자신의 몸값을 올려준다.

고려대학교 정경대학 근처에 중국집이 하나 있었다. 그 곳에는 자장면을 주문하면 번개같이 빨리 배달하는, 그래서 별명이 '번개'인 배달원이 있었다.

자장면 배달은 신속이 생명이다. 그는 신속한 배달을 위해서 호루라기를 가지고 다니며 사람이 모인 곳은 호루라기를 불어 피하게 하고 그 사이로 오토바이를 몰았다. 학생과 경찰이 대치하는 상황에서도 그 틈을 비집고 다녔다. 얼마나 빨리 배달하는지 "여기 자장면 2그릇이요"하고 전화를 끊자마자 바로 문을 두들겨 "자장면 배달 왔습니다"한다는 과장 섞인 이야기도 있었다.

자장면을 시킨 사람에게는 짬뽕 국물을 서비스로 주었다. 자장면만 먹으면 퍽퍽해 한다는 것을 알았기 때문이다. 강의시간에 쫓기는 교수들의 자장면 배달은 우선 처리하였다. 오토바이 뒤에 번개라고 하는 깃발을 달고 다니면서 학교를 종횡무진 누볐다.

그의 이러한 마케팅은 경영대학 교수의 눈에 띄었고 교수의 수업시간에 특강을 하게 되었다. 그것을 기화로 그는 이곳저곳의 인기강사로 불려 다니고 있다.

번개는 학벌이 좋을까? 아니다. 그는 고등학교 중퇴의 학력만을 가지고 있다. 집이 부자였을까? 아니다. 집이 하도 가난해 무작정 상경했고, 서울역 근처 전봇대에 붙은 중국집 배달원 모집을 보고 취직했다.

비록 못 배우고 집안도 좋지 않았지만 그에게는 굳은 결심이 있었다. 대부분의 중국집 배달원들은 빨리 이 일에서 벗어나야지 하고 생각하지만 그는 중국집 주인을 목표로 최고의 배달원이 되겠다고 결심했다. 현재 자기의 자리에서 최고가 되는 것. 그는 그것을 깨달은 것이다.

02

부부 사이에는
비밀이 없어야 한다

나는 증권회사에서 30년 있었다. 신입사원부터 지점장이 될 때까지의 20년 동안 고객들의 자산관리를 해 주는 것을 업으로 삼았다. 대리, 과장 시절에는 부부 중 한 명과 상담하는 경우가 많았으나 지점장을 할 때에는 부부가 같이 방문하여 상담하는 경우가 늘어났다. 상담을 하다 보니 재미있는 것을 발견하게 되었다.

대부분의 아내들은 금액이 많든 적든 비자금을 가지고 있었다. 하지만 절반 정도의 남편들은 빚이 있었다. 그러면서 서로가 이를 감추기에 급급하였다. 아내는 이렇게 이야기한다.

"지점장님, 제가 가진 이 비자금은요, 말 그대로 비상시에 사용할 비상금이에요. 그러니까 애기 아빠한테는 절대 이야기하지 마세요. 저만 알고 있어야 하거든요."

그리고 남편은 이렇게 이야기한다.

"지점장님, 제가 가진 이 빚은요, 집사람이 모르고 있는 것이거든요. 그러니까 절대로 집사람한테는 말하지 마세요. 제가 빚 있다는 거 알면 절 가만두지 않을 거예요. 절대 말씀하시면 안 돼요."

이렇게 신신당부한다.

더 웃긴 사실은 아내가 가지고 있는 비자금은 이자가 3%인 반면 남편이 가지고 있는 빚은 이자가 13%라는 사실이다. 아내의 비자금으로 남편의 빚을 갚으면 10%의 이자가 그냥 생기는데 남편은 남편대로, 아내는 아내대로 서로가 서로를 믿지 못하여 기회손실을 보고 있는 것이다.

특히 맞벌이의 경우에는 이런 문제가 심각했다. 서로가 서로를 의지하면서 본인의 소비생활에만 힘쓴다. 남편은 남편대로 '내 마누라가 돈 잘 버는데, 뭘. 자기가 알아서 돈 좀 모으고 있겠지'하며 돈을 헤프게 사용한다. 아내는 아내대로 '내 남편이 돈 잘 버니까 내가 번 돈 내가 좀 사용해도 무슨 일 있겠어?'하며 소비를 즐긴다.

이래서는 곤란하다. 부자가 되는 길은 아내 혼자서 열심히 한다고 되는 것도 아니고 남편 혼자서 열심히 한다고 되는 것도 아니다. 아내는 어떻게든 목돈을 만들어 보겠다고 땀을 흘리는데 남편은 고급 술집에서 돈을 펑펑 쓴다면 어떻게 되겠는가? 남편은 어떻게든 돈을 모으고 있는데 아내가 비싼 옷을 하루가 멀다 하고 산다면 그 또한 어떻게 되겠는가?

부부는 일심동체

이 글을 읽고 있는 남편들 중에 빚이 있는 경우는 아내에게 진실을 고백하고 새 출발해야 한다. 아내에게 구박을 당하겠지만 그래도 고백하는 편이 낫다. 빚이라고 하는 것은 가면 갈수록 눈덩이처럼 커진다. 나중에 크게 불어난 빚으로 고민하지 말고 지금 당장 아내에게 고백하고 용서를 빌자.

이 글을 읽고 있는 아내들은 오늘 저녁 남편에게 넌지시 물어보자. 혹시 당신 빚 있느냐고. 있으면 갚아주겠노라고. 그렇게 남편의 고백을 이끌어낸 다음에는 다시 새롭게 새 출발하자.

최근의 젊은 부부들 특징은 부부간에 경제적 비밀이 없다는 점이다. 서로가 서로의 재정적인 상황에 대해서 적나라하게 드러내고 토론하고 계획을 세운다. 그리고 부부 중의 한 명이 주(主)가 되어 돈을 한꺼번에 같이 관리한다. 일반적으로 아내가 관리하는 경우가 많다. 일전에 어느 은행에서 한 설문조사 결과를 보았더니 은행원 중에 집이 있는 경우는 대부분 여자들이 돈을 관리했다고 한다. 돈을 관리하는 은행원들도 아내에게 돈을 맡긴다는 이야기다.

실제, 돈을 관리하는 데는 여자들이 남자들보다 한 수 위다. 여자들은 남자들에 비하여 정보가 풍부하다. 직장을 중심으로 반경 1킬로미터를 벗어나지 못하는 남자들에 비해 여자들은 직장과 가정과 자녀의 학교를 중심으로 무궁무진한 네트워크를 자랑한다. 이런 네트워크는 남자들이 도저히 따라가지 못한다. 여기에 과감성도 남자보다 뛰어나다. 남자들은 뭐 좀 안다고 머뭇거리고 망설일 때 여자들은 과감하게 내지

른다. 이런 내지름은 대부분 잘 맞아 떨어진다.

남편 입장에서 아내에게 돈을 맡기면 여러 가지로 편하다. 복잡한 것에 신경 쓸 필요가 없다. 아내가 모든 것을 다 해주니 그냥 월급만 꼬박꼬박 갖다 바치면 된다.

03
리스크와 수익의
관계를 알자

'하이 리스크 하이 리턴(high risk high return)'이란 말은 누구나 한 번쯤은 들어 보았을 것이다. 리스크가 높은 만큼 수익도 높다는 말이다. 여기서의 리스크란 투자원금의 손실을 의미한다. 안전하면서도 수익이 높은 상품이 있다면 인기 만점의 상품이 될 것이다. 유감스럽게도 높은 안정성과 높은 수익성을 동시에 겸하고 있는 금융상품은 존재하지 않는다. 본인 스스로 어느 정도까지 리스크를 감수할 수 있으며 어느 정도의 수익을 원하는지 신중하게 판단해 보아야 한다.

일반인들은 리스크가 전혀 없는 상황에서도 어느 정도의 수익을 기대하고 리스크가 높아지는 것에 비례하여 수익이 급격하게 늘어가기를 바란다. 리스크가 전혀 없다면 수익도 전혀 없다. 내 돈을 금고에 넣어 둔다면 안전하기는 하겠지만 수익은 없다. 가장 안전하다고 하는 국채도 나라가 망하면 휴지가 된다. 리스크를 얼마나 줄이면서 수익을 창출해 내는가 하는 것이 핵심이다. 리스크가 하나만큼 늘어난다면 최소한 수익도 하나 이상은 늘어나야 투자가치가 있다. 리스크가 셋 늘어났는데 수익은 하나만 늘어났다면 하지 않는 것이 현명하다. 낮은 리스크에 비해 높은 수익을 거둘 확률이 높을 때 투자에 나서야 하며 낮은 수익에 비해 리스크의 확률이 높으면 포기해야 한다.

하이 리스크 하이 리턴의 가장 대표적인 것은 주식투자다. 주식투자는 시황과 종목선정에 따라 높은 수익을 올릴 수도 있지만 원금손실의 리스크도 상존하고 있다.

로 리스크 로 리턴(low risk low return)의 대표적인 것은 국채, 은행예금 등이다.

투자에 있어 리스크는 반드시 짚고 넘어가야 하지만 지나치게 리스

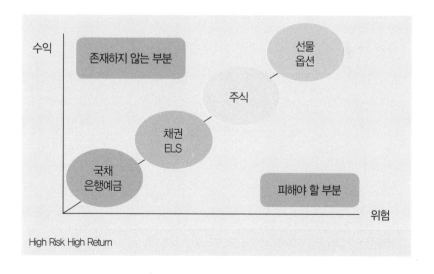

High Risk High Return

크를 의식하다보면 기회를 놓칠 수 있다. 약간의 리스크는 감수하더라도 높은 수익을 추구하는 것이 바람직하다.

이때 유의해야 할 사항은 본인의 동산을 무위험 동산과 위험 동산으로 구분해 보는 것이다. 무위험 동산이란 위험을 보면 안 되는 동산이다. 대표적인 경우가 생활비다. 생활비를 위험으로 밀어 넣는 사람은 아마 없을 것이다. 위험 동산은 가지고 있는 동산에서 무위험 동산을 뺀 것이다. 위험 동산이 계산되면 얼마까지 투자할 수 있는지 계산하자. 다음으로 어느 정도의 손실까지 감당할 수 있는지 계산하자. 이렇게 나온 금액이 내가 리스크를 감수할 수 있는 마지노선이다.

리스크 관리하기

주식시장에서 리스크 관리의 중요성은 아무리 강조해도 지나침이 없다. 하락률과 상승률의 차이 때문이다. 주가가 하락한 후 다시 상승할 때에는 하락률보다 더 큰 상승이 이루어져야만 원금이 회복된다.

홍길동은 A주식을 5만 원에 샀다. 주가는 4만 원까지 하락했고 하락률은 −20%다. 이 경우 원금이 되려면 주가가 20%만 상승하면 될까? 아니다. 4만 원에서 20%가 상승하면 4만8천 원이다. 원금이 되려면 25%가 올라야 한다. 하락할 때에는 20%였지만 이를 만회하려면 이보다 5% 더 상승한 25%가 상승해야 한다. 이런 연유로 하락률에 대한 관리는 철저히 이루어져야 한다.

리스크를 최대한 줄여나가면서 투자에 임한다면 수익이 쌓이겠지만 리스크 관리에 소홀하면 열 번 벌어놓은 것을 한 번에 다 까먹는 경우도 생긴다. 주식은 비록 원금손실의 부담을 안고 하는 투자행위지만 가능하면 손실을 보지 않으려고 노력하면서 투자해야 한다.

손절매도 철저해야 한다. 투자의 리스크를 줄인다는 측면에서 일정률의 손실이 발생했을 때에는 손절매를 하는 것이 현명한 방법이다. 어느 선에서 손절매를 해야 하는지는 투자하는 사람에 따라 다르다. 5% 룰을 정했다면 5%의 손실이 발생했을 때 주문이 나가야 한다. 손절매의 기준을 너무 짧게 잡으면 주가가 하락했다가 반전하는 경우 물량을 빼앗기기 쉽다. 또 너무 넓게 잡으면 몇 번의 손절매로 투자금액은 큰 폭으로 줄어들게 된다. 본인에게 적합한 손절매의 기준을 세워야 한다.

주식투자를 잘 하는 사람은 좋은 주식을 좋은 타이밍에 사는 사람이지만 또 한편으로는 손절매를 잘 하는 사람이다.

04

직접투자와 간접투자

직접투자는 본인의 책임 하에 투자대상을 선정해 투자하는 것이고 간접투자는 투자자들의 자금을 모아 공동자금으로 만든 다음 전문가에게 맡기는 것이다.

특정 주식을 사는 행위는 직접투자고 주식형 펀드를 사는 행위는 간접투자다. 부동산도 건물이나 토지·주택을 사면 직접투자고 리츠(REITs, 부동산투자신탁)를 이용하면 간접투자다. 채권도 증권회사에서 매입하면 직접투자고 채권형 펀드를 매입하면 간접투자다.

직접투자는 경제에 대한 상식이 풍부하고 리스크를 관리할 줄 알고 종목을 고르는 선구안이 있으며 매도와 매수의 타이밍을 제대로 짚어낼 줄 아는 사람이 하는 것이다. 이 경우는 발 빠른 매매가 가능하여 높은 수익을 올릴 수 있다.

펀드는 덩치가 크다. 몇 백억에서 몇 조를 운용하다보니 민첩한 매매는 불가능하다. 어떤 주식이 사고 싶어도 매도호가에 충분한 물량이 나와 있지 않으면 물량을 제대로 확보할 수 없다. 매도호가를 높여 주식을 사야 한다. 주식을 팔고 싶을 때에도 충분한 물량이 매수호가에 받혀져 있지 않으면 몇 호가 낮춰서 파는 수밖에 없다.

반면 직접투자는 그런 불리함에서 벗어날 수 있다. 투자규모가 작아서 매도호가, 매수호가에 구애받지 않고 민첩한 매매가 가능하다.

그럼에도 불구하고 개인투자자들의 직접투자 성적은 양호하지 못하다. 신문지상에 보도되는 기사를 통해서도 알 수 있다. 외국인투자자들이 많이 매수한 종목은 주가상승이 두드러졌고 개인투자자들이 많이 매수한 종목은 주가하락이 두드러졌다는 기사를 흔히 볼 수 있다. 이는 전문가들이 사는 종목과 개인투자자들이 사는 종목이 다르기 때문이다.

나는 지점장 시절 많은 고객들과 상담했다.

"사모님, 우량주를 사드릴까요? 부실주를 사드릴까요?"

하고 물으면 열이면 열 모두 우량주를 사달라고 한다. 이때 다시

"A주식은 지금 10만 원이고 B주식은 1천 원인데 어느 주식을 사드릴까요?"

라고 물으면 열에 일곱, 여덟은 1천 원짜리 주식을 사달라고 한다.

주가로 판단하건데 A주식은 우량주이고 B주식은 부실주다. 분명히 우량주를 사 달라고 했던 사람이 주가를 보고나면 부실주를 사 달라고 한다. 여기서 전문가와 일반투자자의 차이가 발생한다.

10만 원의 주가가 비싸게 느껴지고 1천 원의 주가가 싸게 느껴질지 모른다. 하지만 10만 원의 주가가 15만 원 갈 때 1천 원의 주가는 5백 원 간다. 이 경우 10만 원은 비싼 가격이 아니고 싼 가격이다. 1천 원은 싼 가격이 아니라 비싼 가격이다.

샤넬핸드백을 100만 원에 샀다면 싸게 싼 것이지만 D급 짝퉁 핸드백을 10만 원에 샀다면 비싸게 산 것이다. 고가주를 부담 없이 사는 사람은 직접투자를 해도 무방하다. 저가주에 손이 나간다면 간접투자를 이용하는 것이 현명하다.

〈직접투자와 간접투자〉

구분	직접투자	간접투자
투자 자금	간접투자에 비해 소액	최소한 수백억 이상
자산운용주체	본인	펀드매니저
투자결과에 대한 책임	본인	본인
포트폴리오	소수종목 집중투자	포트폴리오 구축으로 분산투자
리스크 관리	손절매 취약	체계적 리스크 관리, 로스컷(loss cut) 제도

간접투자의 활용

직접투자와 간접투자는 각각 장단점이 있어서 어느 것이 특별히 좋다고 할 수 없다. 분명한 것은 리스크관리측면, 운용능력, 자산배분 능력에서는 간접투자가 한 수 위다.

간접투자의 첫 번째 장점은 본인의 연령과 투자성향에 맞는 선택이 가능하다는 점이다. 연령이 낮을수록 주식편입비율이 높은 펀드를 선호하고 연령이 높을수록 주식편입비율이 낮은 펀드를 선호한다. 투자성향이 공격적인 투자자일수록 주식편입비율이 높은 펀드를 선호하고 방어적인 투자자일수록 주식편입비율이 낮은 펀드를 선호한다. 리스크를 부담하기 싫어하는 투자자들은 ELS를 선호하고 장기적 투자자들은 부동산 펀드에 투자하기도 한다.

ELS(Equity Linked Securities, 주가연동증권)는 원금보장형ELS와 원금비보장형ELS로 나뉜다. 원금보장형ELS는 원금은 보전되면서 일정한 수익을 올릴 수 있는 구조로 되어있고 원금비보장형ELS는 어느 정도까지는 손실을 보더라도 원금보장형ELS에 비해 더 큰 수익을 올릴 수 있는 구조로 되어있다(ELS에 대한 자세한 내용은 8장의 5. ELS를 참고하자).

두 번째 장점은 적절한 포트폴리오가 구축되어 있다는 것이다. 포트폴리오는 리스크 방지 차원에서 매우 필요하지만 개인이 수행하기란 쉬운 일이 아니다. 전체적인 시장 분석과 더불어 2천 개에 육박하는 개별 종목들을 일일이 분석하여 포트폴리오를 구축할 전문적인 지식도, 시간적인 여유도 없다. 펀드매니저는 펀드를 관리하는 것이 자신의 업인지라 전문적인 지식과 시간적인 여유를 가지고 적절히 통제한다. 따라서 간접투자에서는 높은 기대수익과 낮은 리스크를 동시에 기대할 수 있다.

세 번째 장점은 개인들이 직접투자 할 때 가장 저지르기 쉬운 '손절매'에 관한 것이다. 주가가 매수가격에서 조금만 올라도 계산기를 두드리며 팔려고 한다. 5%, 10% 수익만 발생해도 냉큼 판다. 다른 종목을 사서 다시 이득을 볼 요량이다. 하지만 손실을 볼 때에는 끝끝내 매도하지 못하고 손실 폭을 키워 간다. 우량주가 뜻하지 않은 악재를 만나 하락하면 다시 상승하는 것이 일반적이지만 부실주가 악재를 만나면 지속적으로 하락하는 경우가 많다. 우량주는 분할매수를 통해서 평균 매입단가를 낮출 수 있지만 부실주는 물 타기가 되어 물귀신이 되어 버린다. 개인투자자들은 분할매수와 물 타기를 혼동하여 감정적으로 대처한다. 펀드매니저는 냉정하게 분할매수를 해야 할 시점인지 아니면 손절매를 해야 할 시점인지를 판단한다. 손절매가 실시되면 손실은 그 수준에서 고정되고 추가적인 손실은 발생되지 않는다. 냉정한 투자가 가능하기에 주가 폭락기에도 손실은 제한적이다.

간접투자의 또 다른 장점은 개인투자자들을 자유롭게 해 준다는 것이다. 급여생활자든 자영업자든 모두 자신의 생업이 있을 것이다. 간접투자는 전적으로 펀드매니저가 고민하고 투자하고 관리하기 때문에 행여 생업을 소홀히 하는 우를 범하지 않을 수 있다. 우리보다 금융에 대한 경험이 풍부한 선진국일수록 직접투자보다 간접투자의 비중이 훨씬 높다. 선진금융기법을 공부하기 위해 미국에 갔을 때 메릴린치의 한 FP에게 물어보았다.

"미국인들은 간접투자 비중이 매우 높다. 이유가 무엇이냐?"

그 분의 답변은 이랬다.

"미국인들은 골치 아프게 직접투자를 하는 것보다 마음 편히 간접투자를 한다. 주식으로 골머리를 싸매는 것은 펀드매니저에게 맡기고 자신은 인생을 즐기려 한다."

내공이 있어야 하는
역발상 투자

'남들이 가지 않는 뒤안길에 꽃밭이 있다'라는 증시격언이 있다. 모두가 큰 길로 갈 때 생각을 달리하여 뒤안길로 가면 꽃밭을 발견할 수 있다는 뜻이다.

역발상이 바로 그런 것이다. 누구나가 "그러려니~" 하고 생각하는 것을 한 번 더 거꾸로 생각해 보는 것이다. 남들이 모두 좋다고 할 때가 사실은 꼭대기고 남들이 모두 나쁘다고 할 때가 사실은 바닥인 경우가 허다하다.

예를 한 번 들어보자. 주식시장이 폭등세를 나타내면 신문의 머리기사는 "증시 활황", "연말지수 3천 포인트 예상" 등 온갖 장밋빛 청사진이 제시된다. 하지만 지나고 보면 대부분 이때가 꼭대기이다.

내가 신입사원이었던 1989년, 종합주가지수가 사상 최초로 1천 포인트를 돌파하였다. 대부분의 증시전문가들은 연말지수를 1,500~2,000포인트로 예상했다. 당시에는 매일 주가차트를 손으로 그릴 때였는데 1천 포인트가 넘어가자 더 이상 그릴 수가 없었다. 상단에 빈 공간이 없었기 때문이다. 회사에서는 부랴부랴 2,000포인트까지 그릴 수 있는 차트를 새로 만들어서 배포하였다. 하지만 1,004포인트를 상투로 주가는 급락하였다. 이번에는 하락하는 주가를 더 이상 그릴 공간이 없어 중간에 다시 차트를 바꾸는 해프닝이 있었다.

국제적인 큰 악재가 터지면 언론에서는 "향후 국제경기 침체 예상", "장기불황 우려" 등 자극적인 기사들이 쏟아져 나온다. 오히려 이때가 바닥이다.

2001년도에 있었던 9·11테러 때 주가는 대폭락을 했다. 뉴스에서는 세계경제에 미치는 악영향으로 주가가 상당기간 하락할 것이라고 보도했다. 하지만 이때가 바닥이었다. 이후 주가는 꾸준히 상승하였다. 돌발적인 이유로 주가가 폭락하면 금방 회복한다는 것이 오랜 경험이다. 북한이 미사일을 쏘면 초기에는 주가가 하락하곤 했었다. 하지만 바로 회복했다. 이런 학습효과로 북한이 미사일을 쏘아도 그런가보다 하고 넘어간다.

주식투자에서 가장 성공확률이 높은 방법은 신문의 머리기사에 '증시붕괴'라는 말이 나오면 샀다가 '증시폭발'이라는 말이 나오면 파는 것이라고 한다. 일리 있는 이야기다.

자신만의 판단과 견해가 필요하다

역발상투자란 남들이 주식이 좋다고 하면 우르르 주식시장으로 가고, 아파트가 좋다고 하면 우르르 아파트로 가고, 주상복합이 좋다고 하면 우르르 주상복합 청약에 달려가는 그런 방법이 아니다. 오히려 자신만의 판단과 견해를 가지고 남들과 다른 길로 가는 방법이다.

남들과 무조건 반대로 간다고 다 역발상은 아니다. 어떤 기업이 부도가 나서 주가가 폭락하고 있다. 이때

"아! 맞다. 남들과 반대로 하라고 하더라. 이 주식 사야겠다."

하는 것은 역발상 투자가 아니라 무식한 투자다. 역발상 투자는 좀 더 깊은 공부와 내공이 필요한 투자방법이다.

주식투자에서 가장 큰 적은 탐욕과 공포다. 주가가 폭등할 때 적정시점에서 팔지 못하는 것은 탐욕 때문이고 주가가 폭락할 때 기다리지 못하는 것은 공포 때문이다. 탐욕과 공포를 억제할 수 있다면 역발상 투자는 한층 더 빛을 발할 것이다.

투자스타일
파악하기

예전 시골장터에는 만병통치약이라고 하는 것이 있었다. 언변이 좋은 약장수는 두통에도 좋고 복통에도 좋고 관절염에도 좋다며 만병통치약을 팔았다. 하지만 현실 세계에서 그런 약은 존재하지 않는다.

이는 재테크에서도 마찬가지다. 누구에게나 맞는 포트폴리오는 존재하지 않는다. 성별과 연령, 성격 그리고 가족상황에 따라 리스크를 감수하는 정도가 다르고 기대수익도 다르다. 철저하게 리스크를 회피하는 사람이 있는가 하면 리스크를 즐기는 사람도 있다. 투자에 앞서 본인의 투자스타일을 파악해 보는 것은 필수다.

일반적으로 크게 네 가지로 분류해 볼 수 있다.

원금을 손해 볼 수 없다는 리스크회피형, 이자와 배당에 관심이 많은 보수형, 수익률 추구와 원금보전의 균형을 추구하는 안정형, 수익을 위해서는 원금 손실도 감수하겠다는 공격형이다.

나는 어떤지 한 번 생각해 보고 그에 맞는 투자방법을 선택하자. 리스크회피형 투자자가 주식투자에 나섰다가는 밤잠을 이루지 못할 것이고 공격형 투자자가 은행예금에 돈을 넣었다가는 몸이 근질거릴 것이다.

리스크회피형 투자자는 원금확보를 최우선으로 한다. 원금 손실이 발생할 수 있는 상품은 피하는 것이 좋다. 리스크를 회피하려다보니 상대적으로 투자수익률은 낮을 수밖에 없다. 이 부류의 투자자들이 선택할 수 있는 것 중에서 수익이 높은 것은 저축은행의 정기예금을 이용하는 것이다. 유동자금은 증권사 CMA를 이용한다. 비록 원금손실에 대해 거부감을 가지고 있지만 최소한의 리스크를 감수하는 금융상품에는 꾸준히 관심을 기울여야 한다. 조금씩 투자마인드를 바꾸는 것도 필요하다.

보수형 투자자는 이자와 배당을 중시하는 투자자다. 리스크회피형 투자자보다 리스크 감수 정도는 높다. 이 부류의 투자자들이 선택할 수 있는 것은 ELS펀드다. 원금보장형ELS(Equity Linked Securities)는 대부분 국공채에 투자하고 나머지 일부로 파생상품에 투자하는 시스템이다. 최악의 경우에도 원금은 건지고 증권사가 보장한 수익률을 받을 수 있다. 조금 더 높은 수익을 올리기 위해서는 원금보장 비율을 낮추어 일정부분 원금의 손실을 감수해야 하는 원금비보장형ELS에 투자한다.

안정형과 공격형

안정형 투자자는 수익률 추구와 원금손실의 균형을 고려하여 합리적으로 투자하는 부류다. 위험자산과 안정자산의 투자는 5:5로 한다.

이 부류에 속하는 투자자들은 선택의 범위가 넓은 편이다. 간접투자를 활용할 때는 안정성장형 펀드를 가입하는 것이 좋다. 안정성장형 펀드 대신 인덱스 펀드에 가입할 수도 있다. 인덱스 펀드의 수익률은 종합주가지수의 수익률과 큰 차이가 나지 않는다. ETF를 활용할 수도 있다. ETF는 인덱스 펀드를 상장시켜 주식과 같이 거래할 수 있게 한 것이다. (자세한 설명은 8장 4. ETF를 참조하자)

공격형 투자자는 시세차익 추구형 투자자다. 이 부류의 투자자들은 성장형 펀드에 가입하는 것이 좋다. 성장형 펀드는 주식편입비율이 높아 주가상승 시 혜택을 볼 수 있다. 직접 투자를 할 경우에는 장기적인 마인드로 투자해야 한다. 기업의 가치가 검증된 우량주 중심으로 매매해야 한다. 한 종목만 투자할 것이 아니라 5~6종목으로 나누어 적절한 포트폴리오를 구축하는 것도 잊지 말아야 한다.

연령대별 투자

20대는 그 동안의 종속적인 위치에서 벗어나 사회의 주체가 되는 시기다. 재테크에서의 이 시기는 무조건 돈을 모으는 시기다. 버는 돈의 50% 이상은 저축해야 한다. 소비하고 남은 돈을 저축하겠다는 마음을 버리고 저축부터 먼저 하고 남은 돈만 사용하겠다는 굳은 결의가 필요하다. 이 시기는 철저한 자기관리가 필요하다. 부모님께 용돈을 받지 않아도 된다는 방만한 생각으로 함부로 소비에 나섰다가는 가난한 30대를 맞이할 수밖에 없을 것이다.

은행 이자가 낮다고 은행을 멀리해서도 안 된다. 이 시기만큼은 은행과 친해져야 한다. 다소 무리다 싶을 정도로 저축하고 금융상품에 대한 지식도 넓혀 나가야 한다.

급여통장을 취급하는 은행에 금융상품을 몰아서 관리하자. 나중에 대출 받을 때 금리 우대를 받을 수 있다. 급여통장은 내 돈의 역사가 살아 숨 쉬는 통장이다. 통장정리를 할 때에는 일괄정리하지 말아야 한다. 일괄정리하게 되면 몇 건, 입금액 얼마, 출금액 얼마 이렇게만 한 줄로 찍힌다. 개별정리를 해서 내 통장에 입출금 내역이 다 나오게 해야 한다. 다 쓴 급여통장은 버리지 말자. 계속 보관하면서 예전의 입출금내역이 필요하면 들여다보아야 한다. 메모가 필요한 부분은 통장에 직접 메모를 해 놓자. 은행의 인터넷뱅킹을 통해서 과거의 거래내역을 조회할 수도 있다. 하지만 아주 오래된 내역은 조회가 되지 않는다. 대부분의 은행에서 유동성계좌의 거래내역은 2006년 10월부터 제공하고 있다.

급여통장을 은행이 아닌 증권회사에 개설할 수도 있다. 은행의 급여통장은 대부분 수시입출금식 보통예금으로 되어 있다. 0.1%의 이자만 지급한다. 하지만 급여통장을 증권사의 CMA(Cash Management Account)로 바꿔놓으면 이자가 높고 여러 가지 혜택도 있다. CMA는 언제든지 돈을 넣고 찾을 수 있는 은행의 보통예금과 같은 성격이다. 보통예금과 다른 점은 그 돈을 국공채나 CP(Commercial Paper, 기업어음), RP(Repurchase Agreements, 환매조건부채권) 등에 투자해 수익을 올린다는 점이다. 이율은 2018년 10월 기준으로 1.5% 안팎이다. 신용카드 대금 결제와 공과금 납부, 인터넷뱅킹, 공모주 청약 자격 부여 등의 다양한 혜택도 볼 수 있다. 거래 실적에 따라 현금으로 바꿔 쓸 수 있는 마일리지도 적립해주며 수수료도 싸다. 입금·출금·이체 등의 수수료는 영업시간 내에는 은행과 비슷하지만 영업시간 외에는 오히려 은행보다 낮다.

30대는 지출에 비해서 수입이 많은 시기다. 이때를 이용하여 최대한 집을 넓혀 나가야 한다. 30대에 있어서 가장 중요한 것은 내 집 마련이다.

투자에도 관심을 기울여야 할 때다. 단, 본인의 능력에 비추어 무리한 투자는 금물이다. 연금보험에 가입하여 연말정산 시 소득공제를 받자. 교통사고나 암 등 만일의 상황에 대비해서는 보장성 보험에 가입한다.

40대 이후

아이들이 점점 자라나는 40대는 교육비로 힘든 시기이다. 자녀가 대학에 입학했다면 용돈 정도는 스스로 벌어서 쓰도록 하는 지혜도 필요하다.

이때부터는 노후설계를 좀 더 촘촘히 짜야 한다. 단축된 정년으로 인해 정기적인 수입을 얻는 기간이 짧아졌기 때문이다. 잉여자금은 노후를 대비한 안정성장형 성격을 지닌 상품에 투자하는 것이 바람직하다. 원금을 보전하면서 좀 더 높은 이자를 받고 싶다면 저축은행을 활용한다. 은행보다 이자가 높으면서 확정금리를 지급한다. 은행보다 안정성은 떨어지기 때문에 예금자보호법이 지정하는 5천만 원 이내로 나누어 예금하는 것이 필요하다.

자녀의 결혼이 가장 큰 변수가 되는 50대는 결혼비용이 큰 부담으로 다가온다.

2017년 신혼부부의 결혼비용 실태보고서에 따르면 대한민국 평균 결혼 비용은 2억6,332만 원으로 조사되었다. 이렇게 막대한 자금이 빠져 나가면 자산운용에 치명적이다. 결혼비용은 따로 준비를 하든지 아니면 과감하게 최소의 결혼비용만을 지원해 주어야 한다.

이 시기의 직장인들은 대부분 회사를 그만 두었거나 퇴직을 눈앞에 두고 있을 것이다. 소득이 없어지거나 혹은 대폭 삭감된 상태로 다가온다.

무엇보다도 안정성에 바탕을 두고 설계한다. 원금손실 가능성이 없는 금융상품을 중심으로 포트폴리오를 구축한다. 위험자산에 대한 투자도 점점 줄여나가는 것이 좋다. 절세상품은 최대한 활용하는 것이 현명하다.

역모기지론을 활용할 수도 있다. 기간을 정하지 않은 역모기지론은 별다른 소득이 없는 노후에 아주 긴요한 상품이다.

chapter 6

부동산 이야기

어쨌든 부동산은 남는다
좋은 아파트? 현장에 가보라

부동산 불패론 vs
부동산 필패론

부동산 불패론과 부동산 필패론이 팽팽히 맞서고 있다. 한쪽에서는 부동산에 투자해야 한다고 하고 다른 한쪽에서는 부동산을 멀리해야 한다고 한다. 어느 쪽이 맞는 것일까?

2007년 리만사태 이후 부동산의 흐름을 알아보기 위해 최근 10년간의 부동산 시세를 복기해 보자.

강남구 압구정동 M아파트 34평의 2007년 시세는 12억이었다. 이후 2009년 10억까지 하락하다가 2015년까지 10~12억 사이를 맴돌았다. 2016년부터 상승세를 보여 2018년 10월 현재 20억을 기록하고 있다.

양천구 목동 M아파트 35평의 2007년 시세는 12억이었다. 이후 2009년 9억까지 하락하였고 2017년까지 9억~12억 사이에 있다가 2017년 다시 12억을 돌파하여 2018년 10월 현재 14억을 기록하고 있다.

노원구 중계동 C아파트 31평의 2007년 시세는 5억이었다. 2013년까지 계속 4~5억 사이를 맴돌다 2013년 5억을 돌파하고 2018년 10월 현재 7억을 기록 중이다.

신도시는 어떨까?

성남시 분당구 서현동 S아파트 32평의 2007년 시세는 7억이었다. 2009년 6억까지 하락하였고 2017년 다시 7억을 돌파하여 2018년 10월 현재 10억을 기록하고 있다.

고양시 일산구 장항동 H아파트 32평의 2007년 시세는 5.5억이었다. 2014년 4억까지 하락하였고 아직까지 2007년 시세는 회복하지 못하고 있다. 2018년 10월 현재 5억을 기록하고 있다.

부천시 중동 H아파트 37평의 2007년 시세는 5.5억이었다. 2014년 4.3억까지 하락하였고 2018년 10월의 시세는 4.7억을 기록하고 있다.

지방도 한 번 살펴보도록 하자.

경기도 수원시 영통동 D아파트 38평의 2007년 시세는 5.5억이었다. 2013년 4억까지 하락하였고 아직까지 2007년 시세를 회복하지 못하고 있다. 2018년 10월 현재 4.8억을 기록하고 있다.

부산시 해운대구 우동 K아파트 32평의 2007년 시세는 1.6억이었다. 시세는 꾸준히 올라 2018년 10월 현재 4.9억을 기록하고 있다.

대구시 수성구 수성동 W아파트 33평의 2007년 시세는 2.2억이었다. 2009년 1.9억까지 하락하였고 이후 꾸준히 올라 2018년 10월 현재 3.6억을 기록하고 있다.

광주시 서구 치평동 J아파트 32평의 2007년 시세는 1.4억이었다. 이후 시세는 꾸준히 올라 2018년 10월 현재 2.7억을 기록하고 있다.

대전시 서구 월평동 J아파트 30평의 2007년 시세는 1.8억이었다. 2018년 3월 현재 시세는 2.4억을 기록하고 있다.

위의 아파트들은 내가 임의로 고른 아파트들이다. 하지만 대체적인 흐름을 파악하는 데는 무리가 없을 것으로 생각한다. 위의 시세 변화대로 부동산은 불패도 아니고 필패도 아니다. 오른 곳도 있고 내린 곳도 있다. KB부동산의 자료에 따르면 지난 10년간 전국 부동산 가격은 부산지역이 52.4%로 가장 많이 오르고 인천지역이 −0.4%를 나타낸 것으로 나타났다.

부동산 불패론이니 부동산 필패론이니 하는 용어는 사실 자극적이다. 부동산은 절대 패하지 않기 때문에 무조건 부동산에 올인 해야 한다는 주장에도 동의할 수 없고 부동산은 반드시 패할 것이기 때문에 집

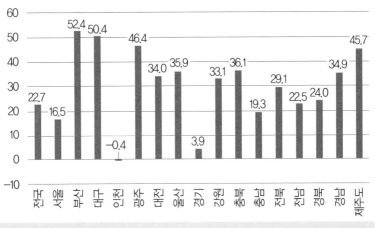

10년간 부동산시세변동(2008.9~2018.9)   자료: KB부동산

162

없는 부자가 되자는 주장에도 동의할 수 없다. 향후 부동산 가격을 미리 예측하려하지 말고 내 집 한 칸은 확보하는 전략이 바람직하다.

전세

아직 내 집 마련에 준비가 덜 되었다면 전·월세에 살 수밖에 없다. 전·월세에 살 때 가장 큰 걱정은 전세금이나 보증금이 떼이지 않을까 하는 것이다. 이를 방지하기 위해서 피해야 할 전셋집은 어떤 경우인지 알아보자.

가등기 등 소유권 행사에 제약이 있는 경우는 피하는 것이 좋다. 이런 경우는 전입신고일자와 확정일자를 받아도 소용없다. 근저당권 등 선순위 권리가 있는 경우도 피해야 한다. 채권최고액이 적은 경우라면 무방하다. 전세입자가 많은 경우 집값의 감정가액이 세입자 전체의 보증금보다 작은 경우가 있다. 이 경우도 피해야 할 부류다. 전세가가 지나치게 높은 경우도 피해야 한다. 물량이 없어 급한 마음에 계약할 수도 있는데 계약만기가 되어 이사를 가려고 하면 전세가 잘 나가지 않아 곤란을 겪을 수 있다.

계약을 할 때에는 등기부에 적힌 소유자와 해야 한다. 가족이나 친척이 나온 경우, 위임장과 소유자의 인감증명서를 요구한다. 위임장과 계약서에 찍힌 도장이 인감증명서의 도장과 일치하는지도 확인해야 한다. 전셋집의 주소는 정확히 기재해야 한다. 번지뿐만 아니라 동 호수도 정확해야 한다. 잘못된 주소를 적으면 대항력, 우선변제권이 없어진다.

특약사항에는 사소한 것까지 모두 기입하는 것이 좋다. 예를 들어, 임대차 계약기간 중에 임대인이 근저당을 설정할 때에는 임차인에게 사전에 알리도록 할 수도 있다.

내 전세금을 지키기 위해서는 전세권설정등기, 전세보증금반환보증보험, 전입신고와 확정일자 등을 이용할 수 있다. 전세권설정등기는 임대인의 동의 없이는 등기 자체가 불가능하고 절차가 까다로워 법무사의 협조가 필요하다. 등록세, 교육세 등의 비용도 발생한다.

전세보증금반환보증보험은 집주인이 보증금 반환을 거부하면 주택도시보증공사가 대신 보증금을 내주는 상품이다. 보증금 한도는 수도권은 7억, 지방은 5억까지이며 보증료는 전세보증금의 0.128%(아파트) 혹은 0.154%(기타주택)이다. 예를 들어 아파트에 2억짜리 전세로 살고 있다면 연 256,000원(월 21,333원)의 보증료가 소요된다. 저소득, 신혼부부, 다자녀가구의 보증료 할인은 40%다.

위의 두 경우는 비용이 발생하지만 전입신고와 확정일자에 들어가는 비용은 6백 원이다. 무조건 해야 한다. 등기가 없어도 입주 및 전입신고를 하면 그 다음날부터 제3자에게 대항력이 생긴다. 확정일자는 그 날짜에 전세계약서가 존재한다는 사실을 증명하기 위해 계약서에 공신력이 있는 기관에서 확인도장을 찍어주는 것이다. 계약서에 확정일자를 받으면 우선변제권이 생긴다.

부동산 상식

부동산 이야기에 앞서 기본적인 용어 설명부터 하고자 한다. 부동산 시장에 대한 이해를 돕기 위해서다.

먼저 평방미터(㎡)와 평(坪)의 구분이다. 국민주택 기준을 25.7평이라고 한다. 이를 평방미터로 바꾸려면 3.3058을 곱해야 한다. 25.7평×3.3058=85㎡가 된다. 평방미터를 평으로 바꾸려면 0.3025를 곱한다. 85㎡×0.3025=25.7평이 된다. 계량에 관한 법률이 개정되면서 의무적으로 평방미터를 사용하도록 강제되었다. 공식적인 문서나 웹사이트에서는 모두 평방미터를 기준으로 작성되고 있다. 그럼에도 불구하고 아직도 평방미터보다는 평이 이해하기 편하고 쉽게 와 닿는다. 독자의 이해를 돕고자 이 책에서는 평방미터와 평을 혼용해서 사용할 것이다.

전용면적, 공급면적, 서비스면적에 대한 구분도 필요하다.

전용면적은 순수한 주거사용 공간이다. 안방, 거실, 주방 등이다. 공급면적은 전용면적에 공동공간을 합친 것이다. 계단이나 복도가 포함된다. 서비스면적은 발코니같이 덧붙여진 면적이다. 용적률이나 전용면적, 공급면적, 계약면적 어디에도 포함되지 않기 때문에 서비스면적이라고 부른다. 우리가 흔히 '몇 평 아파트다'라고 이야기할 때의 몇 평은 공급면적을 이야기한다. 단, 국토부의 실거래가 조회에서는 전용면적으로 발표한다.

건폐율, 용적률이라고 하는 것도 있다. 건폐율은 대지면적에서 건축면적이 차지하는 비중이다. 예를 들어 100평 땅에 30평짜리 집을 지으면 건폐율은 30%가 된다. 용적률은 대지면적에서 건축면적의 합이 차지하는 비중이다. 30평짜리 집이 2층이었다면 연면적은 60평이 된다. 이 경우 용적률은 60%가 된다.

주택보급률은 주택공급을 파악할 수 있는 지표다. 주택의 수를 가구 수로 나누어 산출하는데 주택보급률이 100%가 넘으면 주택 수가 가구 수보다 많다는 뜻이다. 1인 가구의 증가로 2006년부터는 1인 가구를 포함한 신(新)주택보급률이 적용되고 있다. 2016년의 우리나라 신주택보급률은 102.6을 기록하고 있으며 서울은 96.3을 기록하고 있다. 신주택보급률이 가장 높은 곳은 경북으로 113.0이다. 신주택보급률이 낮다는 것은 집이 부족하다는 뜻이다. 주택의 신규수요가 충분해서 향후 집값의 상승을 예상할 수 있다. 반대로 신주택보급률이 높다는 것은 집이 충분히 있다는 것이다. 신규수요보다는 교체수요가 있을 것으로 판단되어 향후 집값의 상승폭은 덜할 것으로 예상할 수 있다.

자가보유율은 자기 집을 보유한 비율이고 자가점유율은 자기 집에서 살고 있는 비율이다. 자가보유율이 자가점유율보다 높게 나타난다. 2016년 현재 우리나라의 자가보유율은 59.9%다. 미국은 64%, 일본은 62%다. 사회주의 국가인 중국은 90%, 러시아는 87%다. 주택보급률은 100%가 넘는데 자가보유율이 60%인 이유는 다주택자가 많기 때문이다.

주택거래량은 주택이 거래된 건수를 이야기한다. 부동산 시장의 선행지수로 활용된다. 주택거래량이 늘어나면 주택가격의 상승으로 이어지고 줄어들면 하락으로 이어지는 경향이 있다.

연소득대비주택가격비율(PIR, Price to Income Ratio)

연소득대비주택가격비율은 특정지역이나 국가의 평균주택을 평균근로자가 연평균소득으로 구입하는 데 걸리는 시간을 나타낸다. PIR이 10이라고 하면 10년 치 소득으로 주택구입이 가능하다는 뜻이다. 수요층의 능력을 파악할 수 있어 주택수요를 파악하는 수치로 활용된다. 수치가 높으면 부동산가격 상승에 한계가 있는 것으로 해석한다. 2016년 OECD국가의 PIR을 보면 우리나라가 5.1년, 미국은 7.9년, 일본은 6.2년이었다. 가장 높은 수치를 보인 나라는 뉴질랜드로 13.0년이었다.

총부채상환비율(DTI, Debt To Income)은 총소득대비 부채의 상환비율이다. 연간소득이 5천만 원이고 DTI비율이 30%라고 하면 대출가능금액은 5천만 원×30%=1천5백만 원이다. 신DTI는 사회초년생에게 현재 소득이 아니라 주택담보대출 만기까지 거둘 것으로 예상되는 소득

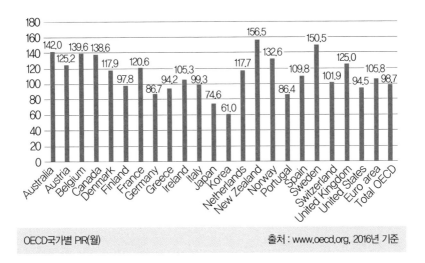

OECD국가별 PIR(월)　　　　　　　　출처 : www.oecd.org, 2016년 기준

을 기준으로 산정한다.

　주택담보대출비율(LTV, Loan To Value)은 주택가격 대비 담보비율이다. 주택가격이 4억 원, 주택담보대출비율이 60%일 때 주택구매 대출 가능금액은 4억 원×60%=2.4억 원이다.

　연소득대비원리금상환비율(DSR, Debt Service Ratio)은 DTI보다 대출 상환능력을 엄격하게 보는 선진국형 제도다. DTI는 신규대출 원리금과 기존대출 이자만 계산하지만 DSR은 모든 대출의 원리금을 계산한다. 담보가치보다 상환능력을 따지는 것이다.

참고하면 좋은 사이트

LH공사에서 운영하는 씨리얼(seereal.lh.or.kr)은 전국의 토지, 주택 등 부동산가격, 분양정보, 토지이용규제정보를 필지별로 제공하는 부동산 정보 포털 서비스다. 지도는 부동산종합정보를 한눈에 보기 쉽도록 제공하고 있다. 부동산의 각종 통계도 상당히 유익하다.

한국감정원(www.kab.co.kr)에서 제공하는 아파트 실거래가지수는 실제로 거래되어 신고 된 아파트의 거래가격변동을 지수화 한 것으로 매매계약이 이루어진 아파트만을 활용하여 지수를 작성한다. 아파트 가격 변화를 가장 객관적으로 볼 수 있는 지표다. 2006년 1월을 100으로 해서 작성하는데 2018년 9월 기준 전국적으로는 168.5, 서울은 188.1을 기록하고 있다. 가장 높은 상승률은 제주로 273.6으로 나타났고 가장 낮은 상승률은 충남으로 130.3으로 나타났다.

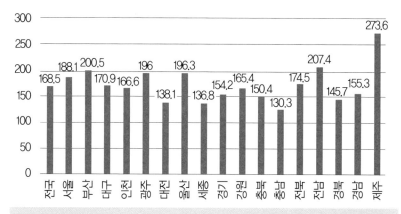

전국 아파트 실거래가지수   출처 : 한국감정원, 2018년 9월 기준

KB부동산(nland.kbstar.com)에서는 1986년 1월 이후 지역별, 거래유형별, 주택유형별 KB국민은행이 산정한 주택매매가격종합지수를 제공한다. KB국민은행의 전신은 한국주택은행이다. 한국주택은행은 주택금융의 제반 정책을 위해 만들어진 금융기관이었다. 주택에 관한 한 가장 전문성이 뛰어난 은행이었다. 한국주택은행을 승계한 KB국민은행 역시 부동산금융에 있어서는 탁월한 은행이다.

내 집 마련

재테크에 있어 가장 대표적인 고민은 집이냐, 주식이냐? 하는 문제다.

사람에 따라서는 내 집을 먼저 마련하고 그 다음 주식투자에 나서는 경우도 있을 것이고, 주식을 해서 돈을 불려 내 집을 마련하려고 하는 경우도 있을 것이다.

부동산 시장이 침체를 보이고 주식시장이 활황이면 누구나 주식으로 돈을 불린 다음 좀 더 넓은 집을 장만하고 싶은 유혹을 느낀다.

결론부터 말하자. 내 집을 먼저 마련하고 그 다음에 주식투자를 해야 한다.

내 집을 마련한다는 것은 여러 가지 의미를 부여한다.

첫 번째는 두 다리 쭉 뻗고 누울 공간이 생겼다는 의미다. 내 집은 세상에서 제일 편한 공간이고 제일 행복한 공간이다. 이런 공간이 생겼다는 것은 정말 가슴 뿌듯한 일이다. 심적으로 안정감을 준다. 세상살이 모든 것이 다 마찬가지겠지만 안정감을 가지고 생활하면 모든 일이 좀 더 수월하게 풀린다.

두 번째는 안전자산이 생겼다는 것이다. 내 집은 안전자산이다. 물론, 집값도 하락하면 손실이 발생한다. 하지만 이 손실은 장부상의 손실이다. 주식이 부도나면 그것으로 끝이지만 집값은 아무리 하락해도 내 집 한 칸은 그대로 남는다. 그래서 더욱 내 집은 안전자산으로서 빛을 발한다.

세 번째는 내 집 마련이 바로 부동산 투자의 시발이 된다는 점이다. 부동산 투자는 토지를 매입하고 상가를 구입하는 것만이 아니다. 작은 내 집 한 칸 마련하는 것에서 부동산 투자는 시작된다. 융자금을 갚아나가면서 다음에 살 집을 고려한다. 집을 넓혀나가면서 부동산 투자는 이어진다.

주택청약종합저축

청약저축과 청약예금, 청약부금으로 나누어져 있던 주택청약 관련 상품이 주택청약종합저축으로 통합되었다. 예전에는 공공주택과 민영주택의 구분이 있었으나 주택청약종합저축은 모든 신규분양주택에 사용할 수 있다.

가입조건은 없다. 누구나 다 가입할 수 있다. 이미 집이 있어도 가입할 수 있고 미성년자도 가입할 수 있다. 납입방식은 매월 2만 원~50만 원의 범위 내에서 5천 원 단위로 자유롭게 입금할 수 있다. 단, 납입한 총액이 1천500만 원 도달 시까지는 50만 원을 초과하여 자유적립이 가능하다. 매월 납입하는 정기적립식이지만 납입금액은 자유로운 자유불입식이다.

취급은행은 하나은행, 신한은행, 우리은행, 농협, 기업은행, 국민은행, 대구은행, 부산은행의 8곳이며 금리는 모든 은행에서 동일하다. 1인 1통장이기 때문에 어느 한 은행에 가입했다면 다른 은행에서는 가입할 수 없다. 총 급여액이 7천만 원 이하인 근로자가 무주택세대주의 경우에는 소득공제를 받을 수 있다.

1순위 조건은 수도권은 가입 후 1년 경과, 1년 동안 12회 이상 납부한 경우고 그 외 지역은 가입 후 6개월 경과, 6개월 동안 6회 이상 납부한 경우다. 실제로는 2년 이상 경과해야 배점을 높게 받을 수 있고 저축금액, 납입횟수, 무주택기간, 부양가족 수 등의 기준에 따라 가점을 부여받는다.

〈지역별/평형별 청약예금 예치금액〉

평형	서울/부산	광역시(부산 제외)	기타 지역
전용면적 85㎡ 이하	3백만 원	2백5십만 원	2백만 원
전용면적 102㎡ 이하	6백만 원	4백만 원	3백만 원
전용면적 102㎡ ~ 135㎡	1천만 원	7백만 원	4백만 원
전용면적 135㎡ 초과	1천5백만 원	1천만 원	5백만 원

아파트를 중심으로 매매하자

내 집을 마련할 때는 가급적 아파트를 중심으로 매매하자.

집에는 종류가 많다. 연립주택, 단독주택, 다세대, 다가구, 빌라 등 여러 가지 형태의 집이 있다. 다세대나 다가구에 사는 사람들은 이 집이 내가 평생 살 집이라고 생각하지 않는다. 아파트로 이사 갈 때까지 한시적으로 머무는 곳으로 생각한다. 이런 이유로 다세대나 다가구의 경우는 전세금, 월세는 올라도 집값은 잘 안 오르는 경우가 많다. 아파트는 일정한 수요와 공급이 늘 형성되어 있다. 사고 팔 때도 적정가격에 매매할 수 있다.

나는 10년 전 43평 아파트를 팔고 122평 단독주택으로 이사했다. 더 이상 아파트를 넓혀갈 생각은 없었다. 이젠 죽을 때까지 살 집이 필요했다. 아파트를 파는 것은 많은 용기를 필요로 했다. 주위에서 말리는 사람들도 많았다. 하지만 나는 희소성에 주목했다. 서울시내에 단독주택은 점점 줄어들고 있다. 단독주택을 헐고 그 자리에 다세대, 다가구, 빌라를 짓기 때문이다. 내가 살고 있는 골목에도 처음 이사 올 즈음에는 단독주택이 많았는데 지금은 몇 채 남지 않았다. 서울 시내에 잔디밭과 차고가 있는 단독주택은 이제 성북동, 평창동, 연희동을 비롯해서 몇 군데 남지 않았다. 이렇게 희소성이 있는 주택이라면 투자가치가 더 있지 않을까 생각했고 실행에 옮긴 것이다.

처음에 집을 사고 넓히는 것은 아파트를 중심으로 생각하고 최종적으로 단독주택에서 내 집을 마무리하는 것이 어떨까 하는 것이 나의 개인적인 생각이다.

〈아파트 구입 시의 체크사항〉

○ 위치 및 교통 환경

- 지하철에서 얼마나 가까운지
- 교통(전철, 버스)은 편리한지
- 진입로의 폭은 넓은지
- 생활편의 시설 및 교육시설은 가까운 곳에 있는지
- 평지인지 경사지인지
- 이후의 개발계획, 지가상승의 여력은 있는지
- 전체적인 경관은 어떠한지
- 소음, 악취, 매연 등의 공해는 없는지
- 방범상태는, 우범지역은 아닌지

○ 단지 내 외관

- 건축연도는 얼마나 되었는지
- 건축물의 종류는 무엇인지
- 주차공간은 넉넉한지
- 동간 간격은 넓은지
- 통풍, 환기, 일조권은 뛰어난지
- 외관, 벽의 균열, 누수 등 하자가 없는지
- 부지는 매립지인지, 암반인지, 사토인지
- 전체 아파트 단지의 형상은?

○ 내부구조

  – 면적: 공유면적과 전용면적은 얼마나 되는지

  – 경비: 경비실은 어디에 배치되어 있는지

  – 복도: 폭은 충분한지, 채광은 양호한지

  – 계단: 계단식인지, 복도식인지, 계단의 경사각도

  – 내부구조

    출입은 편리한지

    각 실의 방향과 채광 통풍상태 창문의 크기

    외부전망은?

    가구의 입반출 및 배치는 용이한지

    베란다 등 서비스 공간은 실용적인지

    동선 및 공간 매치와 크기는 적정한지

    욕실과 베란다 세탁실의 배수상태

    벽이 갈라지거나 누수의 흔적은 없는지

    내부구조 설계변경은 가능한지

    옆방에서 소음이 들리지 않는지

    난방상태, 전기 가스 등의 설비체계는 완벽한지

    조명시설과 상태

    각 시설물들의 상태

    바닥재와 마감상태

출처 : 한국주택금융공사

04

내 집을 사는 시기

내 집을 사는 시기는 빠르면 빠를수록 좋다. 집을 장만할 준비가 되었다면 바로 실행해야 한다.

부동산 경기가 침체를 보일 때면 매물이 쌓인다. 급매물도 나온다. 거래는 끊긴다. 급매물과 실망매물이 더욱 증가한다. 살 사람은 적고 팔 사람은 많으니 가격의 주도권은 살 사람에게 있다. 급매물이 나오면 큰 폭의 할인도 가능하다. 시세보다 싼 가격에 살 수 있는 매수타이밍이다.

사람의 심리란 묘해서 이때는 사고 싶은 생각이 들지 않는다. 준비가 되어 있어도 차일피일 미룬다. 더 떨어지기를 기다리는 것이다. 지나고 보면 이때가 바로 매수시점이다. 신문 부동산 난에 '아파트 값 내림세 주춤', '아파트 값 하향 안정세' 등의 기사가 나올 때도 매수타이밍이다.

바닥에서 기던 부동산 가격이 실수요자 중심으로 조금씩 움직일 때다.

주식은 주가가 올라갈 것 같으면 언제든 살 수 있다. 일단 체결되면 취소가 불가능하다. 하지만 집은 급매로 나와도 언제든 취소가 가능하다. 심지어 계약을 파기하기도 한다. 집값이 상승세로 돌아서게 되면 그 많던 매물이 한꺼번에 사라지고 한 단계, 혹은 몇 단계 상승한다.

집을 제일 바닥에 사려고 하면 타이밍 잡기가 무척 어렵다. 정작 사고 싶을 때에는 매물이 사라져 사지 못하는 경우도 많다. '집값이 오르기 시작하면 그때 사야지' 하고 있다가는 닭 쫓던 개 지붕 쳐다보는 꼴이 되기 쉽다.

인기 있는 평수는 8의 배수 부근이다. 16평에서 24평으로, 24평에서 다시 32평으로 아파트를 늘려나가면서 부동산 투자의 규모도 커지고 자산증대의 효과도 높아진다. 16평에 사는 사람은 평소에 24평과 16평의 가격 차이를 관찰했다가 격차가 줄어든 시기에 집을 넓히는 전략이 유효하다. 마찬가지로 24평에 사는 사람은 24평과 32평의 가격 차이를 관찰하다가 격차가 줄어든 시기에 집을 넓힌다. 32평도 마찬가지다. 집을 처음 장만할 때는 금전적인 준비가 되자마자 바로 사도록 하고 집을 넓히는 것은 평수간의 차액이 좁혀질 때를 활용한다.

디딤돌대출, 보금자리론

주택자금 대출은 보금자리론과 디딤돌대출을 활용한다.

보금자리론은 주택구입자금을 10년 이상 장기 저리로 빌려주는 장기

주택담보대출상품이다. 신청대상은 무주택자 또는 1주택자로 부부합산 연소득이 7천만 원 이하라야 한다. 만기까지 고정금리가 적용되다보니 향후 금리가 오르더라도 추가부담의 우려는 없다. 대출기간은 10년, 15년, 20년, 30년의 4가지로 나뉜다. 금리도 낮다. 10년 만기인 경우는 연 3.1%, 15년은 연 3.2%, 20년은 연 3.3%, 30년은 연 3.35%다(2018년 10월 기준). 담보물 소재지가 투기지역인 경우에는 0.1%의 부가 금리가 적용된다.

대출한도는 주택담보가치의 70%까지며 가능금액은 1백만 원~3억 원까지다. 주택수요자는 집값의 30%만 갖고 주택을 구입할 수 있어 목돈 없이 내 집 마련이 가능하다.

상환방식은 매월 원리금균등분할상환(원금과 이자의 합계금액이 매월 일정하게 납부되도록 만든 방식), 체감식분할상환(매월 일정한 원금을 상환하고 이자는 매월 원금상환으로 줄어든 대출 잔액에 대해 납부하는 방식), 체증식분할상환(상환금액이 증가하는 방식으로 초기 상환금액은 적고 회차가 지날수록 상환금액을 늘려나가는 방식)이 있다. 원리금 상환액 계산은 한국주택금융공사 홈페이지(www.hf.go.kr)의 '예상 대출조회'를 이용하면 편리하다.

디딤돌대출의 신청대상은 부부합산 연소득 6천만 원(단, 생애최초, 신혼, 2자녀 이상의 경우 7천만 원)이하의 무주택 세대주다. 신청 시기는 소유권이전등기일로부터 3개월 이내, 대출 금리는 연 2.00~3.15%(우대금리 추가적용 가능)이다. 대상주택은 주택가격 5억 원 이하, 주거전용면적 85㎡ 이하. 대출한도는 주택담보가치의 70%까지로 최대금액은 2억 원이다. 대출기간은 10년, 15년, 20년, 30년이다. 요건을 충족하는 경우 연말정산시 소득공제를 받을 수 있다. 2018년 3월부터 30세 미만 단독세대주는 원칙적으로 대출이 불가하다. 30세 이상의 미혼 단독세대주의 경우 주택가격은 5억에서 3억, 전용면적은 85㎡에서 60㎡, 대출한도는 2억 원에서 1.5억 원으로 조정되었다.

〈디딤돌대출 금리표〉   2018년 10월 기준

소득수준	만기별 금리(%)			
	10년	15년	20년	30년
연소득 2천만 원 이하	2.00	2.10	2.20	2.30
2~4천만 원 이하	2.45	2.55	2.65	2.75
4~6천만 원 이하	2.85	2.95	3.05	3.15

생애최초로 주택을 구입하는 신혼가구의 경우에는 아래와 같은 금리가 적용된다.

〈생애최초주택구입자금 대출 금리표〉   2018년 10월 기준

소득수준	만기별 금리(%)			
	10년	15년	20년	30년
연소득 2천만 원 이하	1.70	1.80	1.90	2.00
2~4천만 원 이하	2.10	2.20	2.30	2.40
4~7천만 원 이하	2.45	2.55	2.65	2.75

어느 지역이 좋을까?

서울에 사는 사람도 있고 지방에 사는 사람도 있다. 각자가 사는 곳이 다르다보니 어느 지역이 좋다고 딱 부러지게 이야기할 수는 없다. 급여생활자라면 직장과의 거리를 염두에 두어야 하고 자영업자라면 가게와의 거리도 염두에 두어야 한다. 자녀가 있으면 학교와의 거리도 신경 써야 한다. 이 모든 것을 만족하는 집이 가장 좋을 것이다. 현실적으로 모든 조건이 맞는 집은 가격이 높을 공산이 크다. 이 경우에는 몇 가지를 희생하더라도 일단 먼저 집부터 마련해야 한다. 내 집을 사는 시기는 가능하면 빠를수록 좋기 때문에 처음에는 좀 불편하고 작은 집이라도 먼저 확보하는 전략이 필요하다. 그 다음에 좀 더 편리한 곳, 좀 더 큰 집으로 옮기도록 해야 한다.

나는 대리 시절, 직장은 여의도였으나 집은 김포였다. 지금은 직행버스가 있지만 당시에는 없었다. 시외버스를 타고 서울로 들어와 다시 갈아타야 했다. 대중교통을 이용하면 1시간 넘게 걸렸다. 차가 막히지 않으면 자동차로 30분 정도 걸렸지만 막히면 1시간을 넘기기 일쑤였다. 회식이라도 있어서 차가 끊기면 택시를 타고 집에 돌아와야 했다. 직장과의 거리는 멀었지만 평당 2백만 원밖에 하지 않은 낮은 분양가로 김포에 집을 구했다. 그렇게 불편을 감수하다가 돈을 모아 서울로 진입할 수 있었다.

처음에는 돈이 부족해서 외곽에 집을 구할 수밖에 없겠지만 점점 더 그 지역의 코어로 진입하는 전략이 필요하다.

05

좋은 아파트란?

좋은 아파트를 골라야 한다. 좋은 아파트란 살기 좋은 아파트를 의미한다. 살기 좋은 아파트는 각종 편의시설이 갖춰져 있어 사람들의 수요가 많은 곳이기도 하다. 수요가 많으면 가격상승도 기대할 수 있다.

살기 좋은 아파트의 대표적인 예로 택지개발지구를 들 수 있다. 택지개발지구란 정부나 공공기관이 도시계획법에 따라 신규 개발한 공공개발지구다. 체계적인 계획에 의해 개발하기 때문에 바둑판식으로 도로가 개설되고 상업지역과 행정관청, 교육시설, 녹지 공간 등이 확보되는 이점이 있다. 아파트 세대수에 따른 교육시설도 확보된다. 생활의 불편함이 없다보니 자연스럽게 수요가 몰린다. 분당과 일산을 비롯한 신도시의 집값이 인근지역보다 높은 이유가 여기에 있다. 오늘날 최고의 집값을 자랑하는 강남도 택지개발지구이기 때문에 가능했다.

전철역까지의 거리도 고려 대상이다. 걸어서 10분 내 혹은 500미터 반경 내에 전철역이 있다면 역세권으로서의 장점은 충분히 가지고 있다.

학군과 교육시설의 배치도 중요한 요소다. 자녀교육에 열성인 우리나라에서는 자녀들이 어느 학교에 배정받는지 관심이 높다. 초등학교는 길을 건너지 않고 통학할 수 있는 아파트의 인기가 높다. 상급학교 진학률이 높은 명문 중·고등학교에 배정받는 아파트도 당연히 인기가 높다. 학원가와의 거리도 아파트 인기에 주요 변수다.

아파트 단지 주변에 예술회관이나 야외공연장이 있다면 가격상승에 도움을 준다. 백화점이나 대형할인매장이 가까이 있으면 생활 편의 때문에 인기가 높고 멀티플렉스 영화관 같은 문화시설이 있으면 인기가 높다.

전망이 막힌 동보다는 전망이 트인 동이 좋다. 비록 산이나 강은 없을지라도 아이들이 노는 놀이터가 보인다든지 학교가 보이면 플러스 요인이다. 하다못해 큰 길이라도 있으면 좋다. 앞에 거대한 콘크리트 덩어리가 가로막고 있는 것보다는 낫기 때문이다.

장래성 있는 아파트

장래성 있는 아파트를 고르는 것은 중요한 일이다. 신도시가 처음 생겼을 때 분당 집값은 상계동 집값의 80% 밖에 되지 않았다. 지금은 분당이 상계동보다 2~3배 높다. 당시 분당에 집을 산 사람은 상계동에 집을 산 사람보다 훨씬 더 큰 자산증대를 기록했을 것이다.

지하철 노선이 생기면 지하철역을 중심으로 새로운 역세권이 형성된다. 지하철 노선이 발표되면 한 단계 급상승하고 공사기간 중에는 불편한 도로 사정으로 잠시 주춤했다가 개통시점이 되면 다시 한 번 급상승하는 경우가 많다. 지하철 환승역 근처는 더욱 큰 역세권을 기대할 수 있어 가격상승도 더 기대할 수 있다. 지하철 2호선과 9호선의 환승역인 당산역의 경우가 대표적인 예이다.

새로운 길이 개통되는 것도 호재다. 접근성이 좋아져 가격 상승으로 이어진다.

공업지역이 주거지역으로 바뀌는 곳도 가격 상승이 뒤따른다. 공업지역이던 문래동은 공장들이 없어지면서 아파트와 대형할인점이 들어서자 아파트 값이 큰 폭으로 오른 바 있다. 신도림동도 역시 마찬가지다. 공장들이 떠나간 자리에 아파트가 들어서면서 아파트 밀집지역으로 변했다. 성수동도 그렇다.

새로 지은 아파트도 인기가 있다. 베이(bay)의 구조, 화장실의 수, 다용도실이나 주방의 위치와 크기도 새 아파트로 갈수록 효용가치가 높아진다. 안목치수가 적용된 아파트는 더욱 넓어 보인다. 아파트는 10년이 지나면 잘 오르지 않는다. 재건축 대상이면 가격이 올라가겠지만 15년, 20년 된 아파트는 어중간한 모습을 보인다. 가급적이면 새 아파트를 매수하는 것이 매도할 때에도 편리하다.

거실이 남향으로 되어 있는 아파트는 전통적으로 인기가 높다. 주부들이 내부에서 효율적으로 움직일 수 있는 동선이 확보되어 있으면 역시 인기가 높다.

아파트 단지는 규모가 클수록 각종 편의시설이 잘 갖춰져 있다. 세대 수가 일정 규모 이상이 되면 할인매장이 들어서고 각종 금융기관들도 입주한다. 아파트 단지를 벗어나지 않더라도 웬만한 것은 모두 안에서 해결된다.

구릉지에 있는 것보다는 평지에 있는 아파트가 낫다. 압구정동, 도곡 동, 개포동, 동부이촌동의 아파트 단지 가격이 다른 곳보다 높은 이유 는 모두 평지에 존재하기 때문이다.

06

아파트의 진화

아파트의 속성상 같은 아파트라도 몇 층이냐에 따라 시세는 다르다. 같은 아파트에서 가장 시세가 많이 나가는 층을 로얄층이라고 하는데 이에 대한 시각도 많이 바뀌었다.

아파트가 처음 나올 때만 하더라도 사람들의 심리는 땅과 가까이 있는 것이 좋은 것이었다. 땅과 가장 가까이 있는 곳은 1층이지만 외부에 노출되고 사생활이 보장되지 않아 3~4층이 로얄층으로 부각되었다. 기껏 해봐야 2층집에서 살던 사람들은 5층 이상의 높이에만 올라가도 불편해 했다. 발코니에서 밑을 내려다보면 아찔한 느낌에 높은 곳에 대한 거부감은 심했다.

저층이 인기가 있었던 또 다른 이유는 승강기였다. 지금으로선 잘 이해가 가지 않지만 승강기가 처음 등장했을 때에는 두려움이나 불편함이 있었다. 이에 대한 거부감으로 고층보다는 저층이 더 선호되는 분위기였다.

중앙난방이 실시되는 고층아파트가 분양되면서 로얄층은 중간층으로 바뀌었다. 중앙난방방식은 난방이 위에서 아래로 내려오는 시스템이었다. 고층은 너무 덥고 저층은 너무 추워, 덥지도 춥지도 않은 중간층이 로얄층이 되었다.

개별난방으로 바뀐 최근에는 중간층보다 고층을 선호하는 경향을 보인다. 난방에 별다른 하자가 없고 외부의 소음으로부터도 벗어날 수 있으며 좋은 전망이 확보되기 때문이다. 한강이 보이는 아파트는 전망에 따라 같은 아파트라도 1억 이상의 차이가 나기도 한다.

예전에는 강변북로의 소음 때문에 길가에는 소형평형을, 조용한 안쪽으로는 대형평형을 배치하였다. 지금은 트렌드가 바뀌어 한강을 볼 수 있는 곳이 명당자리가 되었다. 한강뿐만 아니라 하천, 산, 공원 같은 친환경적인 요소들도 집값의 주요 변수로 등장하고 있다. 가을이면 낙엽이 지고 겨울이면 눈으로 덮이는 등, 계절마다 변하는 자연을 거실에서 바라볼 수 있다면 금상첨화다. 환경에 대한 변수는 참살이에 대한 관심이 높아질수록 더욱 부각된다. 청계천이 복원되면서 인근 지역의 땅값이 상승하였고 서울의 숲이 들어서면서 인근 지역의 아파트 가격이 급등하였다.

내부구조의 변화
동일한 공간이라도 최대한 효율적으로 설계된 아파트에 수요가 몰린다. 대표적인 것이 드레스 룸과 주방이다. 가정에서 주부의 발언권이 강해질수록 주부와 관련된 공간에 많은 변화가 일어났다.

채광의 중요성이 부각되면서 32평 아파트에는 3베이, 40평대 아파트는 4베이 형식으로 변화가 일어났다.

아파트 내부구조에 대한 변화 중에서 가장 눈에 띄는 것은 화장실의 개수다. 과거에는 30평대에도 화장실은 하나였다. 강남에 있는 주공5단지 34평의 평면도를 보면 화장실이 하나밖에 없다. 지금은 20평대에도 화장실이 2개다. 화장실 개수에 따라 내부구조의 호감도가 극명하게 갈리고 있기 때문이다. 화장실이 하나 밖에 없는 24평 아파트와 화장실이 두 개 있는 25평 아파트는 비록 1평차이지만 기능과 호감도 면에서 큰 차이를 보인다. 가격도 큰 차이를 나타내고 있다. 화장실의 개수가 아파트 가격에 영향을 미치자 24평도 화장실을 2개로 설계하기 시작하였다.

24평임에도 3베이와 2개의 화장실을 설계한 구조

현장을 확인하자

　부동산 투자에서 가장 중요한 것은 돈이 되는 부동산을 알아보는 판단력이다. 판단력은 종합적인 안목이 있어야 빛을 발한다. 안목을 기르기 위해서 행정기관의 홈페이지나 부동산관련 사이트를 꾸준히 보면 좋다.

　발품도 필요하다. 부동산은 현장답사가 중요하다. 부지런한 발품이 투자의 50%는 좌우한다.

　회사까지 직접 차를 몰고 갈 경우 얼마나 시간이 걸리는지, 대중교통을 이용하면 얼마나 시간이 걸리는지, 대중교통의 막차 시간은 몇 시인지 등을 체크해야 한다. 또 시장이나 할인매장과의 거리도 체크해 보아야 한다. 집안에 노인이 있는 경우에는 병원과의 거리도 체크해야 한다. 아이가 있는 경우라면 학교까지의 거리는 얼마나 되는지, 통학로는 확보되어 있는지, 차도와 인도의 구분은 어떠한지 체크해야 한다.

수도권의 한 도시에서 아파트 분양을 하였다. 대부분의 사람들은 아파트의 모델하우스만 둘러보고 계약서에 도장을 찍었다. 반면 부동산 투자에 능한 사람들은 계약하기 전에 현장을 둘러보았다. 현장을 가보지 않은 사람은 상대적으로 저렴한 가격에 선뜻 계약했지만 현장을 가본 사람들은 계약하지 않았다. 현장과 초등학교 사이에 모텔촌이 있었기 때문이다. 등하교 길에 모텔촌이 있다면 아파트 가격은 쉽게 오르지 않을 것이다.

현장을 확인하면 과대광고를 가려낼 수 있다. 분양업체에서는 분양을 이끌어내기 위해 알게 모르게 과대광고를 한다. 가장 대표적인 것이 '○○역에서 5분 거리'라는 것이다. 실제로 역에서 내려 집까지 걸어가 보면 20분이 걸린다. 우리는 지하철에서 내려 지하철역 출구를 나와 아파트 입구를 거쳐 내 집 현관문을 열 때까지 생각하지만 광고에서는 지하철 출구에서 아파트 입구까지만 계산한다. 또한 키 큰 성인 남자가 성큼성큼 빠른 걸음으로, 거의 경보 수준으로 걸을 때를 기준으로 계산한다. 당연히 과장광고다.

한강 조망권 확보라는 문구도 자주 등장한다. 아파트 꼭대기 층에서 날이 아주 맑은 날 저 멀리서 희미하게 보이는 한강이지만 광고에서는 한강 조망권 확보라고 주장한다. 역시 과대광고다.

모델하우스의 함정

유튜브에서 화장에 대한 동영상을 본 적이 있다. 평범한 여성이 화장을 통해 얼마나 아름답게 보이는지를 보여주는 동영상이었다. 화장 전 모습과 화장 후 모습은 전혀 달랐다. 분명히 같은 사람인데 믿기 힘들 정도였다. 모델하우스가 바로 그렇다.

모델하우스는 최대한 화장을 예쁘게 해서 사람들로 하여금 착각하게 만든다.

베란다는 대부분 확장해서 넓어 보이게 유도한다. 가구가 들어가지 않은 방과 거실은 넓어 보일 수밖에 없다. 여기에 조명까지 은은하게 비추니 더 넓어 보인다. 가구가 꼭 있어야 할 경우에도 축소된 가구를 비치한다. 공간을 더 넓어보이게끔 유도하는 것이다. 제공하지 않는 고급 소파, 고급 냉장고 등을 전시해 고급스러운 분위기를 유도한다. 여자의 화장은 예쁘게 보면 되지만 모델하우스의 화장은 필히 경계에 경계를 거듭해야 한다.

〈모델하우스 체크포인트 6가지〉

단지 모형	동별 입구, 일조권, 조망권, 주변교통, 주변도로
현관과 거실	바닥마감재, 벽지 색깔, 현관 신발장 수납 기능
침실	바닥 창문 높이, 문짝 개폐구조, 창문 커튼 박스 폭, 붙박이장 등 수납공간
주방	싱크대 높이, 수납공간 깊이, 가구 재질, 식탁 공간, 하단 걸레받이 탈착 가능 여부, 동선 효율성, 냉장고 등 가구설치 편의성
화장실	외부 창문 설치 여부, 타일, 바닥면 경사도와 배수 기능
기본 점검사항	인터폰, 전기단자함, 전기 등 각종 검침기, 각방 전원 스위치와 콘센트 위치, 에어컨 전용 콘센트와 물 빼기 구멍 설치 여부

신문기사도 확인하자

2016년 9월 한 경제신문에 다음과 같은 기사가 실렸다.

〈재건축 붐이 일고 있는 서울 영등포구 여의도. 서울아파트의 경우 올해 4월 10억 원에 거래됐던 전용면적 139㎡가 지난 7월 20억 원에 거래됐다. 이 단지의 호가는 현재 22억 원으로 몇 달 새 10억 원 이상 가격이 오른 것이다. 현지 부동산업소 관계자는 "매물자체가 실종된 상태이고, 있다고 하더라도 대기자가 밀려있어 거래가 힘들다"고 말했다.〉

이 기사만 보면 아파트 가격이 4개월 만에 2배가 오른 것으로 나타난다. 과연 이 기사는 사실일까? 실제로 확인을 해 보아야 한다. 확인 결과 4월에는 10억 원에 거래된 적이 없었다. 16억3천만 원에 거래된 건(5층)이 하나 있었고 22억5천만 원에 거래된 건(5층)이 하나 있었다. 그리고 7월에는 20억8천만 원에 거래된 건(12층)이 하나 있었다. 단순히 기

사만 보면 2배나 오른 것으로 착각하기 쉽지만 실제 확인해 보니 오른 것이 없다. 사실에 근거하지 않은 잘못된 기사다. 기사를 쓴 기자에게 메일을 보냈지만 답장은 받지 못했다.

부동산 투자에서 사실관계 확인은 필수다. 이해가 가지 않으면 의심하고 또 의심해야 한다. 진실은 언제나 의심 뒤편에 감추어져 있다.

부동산 시세는 국토교통부의 실거래가 공개시스템(rt.molit.go.kr)을 이용하여 조회하고 확인해야 한다. 아파트, 연립, 다세대, 단독, 다가구, 오피스텔 등의 매매가 전월세 등을 조회할 수 있다. 부동산 사이트의 시세는 이 정도 가격에 팔았으면 좋겠다고 하는 매도호가에 불과하다. 그 가격을 적정가격이라고 생각해서는 안 된다. 실제로 거래된 실거래가가 적정가격이다.

집을 알아 볼 때에는 인터넷으로만 확인하지 말고 실제 현장을 가서 중개업소에 들러 확인하는 것이 필요하다. 인터넷에 올라오지 않는 급매가 있을 수 있기 때문이다. 급매로 팔기 위해 낮은 가격에 집을 내놓으면 아파트 부녀회에서 항의하여 인터넷에 올리지 못하는 경우가 있다고 한다. 이런 경우에는 직접 발품을 팔아야 정보를 얻을 수 있을 것이다.

대치동 은마아파트의 실거래가와 부동산사이트의 시세를 비교해 보자. 2018년 3월 84.43㎡의 거래금액은 1층이 16억 원, 4층이 16억9천만 원, 12층이 16억9천5백만 원이었다. 하지만 부동산사이트의 시세는 하한가는 17억 원, 상한가는 17억6천만 원이었다. 부동산사이트의 시세만 믿고 거래하기보다는 실거래가를 확인하고 거래해야 한다.

〉상세정보 - 은마(316, 삼성로 212)

매매	전월세

▸ 년도 : 2018년 ▾   ▸ 면적 : 84.43㎡ ▾   ▸ 금액 : 전체 ▾

· 3월

차트 인쇄

전용면적(㎡)	계약일	거래금액(만원)	층	건축년도
84.43	21~31	169,000	4	1979
84.43	11~20	160,000	1	1979
84.43	11~20	169,500	12	1979
84.43	1~10	169,000	4	1979

국토교통부 실거래가

(2018년 4월 1주 기준 / 3.3㎡당가)

시세 정보

단지명	총세대수	입주년도	면적(㎡)		매매가		전세가		월세가		매물수
			공급	전용	하한가	상한가	하한가	상한가	보증금	월세	
은마	4,424	1979.12	101	76	150,000	156,000	40,000	50,000	5,000	150	(143)
			115	84	170,000	176,000	50,000	60,000	5,000	160	(99)

부동산 사이트

08

부동산 장부

내 집을 살 때 반드시 알아두어야 할 장부로 등기사항전부증명서가 있다. 등기사항전부증명서는 부동산의 소재지, 면적, 소유자 등이 기록된 공적 장부다. 권리사항에 대해 일반인들에게 공시하는 역할을 하므로 누구나 열람할 수 있다. 시·군·구청에서 발급받을 수도 있고 인터넷에서도 간단히 발급받을 수 있다. 대법원인터넷등기소(www.iros.go.kr)에서 확인 가능하다.

등기사항전부증명서는 토지와 건물의 등기부가 각기 존재하지만 아파트 같은 공동주택은 토지와 건물이 하나의 등기부로 되어있다. 부동산의 소유권과 각종 권리관계도 일목요연하게 기록해 놓고 있다. 표제부, 갑구, 을구로 구성되어 있는데 표제부에는 해당 부동산의 주소, 면적 등이 포함되고 갑구에는 가등기, 가압류, 가처분 등 소유권과 관련된 내용이, 을구에는 소유권 이외의 근저당권, 전세권 등이 표시된다.

아파트의 경우 표제부에 전체 대지면적 등 아파트 전체에 대한 사항과 개별 세대에 대한 사항이 따로 적혀 있다. 매매계약서를 작성할 때에는 등기사항전부증명서의 주소가 정확하게 일치되는지 꼭 확인해 보아야 한다. 복사기술의 발달로 등기사항전부증명서가 위조된 경우도 있으므로 본인이 직접 등기사항전부증명서를 떼어보는 것도 필요하다.

등기사항전부증명서

등기사항전부증명서에서 유심히 살펴보아야 하는 것은 표제부인데 계약자와 실제 소유자가 같은 사람인지 확인해야 한다. 계약금과 잔금은 등기부상 소유주의 계좌로 이체해야 한다. 소재지나 면적 등이 실제 계약하려는 내용과 일치하는지도 확인해야 한다.

갑구에서는 기록된 소유권이 정상인지 확인한다. 가등기, 가압류, 가처분 등의 권리사항이 기록되어 있다면 문제가 있는 매물이다. 이런 집은 피해야 한다. 채권자가 채권 확보를 위해 채무자의 재산을 가압류한 경우에는 해당 부동산이 경매에 넘어갈 수도 있기 때문이다. 예고등기도 체크한다. 예고등기란 등기원인이 없는데도 인감증명 등을 위조해 소유권 이전이나 저당권 설정, 말소가 일어난 경우 그 등기를 말소, 회복해 줄 것을 소송으로 청구할 때 제3자에게 경고를 줄 목적으로 법원이 촉탁해 등기가 된 것이다. 예고등기를 미처 보지 못하고 계약한 사람들은 많은 곤란을 겪을 수밖에 없다.

을구에서는 각종 근저당, 임차권 등의 권리관계를 확인한다. 대출과 관련된 근저당이라면 상관없다. 근저당권의 채권최고액은 대출금액보다 많이 나타나는데 이는 앞으로 부담할 최대한도의 채무액이란 뜻이다. 대출을 해 준 금융기관이 대출금을 상환받기 위해 들어가는 경비를 모두 채권최고액에 포함시키기 때문이다. 대출금을 모두 갚을 경우에는 가운데 줄이 그어진다.

등기사항전부증명서는 한 번 확인하는 것으로 끝내지 말고 여러 번 나누어 확인해야 한다. 계약 직전, 중도금 치를 때, 잔금 치를 때, 전입신고 직전 등 최소한 4번은 확인해야 한다. 계약을 하고 나서 세입자 몰래 대출을 받는 경우가 있기 때문이다. 열람비용은 7백 원이다.

토지대장, 건축물대장

땅에는 종류가 많다. 논, 밭부터 잡종지에 이르기까지 28가지로 지목이 분류된다. 땅에 대한 사항을 알아보기 위해서는 지적도, 토지이용계획확인원, 토지대장 등의 서류를 검토한다.

지적도를 보면 땅의 모양과 도로 관계를 확인할 수 있다. 주변의 땅들도 함께 표기되기 때문에 도로가 없는 맹지인지도 확인할 수 있다. 토지이용계획확인원에는 토지의 효용가치에 대한 모든 것들이 기입돼 있으며 향후 개발 여부를 알려준다. 해당 부동산이 어떤 용도지역지구에 해당되는지, 어떤 법률의 제약을 받고 있는지, 어떤 공공개발계획이 있고, 향후 어떻게 개발될 수 있는지도 이를 통해 알 수 있다. 자신이 소유한 토지나 건축물이 속한 지역 내의 지구단위계획 수립 여부는 토지이용계획확인원을 발급받아 확인할 수 있다.

지구단위계획이 수립돼 있다는 표시가 있으면 도시계획 관련 부서에서 내용을 열람할 수 있다. 지구단위계획 수립은 강제성 있는 계획이므로 반드시 확인해야 한다.

토지이용계획확인원에는 토지의 위치와 지번, 지목, 면적 등이 표기돼 있고, 아래쪽으로 12가지 확인 사항들이 나열돼 있다. 첫 번째 칸에 해당하는 '도시관리계획'은 용도지역·용도지구·용도구역·도시계획시설·지구단위계획구역·기타로 나뉘고, 용도지역은 도시지역·관리지역·농림지역·자연환경보전지역으로 다시 나뉜다. 그 밑으로 9가지 항목으로 세분화되고, 그것들은 다시 21가지 항목으로 분류된다. 이 분류에 따라 땅의 용도와 가치가 결정되며, 건축 가능한 시설물의 종류와 건폐율·용적률이 결정되는 것이다.

토지대장은 토지의 소재와 지번, 지목, 면적, 소유주, 토지의 등급, 개별공시지가 등 토지에 대한 기록을 담고 있는 지적공부다. 토지와 관련된 변동 사항과 사유는 물론 소유자의 변경 내용도 한눈에 살펴볼 수 있다. 여타 공문서에 기록된 면적이 토지대장과 다를 경우 면적은 토지대장의 기록을 따르도록 돼 있다. 토지대장에는 개별공시지가도 같이 기재돼 있다.

만약 건물이 있는 땅이라면 토지대장과 함께 건축물관리대장도 확인해야 한다. 건축물관리대장은 건축물의 전체 구조와 면적을 비롯해 각 층별 면적, 용도, 구조, 주차장, 엘리베이터, 건축 허가 등이 일목요연하게 기록돼 있다. 건물에 대한 상세 정보를 얻을 수 있기 때문에 건축물을 매입할 때는 건축물관리대장을 반드시 확인해야 한다.

셀프등기

본인이 등기를 직접 하면 몇 십만 원의 수수료를 절약할 수 있다. 법무사의 도움을 받을 수도 있지만 시간이 있다면 셀프등기를 해 보라고 권하고 싶다.

가장 먼저 할 일은 필요한 서류를 챙기는 것이다. 매도인과 관련해서는 인감증명, 주민등록초본, 등기권리증이 필요하고, 매수인과 관련해서는 주민등록등본, 인감도장이 필요하다. 기타 필요한 서류로는 소유권이전등기신청서 갑지, 소유권이전등기신청서 을지, 위임장, 개별공시지가확인원, 토지대장, 건축물관리대장, 검인계약서 등이 있다. 검인받을 계약서 5부를 직접 만들어 잔금을 계산할 때 인감도장을 받고 간인한다.

소유권이전등기신청서 을지에도 신청인 란에 각각 인감도장을 날인하고 인적사항을 기재하고, 위임장에도 인감도장 및 인적 사항을 기재한다. 검인받을 계약서는 매도인과 매수인이 각각 한 장씩 보관하고, 3부는 구청에서 검인 신청 시 사용한다.

구청 지적과에 검인받을 계약서 3부를 제출해 검인을 받고 1부는 돌려받는다. 세무과에 검인계약서 1부와 개별공시지가확인서, 토지대장, 건축물관리대장을 제출한다. 취득세자진신고서를 주는데 이를 기재해 다시 제출하면 등록세고지서, 취득세고지서와 제출한 서류를 준다. 근처 은행에서 등록세를 내고 영수증은 절취해서 보관하고, 등록세영수필확인서는 소유권이전등기신청서 을지에 첨부한다.

국민주택채권 매입 시 매입금액은 토지와 건물의 과세시가표준액을 산출해 그 액수에 따라 채권매입비율을 곱하면 된다. 토지의 경우에는 '토지면적 × 개별공시지가 × 적용비율'로 토지과세표준액이 산출되고, 여기에 채권매입비율을 곱하면 토지채권 매입금액이 산출된다. 건물의 경우에는 '분양면적 × 기준시가 × 가감산특례비율'로 건물과세표준액이 산출되며, 여기에 채권매입비율을 곱하면 건물 채권매입금액이 산출된다. 토지와 건물의 채권 매입액을 합한 액수만큼 매입하면 된다.

채권은 매입 즉시 그 자리에서 되팔아 할인된 금액을 지급받을 수도 있지만 가급적 증권회사를 통해 매도하는 것이 돈을 더 받을 수 있다. 인지는 A4용지에 붙여서 등기 신청 시 검인계약서 뒤에 첨부한다. 여기까지 한 후 편철을 한다.

편철 순서는 신청서, 등록세영수필확인서 및 통지서, 등기수입증지, 국민주택채권매입필증, 인감증명서, 주민등록표등(초)본, 대장등본, 신청서부본, 검인계약서, 등기필증 등의 순으로 한다. 이 묶음을 갖고 등기소로 가서 법원증지를 산 후 소유권이전등기신청서 을지에 붙이고 접수하면 된다.

나도 지금의 집을 사면서 등기를 직접 했다. 공무원들은 친절했다. 생각보다 시간도 많이 걸리지 않았고 어렵지도 않았다.

09

부동산양도소득세

부동산과 주식은 재테크의 양 축이다.

가장 큰 차이는 투자 기간이다. 부동산은 한번 사면 장기투자로 이어진다. 따라서 산 가격보다 좀 하락하더라도 '어차피 내가 살 집이다' 하는 생각으로 눌러 사는 경우가 많다. 집을 살 때 들어가는 세금도 큰 금액이기 때문에 쉽사리 매매할 수도 없다. 취득세만 하더라도 1~3% 수준이다. 세월이 지나면서 자연스럽게 부동산 가격 상승이 일어나고 시세차익이 발생한다.

반면 주식은 시세가 하락하면 추가 하락에 대한 우려로 금방 팔기 때문에 손실이 확정된다. 그러다보니 부동산으로 이익 본 사람은 많은데 주식으로 이익 본 경우는 많지 않다. 또 한 가지, 부동산이야 하락한다고 해도 '내가 살면 그 뿐'이지만 주식은 부도라도 나면 끝이기 때문에 주식보다는 부동산이 더욱 선호된다.

아파트 가격은 계단식으로 상승하는 경우가 많다. 단기간에 1억, 2억이 오르기도 한다. 4억짜리 아파트가 몇 달 만에 6억이 되면 "아! 저 아파트 몇 달 전에만 샀어도 2억이 남았을텐데"하고 아쉬워하는 사람들이 있다.

여기에도 주식과 부동산의 차이가 있다.

주식이라면 차익 2억을 모두 챙길 수 있다. 1만 원짜리 주식을 4만주 샀다고 가정하자. 몇 달 만에 주가는 1만5천 원이 되었다. 4만주를 파니 6억이 들어왔다(정확히는 거래세 0.3%인 180만 원을 제한 5억9,880만 원이다. 편의상 6억이라고 계산하자). 50%의 수익을 달성할 수 있다.

부동산은 다르다. 4억짜리 아파트가 몇 달 만에 6억으로 상승하여 팔았다고 하자. 그럼 2억의 수익을 올린 것일까? 그렇지 않다. 양도소득세를 내야 하기 때문이다.

양도소득세는 다음과 같이 계산된다.

양도 당시 실지거래가액인 양도가액에서 취득 당시 실지거래가액을 뺀다. 여기에 필요경비를 제하면 양도차익이 나온다. 양도차익에서 장기보유특별공제를 빼 준 금액이 양도소득금액이 된다. 양도소득기본공제 250만 원을 제하면 양도소득과세표준이 되고 여기에 세율을 곱하여 세금을 내게 된다. 이렇게 세금을 내다보면 실제 수익은 2억이 아니라 훨씬 줄어들게 된다.

구분		세율
보유기간	1년 미만	50%
	2년 미만	40%
	2년 이상	기본세율
1세대 2주택		기본세율(지정지역: 기본세율+10%)
1세대 3주택 이상		기본세율(지정지역: 기본세율+20%)

실제 계산 사례

위와 같은 경우 양도소득세로 얼마를 내야 하고 양도소득세 납부 후 실질수익율이 어떻게 되는지 간단히 계산해 보자.

먼저 집을 살 때는 취득세를 비롯한 각종 비용이 발생한다. 취득세, 지방교육세, 인지세, 국민주택채권매입비, 등기신청수수료, 부동산중개수수료 등으로 약 6백만 원이 계산된다.

양도가액은 6억이고 취득가액은 4억이다. 양도차액은 2억이다. 기간이 3년을 넘지 않았기 때문에 장기보유특별공제를 받을 수 없다. 따라서 양도소득금액도 2억이다. 기본공제 250만 원을 제한 1억9,750만 원이 양도소득과세표준이 되며 세율은 50%로 9,875만 원의 세금을 내야 한다. 매도시 부동산중개수수료는 3백만 원을 계산한다.

2억 원에서 양도소득세 9,875만 원을 제하고 다시 비용 9백만 원을 제하면 9,225만 원이 순수익이다. 이렇게 계산해 보니 수익률은 50%가 아니라 23.1%가 된다.

〈장기보유특별공제율〉　　　　　　　　　　　　　　2018년 10월 현재 기준

보유기간	1주택	1주택 외
3년 이상 4년 미만	24	10
4년 이상 5년 미만	32	12
5년 이상 6년 미만	40	15
6년 이상 7년 미만	48	18
7년 이상 8년 미만	56	21
8년 이상 9년 미만	64	24
9년 이상 10년 미만	72	27
10년 이상	80	30

1세대 2주택 이상 보유자 : 장기보유특별공제 적용 배제(지정지역)

〈기본세율〉 2018년 10월 현재 기준

과표	세율	누진공제
1,200만 원 이하	6%	-
4,600만 원 이하	15%	108만 원
8,800만 원 이하	24%	522만 원
1.5억 원 이하	35%	1,490만 원
3억 원 이하	38%	1,940만 원
5억 원 이하	40%	2,540만 원
5억 원 초과	42%	3,540만 원

chapter 7

주식 이야기

기본적이고 기술적인 주식 공부
대박을 꿈꾸지 말라

기본적 분석과
기술적 분석

주가를 분석하는 방법으로 기본적 분석과 기술적 분석이 있다.

기본적 분석이란 기업의 내재가치를 분석하여 미래의 주가를 예측하는 방법이다. 시장에서 형성되는 주가는 기업의 내재가치에 회귀하므로 내재가치에 비해 저평가된 주식은 매수하고 고평가된 주식은 매도함으로써 수익을 내는 방법이다. 경기, 산업동향, 재무제표 등을 분석하여 주식의 내재가치를 산정한다.

기본적 분석은 다시 질적 분석과 양적 분석으로 나눈다. 질적 분석은 경기, 산업동향, 노사문제 등 계량화하기 힘든 것들을 분석하고 양적 분석은 경제지표, 산업지표, 재무제표 등 계량화가 가능한 사항을 통계적으로 분석한다.

경기동향이나 산업동향은 일반인이 분석하고 예측하기에는 어려운 부분이다. 경제신문을 통해 수시로 공개되는 전문기관의 자료를 참고하면 좋다. 경제신문의 해설기사를 살펴봄으로써 상당 부분 지식을 습득할 수도 있다.

질적 분석은 관찰자에 따라 다르게 분석된다. A라고 하는 사람은 기업의 내재가치를 현재의 주가보다 고평가하여 주식을 매수할 때, B라고 하는 사람은 현재의 주가보다 저평가하여 매도할 수도 있다. 자신이 분석한 내재가치가 다른 투자자의 호응을 얻지 못하면 주가는 내재가치와 무관하게 움직일 가능성도 있다.

양적 분석에서 필수적인 것이 재무제표 분석이다. 재무제표를 분석하는 법은 스스로 공부하는 수밖에 없다. 고정비율이니 유동비율이니 하는 말들이 까다롭게 보이겠지만, 이런 용어들이 익숙해지도록 스스로 공부해야 한다.

기본적 분석은 시간이 많이 걸린다. 주가는 각종 변수에 의해 시시각각 움직이기 때문에 기본적 분석이 끝났다 하더라도 금방 새로운 변수가 등장하여 분석자를 당황하게 만든다. 이런 점 때문에 투자자들은 그동안 기본적 분석을 외면해 왔다. 그 빈자리를 채운 것이 기술적 분석이었다.

기술적 분석

기술적 분석이란 주가차트를 통해 매수와 매도타이밍을 알아내고자 하는 방법이다. 기술적 분석은 기본적 분석에 비해 배우기 쉽고 또 설명하기 쉽다는 이유로 많은 투자자들이 이용하고 있다.

기술적 분석의 전제는 '주가는 수요와 공급에 의해서 결정된다'는 것이다. 주가와 거래량의 변화를 관찰하면서 주가를 분석하는 방법이 기술적 분석이다.

기본적 분석은 숫자와 씨름해야 하지만 기술적 분석은 그림을 보는 상대적으로 쉬운 분석 방법이다. 그렇더라도 차트를 보면서 매매 타이밍을 결정하기 위해서는 많은 훈련이 필요하다. 가장 쉬우면서도 도움되는 훈련방법은 주가 차트를 출력하여 백지로 오른 쪽을 가리고 예측해 보는 것이다. 예측은 논리적이어야 하며 객관적이어야 한다. 막연히 '이러이러할 것이다'고 생각해서 결론을 내린다면 실패할 확률이 높다.

차트를 볼 때는 주가보다 거래량을 먼저 보아야 한다. 어떤 제약회사에서 신약개발에 성공했다고 하자. 정보를 먼저 취득한 어떤 사람이 주식을 살 때에는 주가에 영향을 주지 않으면서 매수하려고 한다. 주가가 급등하면 물량 확보가 힘들어지기 때문이다. 주가는 큰 변화가 없을지라도 거래량은 분명히 늘어난다. 주가는 속일 수 있어도 거래량은 속일 수 없다.

기술적 분석은 분명 주식투자에서 필요한 분석 방법이다. 어느 정도의 이격이 벌어지면 매수와 매도를 자제할 줄 아는 인내심을 주고, 특정 모양이 나오면 의사결정에 도움이 되는 지혜를 준다. 투자심리가 과열되었을 때와 침체되었을 때를 구분할 수 있게 해주며 역사적인 고점에서의 저항과 저점에서의 지지도 알려준다. 이런 많은 도움을 기술적 분석에서는 제공하고 있다.

하지만 단순명료한 장점에도 불구하고 치명적인 약점을 가지고 있다. 과거의 추세를 미래에 적용하다보니 맞을 때도 많지만 틀릴 때도 많다는 것이다. 대체적으로 '이런 모양일 때는 이렇게 되더라'는 과거의 경험에 기초하기 때문에 실제는 그렇게 되지 않을 때도 많다.

또, 기술적 분석을 신봉한 나머지 기본적 분석을 멀리 하는 어리석음을 범할 수도 있다. 주가가 과도하게 하락하여 이격이 많이 벌어진 경우 기술적 분석만을 실시한 사람은 얼른 사겠지만 기본적 분석까지 하는 사람은 기업 내재가치에 어떤 변화가 생겼는지 먼저 파악한다.

기본적 분석의 토대 위에서 기술적 분석으로 매매의 타이밍을 잡아야 성공의 확률이 높아진다. 그렇지 않고 단순히 기교만으로 수익을 얻으려고 하면 실패하기 쉽다. 기술적 분석은 기본적 분석의 반석 위에서 실시해야만 빛을 발하는 법이다.

차트 거꾸로 보기

기술적 분석의 가장 큰 단점은 나도 모르는 사이에 주관이 개입된다는 것이다. 내가 주식을 가지고 있으면 낙관적으로 보기 쉽고 내가 주식을 가지고 있지 않으면 비관적으로 보기 쉽다.

이를 극복하기 위해서는 차트를 거꾸로 보는 것이 필요하다. 일반적인 차트는 낮은 가격이 아래쪽에 있고 높은 가격이 위쪽에 있다. '거꾸로 차트'는 낮은 가격이 위쪽에 있고 높은 가격이 아래쪽에 있다. 차트

를 거꾸로 보게 되면 혹시 있을지도 모를 내 마음의 편향성을 극복할
수 있다. 내가 자주 애용하는 방법이다.

LG유플러스의 일반차트 vs 거꾸로 차트

02

장기투자

일반인들이 주식에 관심을 가지기 시작하는 때는 신문방송에서 주식 시장이 활황임을 알릴 때다.

나는 지점장 시절 '투자금액은 얼마로 하실 생각이십니까?', '이 돈의 성격은 장기성 자금입니까, 아니면 단기성 자금입니까?', '이 돈의 차후 용도는 어떻게 됩니까?' 등등을 고객에게 물어보았다. 고객들은 대부분 대답을 얼버무렸다.

경험상 이런 고객은 대부분 손실을 본다. 주식이 활황장세임을 틈 타 잠깐 발을 담갔다가 먹고 튀겠다는 생각이지만 주식시장은 그렇게 호락호락한 곳이 아니다. 몇 번 수익을 낼 수는 있겠지만 그것은 운이라고 봐야 한다. 시장이 다시 하락세로 돌아서게 되면 결국 손실을 보게 된다. 손실을 보면 '주식은 투기고 도박'이라고 폄하하면서 다시는 주식을 쳐다보지도 않겠노라고 맹세한다. 하지만 주식시장이 다시 활황을 띠면 똑같은 행동을 반복한다.

주식은 단기투자로 접근하지 말고 장기투자로 접근하여야 한다. 장기투자의 좋은 점은 시황에 휩싸이지 않고 자신의 소신에 따라 투자할 수 있다는 것이다. 대형우량주는 주가가 쉽게 올라가지 않는 것같이 보인다. 반면 저가소형주는 가격 탄력이 뛰어나서 상승폭이 놀라운 경우가 더러 있다. 그러다 보니 단기투자로 접근하는 사람들은 대형우량주보다는 저가소형주를 선호한다. 이 투자방식은 안정성을 염두에 둔 투자방식이라기보다는 수익성에 중점을 둔 투자방식이다. 아이러니한 것은 안정성에 투자한 방식이 긴 시간이 지나가면 큰 수익을 올리는 경우가 많고 수익성에 투자한 방식이 긴 시간이 지나가면 손실을 내는 경우가 많다는 것이다.

장기투자를 하면서 부실주에 투자하는 사람은 없을 것이다. 부실주를 사놓고 10년, 20년을 기다리면 아마 회사는 부도나서 주식은 휴지조각으로 변해 있을 것이다. 하지만 우량주를 사놓고 10년, 20년 기다리면 주식에서 나오는 배당금은 은행 이자의 역할을 할 것이고 주가는 상승하여 시세차익도 기대할 수 있을 것이다.

오랜 기간 동안 투자해야 하기 때문에 우량주를 선택하는 것은 필수다. 사는 시기는 충분히 낮은 가격에 왔을 때다. 살 기회가 오지 않으면 기다려야 한다. 증시 외적인 요인으로 주가가 폭락한다면 주식을 매수할 수 있는 좋은 기회가 된다. 파는 시기는 주가가 적정한 가격에 도달했을 때다.

무턱대고 장기투자만 한다고 높은 수익을 올릴 수 있는 것은 아니다. '우량한 종목'을 '낮은 가격'으로 샀기 때문에 장기투자로 그 수익을 극대화 할 수 있는 것이다. 장기투자는 시간과의 싸움이다. 장기투자로 주식시장의 변동성을 이겨낸다면 한결 마음고생이 덜한 투자를 할 수 있을 것이다.

나의 경험

30년 전 나는 신입사원으로 대신증권 부천지점에서 근무했다. 지점 근처에는 삼성전자 공장이 있어서 생산직 여직원들이 우리사주로 받은 삼성전자 주식을 10주, 20주 가져와서 팔곤 했었다. 당시 시세는 4만 원 정도였다.

만일 그때 그 여직원들이 삼성전자 주식을 팔지 않고 계속 가지고 있었으면 어떻게 되었을까? 시세는 60배가 올랐다. 유·무상증자로 주식 수는 늘어났을 것이다. 배당도 꾸준히 받았을 것이다. 이것저것 다 합치면 약 100배 정도가 올랐을 것이다. 30년 전에 20주를 팔아 80만 원을 가져간 여직원이 지금까지 계속 주식을 가지고 있다면 8천만 원이란 목돈을 만졌을 것이다.

또 다른 경험도 있다. 나의 지점장 시절, 친구의 자녀 3명에게 삼성전자 주식을 추천해주었다. 증여범위 내인 1,500만 원씩 입금하고 삼성전자 주식을 사 주었는데 그 당시 가격이 30만 원이었다. 처음에는 아이들 대학 입학할 때 팔아서 등록금으로 사용하려고 했는데 이후 생각

이 바뀌어 결혼할 때 결혼자금으로 사용하기로 했다. 아직까지도 팔지
않고 보유하고 있다.

주식매매수수료

주식매매수수료는 오프라인과 온라인으로 나뉜다. 오프라인은 증권
사 직원에게 주문 내는 것이고 온라인은 본인이 직접 컴퓨터나 핸드폰
을 통해서 주문하는 것이다. 증권사마다 차이가 있지만 대체적으로 오
프라인 수수료는 거래대금의 0.45%수준, 온라인은 0.1%수준이다. 매
매수수료와 실수익률이 어떻게 계산되는지 알아보자. 편의상 수수료는
온라인 수수료인 0.1%를 적용한다.

홍길동은 제일기획 주식을 2만 원에 1백 주 매수하였다가 3만 원에
매도하였다. 2만 원에 사서 3만 원에 팔았기 때문에 순수한 수익률은
50%이다.

홍길동은 주식을 매수할 때 2만 원×1백 주×0.1%=2,000원의 수수
료를 지급하였다. 매도할 때 3만 원×1백주×0.1%=3,000원의 수수료를
지급하였다. 증권거래세는 3만 원×1백주×0.15%=4,500원, 농어촌특
별세로 3만 원×100주×0.15%=4,500원을 지급한다. 수수료로 5,000원
이 지출되고 세금으로 9,000원이 지출되어 순수한 차익은 986,000원이
고 순수익은 49.3%가 된다.

최근 각 증권사에서 10년 수수료 무료니 평생 수수료 무료니 하면서
매매수수료를 받지 않고 있다. 일부 투자자들은 10,000원에 사서 10,100

원에 팔면 100원이 남는 것으로 착각한다. 그렇지 않다. 매도할 때 세금은 내야 한다.

또 한 가지, 증권사는 자사가 받는 수수료는 받지 않지만 유관기관에 내는 수수료는 받는다. 증권사에서는 매매수수료를 받아 일정 부분은 한국거래소, 증권예탁원, 금융투자협회 등에 회비를 내는데 대충 0.004% 수준이다. 이 금액은 면제해주지 않는다. 100만 원을 매매하면 40원 정도가 유관비용이다.

가치투자

내가 사원, 대리 시절만 하더라도 증권시장에는 큰손에 의한 작전이 공공연히 이루어졌다. 증권가에서 나도는 '찌라시'에는 어느 종목의 주포가 어디라는 둥, 어느 종목을 얼마까지 올린다는 둥 하는 정보들이 지면을 가득 채웠다. 유능한 증권사 직원은 직접 작전을 주도하던지 아니면 작전세력을 이용한 편승매매를 잘 하는 직원이었다. 기업의 내재가치 분석보다는 정보가 중요하던 시절이었다.

외국인에게 증시가 개방되면서 증권시장은 가치투자로 움직이는 시장으로 변했다. 가치투자란 회사의 적정 가치보다 현저히 낮게 평가된 종목에 투자하는 것을 말한다. 이런 종목들의 주가 흐름은 단기적으로는 여러 가지 변수에 의해서 움직이겠지만 장기적으로는 본래 가치를 찾아가기 때문에 높은 수익률을 올릴 수 있다.

가치투자의 시작은 저PER혁명이었다. PER(주가수익비율)는 주가를 주당순이익(EPS)으로 나눈 것이다. 주당순이익은 순이익을 주수로 나눈 것으로 1주가 얼마의 이익을 거두었는지를 나타낸다. 주당순이익이 높다는 것은 1주가 벌어들인 이익이 크다는 것이고 주당순이익이 낮다는 것은 1주가 벌어들인 이익이 작다는 것이다. PER가 높다는 것은 분자의 주가가 분모의 EPS에 비해서 높게 평가되어 있다는 것이고 PER가 낮다는 것은 분자의 주가가 분모의 EPS에 비해서 낮게 평가되어 있다는 것이다.

PER가 낮은 주식들에 외국인투자자들의 매수가 집중되면서 저PER주들은 큰 폭의 상승을 보였다. 저PER주의 대표주였던 태광산업은 4만 원대의 주가가 76만 원까지 상승하였다.

PER와 함께 PBR(주당순자산비율)도 관심을 끌게 되었다. PBR은 주가를 주당순자산(BPS)으로 나눈 것이다. 주당순자산은 자산을 주수로 나눈 것으로 1주가 얼마의 순자산을 가지고 있는지를 나타내는 수치다. PBR이 높다는 것은 주가가 자산 가치에 비해서 높게 평가되어 있다는 것이고 PBR이 낮다는 것은 주가가 자산 가치에 비해서 낮게 평가되어 있다는 것이다. PER가 수익에 기초한 지표라면 PBR은 자산에 근거한 지표다. 저PBR주의 대표주였던 만호제강은 1만 원대의 주가가 30만 원대까지 상승하면서 23일 연속 상한가를 기록하기도 하였다.

자기자본이익률(ROE)은 당기순이익을 자기자본으로 나눈 수치다. 투입한 자기자본이 얼마만큼의 이익을 창출했는지 나타낸다. 최소한 은행 금리 이상의 ROE를 올려야 기업의 존재가치가 있다고 할 것이다.

배당투자

배당투자를 설명하기 전에 몇 가지 용어들에 대한 설명부터 먼저 하자. 용어설명부터 먼저 하는 것은 이를 헷갈려 하는 사람들이 무척 많기 때문이다.

배당이란 이익을 주주에게 돌려주는 것이다. 회사에 따라 1년에 두 번 주는 경우도 있고 분기마다 주는 경우도 있고 안 주는 경우도 있다. 대부분의 회사들은 결산기가 끝나고 주주총회에서 배당률을 결정하고 지급한다.

배당부주가란 배당을 받을 수 있는 마지막 날 주가다. 다음날이 되면 이론적으로 주가는 배당금액만큼 하락하게 되는데 이를 배당락 주가라 한다.

배당성향은 당기순이익에서 얼마나 배당을 주느냐 하는 것이다. 배당액이 30억이고 당기순이익이 100억이라면 배당성향은 30%가 된다.

배당수익률은 배당금을 배당부주가로 나눈 것이다. 배당금이 1천 원이고 배당부주가가 2만 원이면 배당수익률은 5%가 된다.

배당률은 배당금을 액면가로 나눈 것이다. 배당금이 1천 원이고 액면가가 5천 원이면 배당률은 20%가 된다.

우리나라가 저금리 시대에 접어들기 전까지 배당투자는 투자자들의 관심을 끌지 못했다. 배당수익률이 금리보다 훨씬 낮았기 때문이다. 기업들도 배당에 소극적이었다. 그저 체면치레인 배당만을 지급하는 경우가 많았다. 지금은 주주중시의 정책을 펴는 기업이 많아 배당에도 많은 관심을 보이고 있다.

2017년의 경우만 보더라도 큰 변화를 느낄 수 있다.

삼성전자는 매 분기마다 배당을 실시했다. 분기마다 7천 원의 배당을 지급하고 기말배당으로 21,500원을 배당했다. 1년 동안의 총 배당금은 42,500원이었다. 배당수익률을 계산해 보면 1.7%가 나온다. 은행금리와 비슷한 수준이다.

포스코 역시 분기별로 1,500원씩 배당을 했고 기말에는 3,500원을 지급했다. 총배당금은 8천 원으로 2.2%의 배당수익률이다. 은행금리보다 높은 수준이다.

이 외에 메리츠화재(4.7%), SK이노베이션(4.0%), SK텔레콤(3.8%), KT&G(3.3%), KB금융(3.1%), 하나금융지주(3.0%), 신한지주(2.9%), LG유플러스(2.8%), 현대차(2.5%), 기아차(2.4%) 등도 높은 배당수익을 안겨주었다.

물론, 특정한 해에 고율의 배당을 했다고 다음해에도 똑같이 고율의 배당을 한다는 보장은 없다. 이런 이유로 배당성향을 잘 살펴야 한다. 배당성향은 기업문화에 기인하기 때문에 배당에 후한 회사는 일시적으로 영업실적이 부진하더라도 배당률을 낮추지 않는 경우가 많다. 반면 배당에 인색한 회사는 영업이익이 크게 신장해도 여전히 배당에 인색한 경우가 많다. 오랜 기간 동안 배당을 꾸준히 해온 회사들은 대부분 현금 창출 능력에 문제가 없고 수익성도 좋은 기업들이다.

높은 수준으로 배당을 유지하는 회사의 좋은 점은 주가에 하방 경직성이 존재한다는 것이다. 액면가가 5천 원인 어느 회사의 주가가 2만 원이고 배당률은 10% 수준을 유지한다고 가정하자. 이때 기대되는 배당수익은 액면가 5천 원의 10% 수준인 5백 원이고 배당수익률은 2.5%가 된다. 배당금을 받는 것만으로 1년에 2.5%의 정기예금 이자를 받는 것과 같은 효과가 나타난다.

이때 이 주식의 가격이 1만5천 원으로 하락했다고 하자. 배당수익률은 3.3%(5백 원/1만5천 원)가 된다. 은행 정기예금보다 높다. 당연히 매수 세력이 나타나게 된다. 높은 수준의 배당을 유지하는 회사에는 잠재적인 수요가 늘 존재하고, 주가가 하락하면 대기매수세가 유입되어 주가가 다시 오르곤 한다.

배당투자에 유리한 주식은 우선주다. 우선주는 의결권이 없는 대신 배당금을 지급할 때 1%를 우대해 주는 주식이다. 보통주가 10% 배당이라면 우선주는 11% 배당이다. 주식을 매수하면서 회사의 경영까지 참여하려고 하는 일반투자자들은 없을 것이다. 같은 주식이라면 배당을 더 받을 수 있는 우선주가 보통주보다 더 매력이 있다.

미국에서도 퇴직자들이 은행의 정기예금을 이용하는 것과 더불어 매년 고배당을 실시하는 회사의 주식에 투자하는 경우가 많다.

외국인한도소진종목

일반인들이 주식시장에서 거래되는 전체 종목들 중에 가치 있는 종목을 찾기란 쉽지 않다. 여기서 약간 커닝을 해 보자. 우리보다 더 뛰어난 투자기법을 가진 외국인투자자들이 어느 종목을 많이 가지고 있는지 살펴보는 것이다.

1998년 초겨울, IMF의 충격으로 종합주가지수는 지속적으로 하락하여 300선마저 붕괴시켰다. 그 후 몇 달을 300대에서 지루하게 움직였다. 매수세가 없어 팔고 싶어도 팔지 못하던 상황이었다. 11월부터 이상한 움직임이 포착되었다. 외국인 투자자들이 주식을 계속 사는 것이었다. 거래도 없던 터에 외국인들이 계속 사주니 개인투자자와 기관투자자들은 잘 되었다 싶어 계속 매도하였다. 외국인들의 매수세가 계속 이어졌다. 종합주가지수는 400을 돌파하였고 다시 500을 돌파하고 600도 돌파하였다. 당시 많은 국내투자자들은 외국인들이 왜 저렇게 주식을 사 들이는지 아무도 몰랐고 매도의 좋은 기회로만 생각하였다. 하지만 외국인들이 이렇게 주식을 사 들인 이유는 있었다. '국가신용등급 투자적격 상향'이라는 초대형 호재 때문이었다. 이 발표가 있고난 후 그제야 국내투자자들은 '아, 그래서 외국인투자자들이 주식을 마구 사들였구나.' 하고 알게 되었다. 이렇듯 외국인투자자들의 매매는 우리가 알지 못하는 것들을 미리 알고 투자하는 경우가 있어 유심히 봐야 할 대목이다.

다음 표는 외국인들의 한도가 소진된 종목들이다. 상장주식수가 적은 종목은 제외하고 나머지 종목 중에서 선정해 보는 것도 의미가 있을 것이다.

순위	종목명	현재가(원)	외국인한도 (주)	보유주식수 (주)	한도소진율 (%)
1	KT	30,000	127,944,785	127,944,785	100.0
2	LG생활건강우	736,000	2,099,697	1,886,825	89.9
3	SK텔레콤	281,000	39,565,398	34,539,546	87.3
4	LG유플러스	17,150	213,939,566	186,691,597	87.3
5	남양유업우	219,500	166,662	144,317	86.6
6	동양생명	6,230	161,358,585	136,743,407	84.8
7	삼성전자우	35,850	903,629,000	761,085,263	84.2
8	현대차2우B	82,300	36,485,451	28,956,095	79.4
9	S-Oil	136,500	112,582,792	88,547,734	78.7
10	한국유리	72,700	10,079,660	7,883,356	78.2
11	쌍용차	4,350	137,949,396	106,626,744	77.3
12	락앤락	16,450	55,000,000	40,496,320	73.6
13	하나금융지주	46,400	300,242,062	214,120,106	71.3
14	KB금융	56,200	418,111,537	293,778,477	70.3
15	아모레퍼시픽우	122,500	10,557,830	7,399,625	70.1
16	현대차우	75,700	24,356,685	17,014,845	69.9
17	한국전력	27,150	256,785,630	178,128,237	69.4
18	신한지주	45,850	474,199,587	327,733,249	69.1
19	새론오토모티브	5,150	19,200,000	13,186,814	68.7
20	LG화학우	187,000	7,688,800	5,142,267	66.9

포트폴리오

개인 투자자들의 주식투자 실패요인을 분석해 보면 가장 큰 패인은 한 종목에 집중해서 투자하는 것이다. 물론 한 종목에 집중투자한 것이 가장 높은 수익을 올린다면 더 없이 좋은 일이다. 하지만 비가 올 때는 우산이 필요하고 날이 맑을 때에는 운동화가 필요한 법이다. 집중투자한 종목이 큰 수익을 올린다는 것은 반대로 큰 손실도 발생할 수 있다는 것을 의미한다. 분산투자의 중요성은 그래서 부각된다.

투자론에서도 포트폴리오 이론의 우월성은 이미 입증된 바 있다.

포트폴리오를 짜기 위해서는 먼저 업종별 분류부터 해야 한다. 동일 업종에 속하는 종목으로만 포트폴리오를 구성한다면 이는 분산투자가 아니고 집중투자가 되어 버린다.

분산투자를 한답시고 KB금융, 신한지주, 하나금융지주로 포트폴리

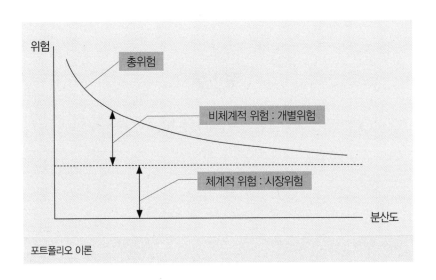

위험

총위험

비체계적 위험 : 개별위험

체계적 위험 : 시장위험

분산도

포트폴리오 이론

오를 구성한다면 세 종목 모두 금융업종이기 때문에 적절한 포트폴리오라고 할 수 없다. 비슷한 이유로 연관성이 있는 업종으로 포트폴리오를 구성하는 것도 피해야 한다. 자동차업종과 자동차부품업종으로 포트폴리오를 구성하게 되면 유사한 주가움직임을 보일 것이다. 분산투자로 인한 위험감소 효과가 크게 떨어진다. 제조업과 금융업 혹은 수출주와 내수주 같이 서로 성격이 상이한 종목에 투자해야 포트폴리오의 효과를 누릴 수 있다.

분산된 종목들의 투자비중도 고려해야 한다. 제조업에 투자한 종목비율은 90%이고 금융업에 투자한 종목 비율이 10%라면 제대로 분산투자한 것이 아니다. 적어도 투자종목 수에 합당한 투자비율을 산정하는 것이 바람직하다. 세 종목을 선정했다면 30% 안팎으로, 네 종목을 선택했다면 25%, 5종목을 선택했다면 20% 내외가 적당할 것이다.

포트폴리오 사례

포트폴리오가 과연 효과가 있는지 실제 사례를 한번 들어보자.

2008년 당시 유망주로 추천되었던 5종목을 대상으로 포트폴리오를 구성했다고 하자(이해를 돕기 위하여 수량은 소수점 한 자리 수까지 매수한 것으로 한다). 10년간의 주가변화를 분석해 보면 삼성전자와 GS홈쇼핑은 큰 폭의 상승세를 보였지만 신한지주와 대림산업, 두산중공업은 하락했다. 삼성전자를 매수했다면 272%의 시세차익을 올릴 수 있었을 것이다. 하지만 두산중공업을 매수하였다면 88%의 손실을 기록했을 것이다(계산의 편의상 배당금은 계산하지 않기로 하자. 배당금을 계산하면 수익은 조금 더 늘어날 것이고 손실은 조금 더 줄어들 것이다). 종목을 분산하여 포트폴리오를 구축함으로써 전체적인 평가는 65.3%의 수익으로 나타났다. 종합주가지수의 상승률 37.0%보다 양호한 성적이다.

〈포트폴리오 결과〉 (단위: 주, 원, 포인트)

종목	수량	2008년 4월 가격	2008년 평가금액	2018년 4월 가격	2018년 평가금액	수익률
삼성전자	3.1	650,000	2,000,000	2,420,000	7,502,000	272.3%
대림산업	14.8	135,000	2,000,000	74,500	1,102,600	−44.9%
두산중공업	16.7	120,000	2,000,000	14,950	249,665	−87.5%
신한지주	37.4	53,500	2,000,000	44,700	1,671,780	−16.4%
GS홈쇼핑	32.8	60,900	2,000,000	182,900	5,999,120	200.3%
총 투자금액			10,000,000		16,525,165	65.3%
종합주가지수		1,773.56		2,429.58		37.0%

자산 포트폴리오

포트폴리오는 주식에만 해당되는 것은 아니다. 내가 보유하고 있는 자산에 대해서도 적용할 수 있다. 나의 전체 자산을 부동산과 동산으로 나누고 동산은 다시 저축부분과 투자부분으로 나눈다.

먼저 부동산과 동산의 비율부터 파악해 보자. 자기 집이 있는 사람이라면 부동산이 있는 것이고 전세를 사는 사람은 부동산이 없는 것이다. 하지만 자산 포트폴리오의 동산과 부동산 비율을 계산할 때에는 전세금이나 월세의 보증금도 부동산으로 감안해서 계산하자.

우리나라 사람들, 특히 대도시에 사는 사람들은 부동산의 비중이 무척 높다. 무리한 담보로 집을 산 사람들은 더욱 그렇다. 부동산:동산 비율은 8:2나 9:1을 지나쳐 13:−3, 혹은 20:−10인 경우도 있다. 집 이외에는 다른 자산이 전혀 없고 집 가격만큼 대출을 끌어 쓴 사람은 20:−10이 될 것이다. 또한 자기 집이 없는 사람 중에서 과도하게 큰 전세에 살고 있어 여유자금이 전혀 없는 경우는 10:0이 될 것이고 전세금의 절반을 빚을 내어 살고 있다면 15:−5가 될 것이다.

자산이 이렇게 부동산에 과도하게 몰려 11:−1 이상이 되는 경우라면 먼저 이 비율부터 해소하는 데 초점을 맞추어야 한다. 해소하는 방법은 최대한 빠른 시간 내에 대출금을 갚는 것이다. 대출금을 갚기 전까지는 주식투자를 하지 않는 것이 좋다. 주식으로 얻을 수익이 대출금의 이율 이상이 되어야 하는데 그것이 그렇게 생각만큼 쉽지 않다.

나는 지점장 시절 가끔 이런 전화를 받았다.

'이번에 집을 팔았다. 그래서 돈이 나왔는데 이 돈으로 은행대출을 갚으려니 다음에 또 대출 받을 때 불편하기도 할 것 같아 어떻게 활용을 하고 싶다. 은행대출금리보다 더 높은 상품이 있는가?'

결론적으로 말해서 이런 상품은 없다. 만약 그런 상품이 있다면 아마 은행은 망할 것이다. 간혹 예외가 있기는 하다. 건물에 주차장을 만든다든지, 대학생의 학자금을 융자해 준다든지 하는 특수한 경우의 금리는 예금금리보다 낮다. 이런 경우는 당연히 최대한 상환을 미루면서 활용해야 한다.

이 경우에도 한 가지 알아두어야 할 사항이 있다. 단순하게 대출금리보다 예금금리가 높다고 가입해서는 안 된다는 것이다. 예금금리에서 세금을 징수하고 난 후의 세후금리와 비교하여야 한다. 예금금리가 2%라면 세후금리는 1.692%다.

부동산과 동산의 비율이 정상화되면 동산을 다시 저축부분과 투자부분으로 나누어 따져보아야 한다. 저축과 투자를 5:5의 비율로 운용하겠다고 결정했다면 매 분기 그 비율의 변화를 체크해 주어야 한다. 만일 투자한 것에서 수익이 크게 발생하여 투자와 저축의 비중이 6:4가 되었다면 투자에서 발생한 수익을 저축으로 옮겨 5:5가 되게 한다. 반대로 투자한 것에서 손실이 크게 발생하여 투자와 저축의 비중이 4:6이 되었다면 저축에 있던 자금을 투자로 옮겨 5:5가 되게 한다.

05

어떤 주식을
살 것인가?

직접투자에 나서는 투자자들의 가장 큰 애로사항은 종목 선택이다.

주가는 기업의 안정성과 수익성과 성장성이 어우러져서 결정되는 법이다. 주가가 높다고 하는 것은 안정성이 담보되어 있고 수익도 많이 내며 성장가도를 달리고 있다는 뜻이다. 주가가 낮다고 하는 것은 안정성에 문제가 있어 부도의 위험이 있든지, 수익성에 문제가 있어서 배당도 주지 못하는 적자기업이든지, 성장성에 문제가 있는 사양 산업이든지 하는 세 가지 중의 하나, 혹은 둘, 또는 셋 모두에 해당되는 것이다. 이런 종목을 사서 수익을 기대하기란 힘들다. 간혹 이런 종목 중에서 대박이 나는 경우가 있다. 신기술을 개발했다든지, 혹은 다른 이유로 기업의 존재가치가 급격히 호전된 경우는 큰 상승이 이뤄지기도 한다. 하지만 그렇지 않은 상황에서의 주가 급등은 어디까지나 일부 세력의 장난질에 불과하다.

종목을 선정할 때에는 안정성과 성장성과 수익성을 겸비한 종목을 선택하는 것이 정답이다.

기업의 자산가치가 뛰어난 기업 중에서 성장성이 담보되는 경우도 있다. 이런 기업은 자산 가치를 활용하여 새로운 사업영역을 개척할 수도 있기 때문에 현재의 성장성이 뛰어나지 못하더라도 선택할 수 있다. 하지만 무엇보다도 안정성이 결여된다면 신중히 생각하여야 한다.

안정성과 수익성과 성장성

종목을 선택할 때 가장 중점을 두어야 하는 부분은 안정성이다.

안정성이 있다고 하는 것은 부채를 상환하는 데 있어서 무리가 없다는 뜻이다. 안정성이 담보되어야만 위기상황을 무사히 넘길 수 있다. 주식투자를 하다가 일시적으로 주가가 소폭 하락하는 것은 충분히 인내할 수 있는 일이다. 하지만 회사가 회복 불가능한 지경으로까지 내몰려 망하기라도 한다면 주식은 휴지가 된다. 안정성이 뛰어나다면 일시적으로 하락은 할지언정 회사가 망하는 일은 없다.

안정성의 대표적인 지표로는 유동비율, 부채비율, 고정비율 등이 있다. 이런 지표들을 통하여 안정성을 검증받은 주식을 중심으로 매매해야 한다.

가능하면 자본금의 규모가 일정 수준 이상 되는 종목을 권하고 싶다. 자본금이 크다고 안전하고 자본금이 작다고 안전하지 않은 것은 아니다. 어떻게 생각하면 작은 자본금을 가진 기업을 선택하는 것이 더 높은 수익을 올릴 수도 있다. 하지만 자본금이 아주 작으면 조그만 파도에도 쉽게 뒤집히는 경우가 더러 있다.

가급적 업종 대표종목을 선택하는 것이 낫다. 업종을 대표하는 1등 주식은 2등 이하의 주식에 비해 안정성 면에서 차이를 보이고 있다. 1등 회사의 특징은 외부환경의 변화에 발 빠르게 대응할 수 있다는 것이다.

신용등급도 높아야 한다. 2017년 10월 국제신용평가사 피치는 한국의 국가신용등급을 AA-로 유지하면서 삼성전자의 신용등급을 AA-로 한 단계 상향했다. 우리나라의 신용등급과 삼성전자의 신용등급이 같아진 것이다. 우리나라가 망하리라고 생각하는 사람은 없을 것이다. 우리나라가 망하지 않으리라고 생각하는 사람이라면 삼성전자도 망하지 않을 것이라고 생각해도 좋다.

부채비율, 유보율 등도 고려해야 한다. 최소한 업종평균 부채비율보다 낮은 종목을 선택하는 것이 좋다.

안정성 다음으로 중점을 두어야 하는 부분은 수익성이다. 수익의 규모와 질, 증가에 대한 부분이다. 어느 정도의 수익이 발생했는지, 수익의 질은 어떠한지, 수익의 영속성은 어떻게 되는지를 파악한다. 수익성을 파악하기 위해서는 자기자본이익률(ROE)을 가장 기본적으로 검토한다. 주당순이익을 살펴보는 것도 빠트려서는 안 된다. 우량한 회사일수록 주당순이익의 수치는 높게 나타난다.

성장성은 매출액증가율과 경상이익증가율, 순이익증가율 등을 종합적으로 관찰한다. 최근 3개 연도에 걸쳐 지속적으로 상승하는 경우라면 크게 걱정할 필요는 없다. 물론 과거의 성장이 현재나 미래의 성장을 담보하는 것은 아니다. 향후 성장성에 대한 검증은 당연히 필요하다.

일상생활에서 얻은 정보

일상생활에서 얻은 정보도 매매에 활용할 수 있다.

2015년 7월의 일이다. 페이스북에 비슷한 글들이 많이 올라왔다. 주말에 '암살'이라는 영화를 본 페이스북 친구들의 글이었다. 모두 하나같이 '재미있다', '잘 만들었다'는 칭찬 일색이었다. 영화가 이렇게 재미있으면 배급사도 큰 이익을 볼 것으로 판단했다. 배급사를 살펴보았더니 쇼박스였다. 아침 9시 동시호가에 9천 원에 매수했다. 장기보유를 하기는 부담스러웠다. 적자기업이었기 때문이다. 바로 9,990원에 매도주문을 내 놓았다. 1만 원은 만 원대 가격이고 9,990원은 천 원대 가격이다. 단위가 달라지면 아무래도 매수하는 입장에서는 부담스러울 수 있다.

김대중
2015년 7월 27일 · 🐾 ▼   •••

1. 주말에 페친들로부터 암살이 재미있다는 평이 많이 올라옴.
2. 아침에 출근해서 배급사 살펴보니 쇼박스
3. 아침 동시호가에 9천원 매수. 미리 9,990원에 매도주문.
4. 38분 지난 시점에서 9,990원 매도.
5. 본의아니게 초단타.
6. 지점장 그만둔게 벌써 8년인데 아직도 촉이 살아있다고 혼자서 흐뭇해하고 있음.

당시의 페이스북

그래서 10원을 낮춘 9,990원에 매도주문을 냈다. 9시 38분이 되었을 때 주식은 9,990원에 팔렸다. 38분 만에 11%의 수익을 올린 것이다.

코리아 디스카운트

뉴욕에서 체류할 때의 일이다. 나는 타임스퀘어 광장을 거의 매일 지나치게 되었다. 뉴욕의 제일 중심지 맨해튼, 맨해튼의 제일 중심지인 타임스퀘어 광장에는 큰 광고판이 세 개 있었다. 제일 아래에는 코카콜라가 있었고 제일 위에는 프루덴셜이 있었다. 삼성전자는 가장 눈에 잘 띄는 가운데에 자리 잡고 있었다. 재미있는 것은 미국인들이 삼성전자가 대한민국의 회사인 것을 잘 몰랐다는 사실이었다. 많은 사람들이 일본 회사인 줄 알고 심지어는 미국 회사인 줄로 아는 사람도 있었다. 삼성전자는 외국에서 광고할 때 코리아의 회사임을 내세우지 않는다. 당연한 일이다. 코리아 디스카운트가 엄연히 존재하고 있는 상황에서 굳이 코리아를 내세울 필요는 없을 테니 말이다. 최근의 남북화해 분위기로 인해 코리아 디스카운트는 약화될 것으로 판단한다.

어떤 주식을 팔 것인가?

돈이 필요하여 주식을 팔아야 하는 상황을 가정해 보자.

A주식은 현재 20%의 수익을 올리고 있는 주식이고 B주식은 현재 30%의 손실을 보고 있는 종목이다. 여러분 같으면 어떤 주식을 팔 것인

가?

대부분의 사람들은 A주식을 매도한다. A주식은 이익을 본 종목이기 때문에 마음 편히 매도할 수 있지만 손실을 본 B주식을 팔려면 마음이 불편하기 때문이다.

또 한 가지, 이익을 본 A주식은 산 가격보다 올라 비싸게 느껴지고 손해를 본 B주식은 산 가격보다 내려 싸게 느껴지기 때문이다.

하지만 사실은 그렇지 않다. 이익을 본 A주식이나 손실을 본 B주식이나 지금 가격이 현재의 가치를 반영한 가격이다. 싸다, 비싸다 하는 것은 나의 심리적인 요소 때문에 발생하는 것이지 실제로 싸고 비싸고 하는 것은 아니다.

주식은 사는 순간 얼마에 샀는지 잊어버려야 한다. 얼마에 샀다고 머릿속에 남아있으면 계속 지금 이 순간 주식을 팔면 손해인지 이익인지를 계산하게 된다. 손해면 얼마나 손해인지, 이익이면 얼마나 이익인지 자기도 모르게 계산하게 된다. 주식에 영향을 미치는 많은 변수들이 있지만 내가 산 가격은 전혀 변수가 되지 않는다. 내가 이 가격에 주식을 샀으니 오를 것이다 하는 것은 희망 섞인 생각에 불과하다.

위의 예에서 대부분의 사람들은 A주식을 팔지만 경험자들은 A주식과 B주식을 냉정하게 분석해서 상승가능성이 낮은 종목을 팔아 현금화한다. 혹은 A주식과 B주식의 비율을 맞추어서 팔아 현금화한다.

매매의 타이밍

종목을 선정했다면 다음 단계는 언제 사고 언제 팔 것인가에 대한 결정이다.

매매의 타이밍을 알아내기 위한 시도는 오래전부터 계속 이루어져왔고 그 결과 기술적 분석을 활용하게 되었다. 주가의 차트에는 그 날의 주가, 거래량, 심리선, 이격도 등이 표현된다. 가장 먼저 파악해야 할 것은 주가가 상승추세인가 하락추세인가 하는 것이다.

주가의 저점을 연결했을 때 우상향으로 실선이 그어지면 상승추세선으로 파악하고 주가의 고점을 연결했을 때 우하향으로 실선이 그어지면 하락추세선으로 판단한다. 하락하던 주가가 상승추세선까지 내려가면 매수타이밍이고 상승하던 주가가 하락추세선까지 올라가면 매도타이밍이다.

이동평균선을 이용해 매매 타이밍을 찾을 수도 있다. 상승하던 주가가 하락추세로 전환되어, 상승하고 있는 주가이동평균선까지 밀리면 여기선 더 이상 밀리지 않고 다시 상승하는 경우가 많다. 마찬가지로 하락하던 주가가 상승추세로 전환되어, 하락하고 있는 주가이동평균선까지 상승하면 여기선 더 이상 오르지 못하고 다시 하락하는 경우가 많다.

하락하던 주가가 상승하던 이동평균선을 아래로 뚫고 내려가는 때는 매도타이밍이다. 반대로 상승하던 주가가 하락하던 이동평균선을 위로 뚫고 올라가는 경우는 매수타이밍이다.

단기이동평균선이 장기이동평균선을 상향 돌파하는 경우를 골든크로스(golden cross)라고 한다. 이때는 매수타이밍이다. 반면 단기이동평균선이 장기이동평균선을 하향 돌파 하는 경우를 데드크로스(dead cross)라고 한다. 이때는 매도타이밍이다.

지지선과 저항선을 활용하는 방법도 있다. 지지선이란 주가가 어느 선까지 하락하면 더 이상은 하락하지 않고 상승 반전하는 가격대를 말한다. 저항선은 지지선과 반대 개념으로 주가가 어느 선까지 상승하면 더 이상은 상승하지 못하고 하락 반전하는 가격대이다. 주가는 지지선과 저항선의 박스권 사이에서 움직인다. 여기서 중요한 것은 주가가 지지선 밑으로 하락해버리면 지지선은 저항선으로 바뀐다는 것이다. 마찬가지로 저항선을 뚫고 상승에 성공하면 다음부터는 저항선이 지지선의 역할을 한다.

거래량으로 매매타이밍을 찾는 방법도 있다. 주가가 저가권인 상황에서 거래량이 점점 줄어들다가 어느 순간에선가부터 서서히 늘어나는 경우는 매수타이밍이다. 반대로 주가가 고가권인 상황에서 거래량이 점점 늘어나다가 서서히 줄어들면 매도타이밍이다.

여러 가지 기법들

이격도로 매수와 매도의 타이밍을 계산하기도 한다.

이격도는 당일 주가를 이동평균선 주가로 나눈 것이다. 주가와 이동평균선 사이가 얼마나 떨어져 있느냐를 나타내는 수치다. 주가와 이동평균선이 만나면 100이 되고 이동평균선보다 위쪽에 있으면 100보다 큰 숫자가 되고 아래쪽에 있으면 100보다 작은 숫자가 된다. 상승 추세인지 하락 추세인지 파악한 후 상승 추세일 경우에는 110% 이상이 매도타이밍, 92% 이하가 매수타이밍이 된다. 하락 추세일 경우는 106% 이상이 매도타이밍, 88% 이하가 매수타이밍이다. 물론 이 수치가 정확한 것은 아니다. 이런 수치들은 기술적 분석가들이 수많은 시뮬레이션을 통해서 가장 적합하다고 판단한 것이지만 다 맞지는 않다.

쌍봉과 쌍바닥은 큰 폭의 시세변화를 가져오기 때문에 특히 주의해서 타이밍을 잡아야 한다. 쌍봉은 고점에서 나타나는 모양으로 향후 급격한 하락으로 이어지는 경우가 많다. 매도타이밍이다. 두 개의 봉우리가 나란히 있다고 해서 이런 이름이 붙었다.

쌍봉과 대비되는 것은 쌍바닥이다. 쌍봉 모양은 M자를 보이고 거래량이 줄어드는데 비해 쌍바닥 모양은 W자를 보이고 거래량이 늘어난다. 쌍바닥은 저점에서 나타나는 모양으로 향후 급격한 상승으로 이어지는 경우가 많다. 매수타이밍이다.

가장 결정적인 매수타이밍은 바닥시세에서 주가가 폭락할 때이다. 대부분의 투자자들은 주가가 폭락하면 겁부터 먹는다. 그리고 다음 기회로 투자를 미룬다. 숙련된 전문가들은 기회로 받아들인다.

투자자들이 열광하는 천장시세는 상상을 초월할 정도로 올라가고 또 오래 가기도 한다. 하지만 사람들이 다 사고 나면 어느 날 갑자기 폭락세로 돌변한다. 천장의 마지막까지 다 먹겠다고 열광 장세에 남아있을 것이 아니라 조금 덜 먹고 남보다 조금 빨리 매도하는 것이 좋다.

매도타이밍은 매수타이밍보다 훨씬 더 중요하다. 매수타이밍은 놓치더라고 얼른 쫓아가면 되지만 매도타이밍은 놓칠 경우 한참을 쫓아가야하기 때문이다.

로그차트의 활용

나는 차트를 볼 때 로그차트를 많이 참고한다. 주가가 1만 원에서 2만 원으로 상승하면 상승률은 100%다. 2만 원에서 3만 원으로 상승하면 상승률은 50%다. 두 경우 모두 주가는 1만 원씩 상승하였는데 앞의 경우는 상승률이 100%이고 뒤의 경우는 상승률이 50%다.

우리가 보는 일반적인 차트는 금액을 기준으로 되어 있다. 주가를 분석할 때 정확한 것은 금액보다 비율이다. 비율로 볼 수 있는 차트는 로그차트다. 실제 두 차트를 한 번 비교해 보자.

셀트리온의 일반차트 vs 로그차트

07

분할매매의 기법

주식을 매수할 때 일반투자자가 범하기 쉬운 실수는 나누어 사지 않고 한꺼번에 사는 것이다. 주식을 산다는 것은 주식의 상승을 전제로 하는 것이고, 그렇다면 최대한 많은 수량을 매수하는 것이 이익의 극대화에 기여할 것이다. 하지만 주가가 하락하게 되면 매수할 여력이 없어 당황하기 쉽다.

이런 경우 분할매수 전략은 상당히 유용한 투자방법이다. 분할매수란 주식을 살 때 한꺼번에 사지 않고 나누어 사는 방법이다. 현재의 주가가 3만 원이라면 3만 원에 1/3을 사고, 10% 하락하면 또 1/3을 사고, 또 10% 하락하면 1/3을 사는 방식이다.

투자자의 성향에 따라 처음에 2/10를 사고, 10% 하락하면 3/10을 사고, 또 10%가 하락하면 5/10를 사는 경우도 있다.

이때 주의해야 하는 것은 분할매수가 행여 물타기로 전락해서는 안 된다는 것이다. 분할매수라고 하는 것은 투자가치가 높은 우량주가 일시적인 수급불균형으로 인해 주가가 하락했을 때 저가에 사는 행위다. 물타기는 투자가치가 없는 주식을 단순히 주가가 하락했다는 이유로 사는 것이다.

주식을 나누어 사게 되면 매수단가가 분산되어 평균매입단가가 낮춰지는 장점이 있다.

나누어서 매매하는 방법은 매도할 때도 똑같이 적용된다. 주가가 어느 수준까지 올랐다면 그 시점에서 일부분을 팔고, 이후 어느 정도의 상승을 보이면 다시 일부분을 파는 식이다. 이렇게 분할매도를 하게 되면 매도단가가 분산되어 평균매도단가는 높아진다. 매도할 때의 비율은 1/3씩 할 수도 있고 20%, 30%, 50%로 할 수도 있다.

분할매수, 분할매도 전략을 혼합적으로 활용하면 분할매매전략도 구사할 수 있다.

처음에 투자금액의 50%만큼 주식을 매수한다. 투자규모는 주식 50%, 현금 50%가 된다. 주가가 10% 상승하게 되면 주식을 10%만큼 팔고, 반대로 주가가 10% 하락하게 되면 현금으로 주식을 10% 매수한다. 이 절차를 계속 반복해 나간다.

이렇게 되면 최초 주식매수가격의 ±50% 수준에서 지속적으로 매수와 매도가 발생한다. 주가가 50% 이상 하락하면 100% 주식으로 갖게 되고 주가가 50% 이상 상승하면 100% 현금을 갖게 된다. 분할매매전략은 자연스럽게 주가가 고점일 때 현금비중이 높아지고 주가가 저점일 때 주식비중이 높아지는 장점이 있다.

주식투자는 마음이 느긋한 사람이 승리한다. 한꺼번에 사고 한꺼번에 파는 것보다 나누어 사고 나누어 파는 느긋한 마음이 필요하다. 느긋하게 투자하다 보면 위험은 줄어들고 수익은 늘어난다.

레버리지 효과

분할매매와 극명하게 대비되는 것이 레버리지 효과다. 한꺼번에 주식을 사는 것도 모자라 아예 남의 돈까지 더해서 사는 것이다. 가장 많이 사용하는 방법은 미수거래와 신용거래다. 미수거래는 성공하면 2.5배의 이익이 발생하지만 손실을 보게 되면 2.5배의 손실을 보게 된다.

내가 보유하고 있는 1천만 원을 이용해 1만 원짜리 주식을 2천5백주, 즉 2천5백만 원어치 샀다고 가정하자. 부족한 1천5백만 원은 증권사로부터 빌린다. 주가가 10% 상승하여 1만1천 원이 되면 평가금액은 2천750만 원이 되고 1천5백만 원을 갚으면 내 돈은 1천250만 원이 된다. 1천만 원을 들여 250만 원의 수익을 거두었고 25%의 수익률을 올렸다. 반대로 10% 하락하여 9천 원이 되면 평가금액은 2천250만 원이 되고 1천5백만 원을 갚으면 내 돈은 750만 원이 된다. 1천만 원을 들여 250만 원의 손실이 발생했고 25%의 손실이 발생했다.

미수거래는 3일 내에 미수금을 갚지 않으면 반대매매가 나가기 때문에 적절한 매도타이밍을 잡을 수 없다. 신용거래도 마찬가지다. 미수거래가 3일 내에 정리해야 하는데 비해 신용거래는 3개월 내에 정리해야 한다는 점만 다르다. 미수거래나 신용거래나 모두 빚을 진 것이기 때문에 그에 상응하는 이자도 부담해야 한다.

부동산투자에서의 레버리지는 융자금을 대출받는 것이다. 자금 계획을 세워 대출받는 것은 괜찮지만 감당할 수 없을 정도로 무리하게 대출받는 것은 피해야 한다.

내가 처음 일본에 갔을 때 신주쿠 역에 가득 찬 거지(일본에서는 홈리스라고 불렀다)들을 보았다. 통로 위에 두터운 골판지로 바람을 막아 자신만의 잠자리를 만들고 있었다. 나는 깜짝 놀랐다. 일본은 부자나라로 알고 있는데 어떻게 된 노릇일까? 궁금해서 물었더니 우리나라의 하우스 푸어(house poor)와 흡사한 이야기를 들을 수 있었다.

일본의 부동산경기는 1988년까지 계속 상승하기만 했다. 융자금을 빌려줄 때 집값이 1억 엔이면 집값보다 많은 1억1천만 엔을 빌려주기도 했다. 향후 집값상승을 미리 예상해서 빌려준 것이다. 그런데 집값이 꺾이면서 돈을 갚지 못하는 사례가 속출하였다. 결국 집을 빼앗기고 거리로 나앉게 된 것이다. 레버리지는 적절한 타이밍에 꼭 필요하다고 판단될 때에만 해야 한다.

선물(先物)과 옵션

선물을 설명하기 위해 먼저 현물거래와 선도거래를 설명하자. 현물거래는 대부분의 일상적인 거래다. 거래의 계약과 동시에 상품의 인도·인수와 대금지급이 이루어진다.

내가 냉장고를 사면서 100만 원을 지급했다면 현물거래다. 선도거래는 현재 시점에서 특정상품을 상호 합의한 가격으로 미래 일정시점에서 상품의 인도·인수와 대금지급이 이루어진다. 냉장고를 사려고 했는데 마침 물건이 없어 1주일 뒤에 사기로 하고 가격은 현재 가격으로 한 경우는 선도거래다.

선물거래는 선도거래의 거래내용과 조건을 표준화하여 시장성을 높인 것이다.

우리나라 선물의 종류는 주가지수선물, 금리선물, 통화선물, 상품선물, 개별주식선물 등이 있다. 선물시장에는 청산소라고 하는 것이 존재하는데 모든 선물거래의 청산에 대해 책임을 지며 계약의 이행을 보증하는 역할을 수행한다. 이를 위해 증거금을 계산하고 일일정산을 하며 최종결제를 한다. 증거금은 개시증거금, 유지증거금, 추가증거금, 초과증거금 등으로 나눠진다. 개시증거금은 고객이 처음으로 선물계약을 매입하거나 매도할 때 예치해야 하는 금액이다. 유지증거금은 선물거래를 하는 동안 최소한 유지해야 하는 수준의 증거금이다. 추가증거금은 고객의 증거금이 유지증거금 이하가 될 경우 다시 채우는 증거금이다. 초과증거금은 일일정산 결과 이익이 발생하여 개시증거금 수준을 초과하는 증거금으로서 출금도 가능하다. 일일정산은 거래불이행 소지를 미연에 방지하기 위해 매일 매매가 종료된 후 선물종가로 증거금을 관리하는 것이다.

선물가격에서 현물가격을 뺀 것을 베이시스(basis)라고 하며 베이시스가 0보다 크면, 즉 선물가격이 현물가격보다 높으면 콘탱고(contango)라

한다. 베이시스가 0보다 작으면, 즉 선물가격이 현물가격보다 낮으면 백워데이션(backwardation)이라 한다.

선물매매의 가장 큰 특징은 레버리지효과다.

2015년 3월 3일 종합주가지수는 2001.30포인트였고 5월 4일의 종합주가지수는 2132.23포인트였다. 6.5%의 상승률이다. 선물가격은 256.85에서 270.20으로 5.2% 상승하였다. 선물 1계약을 사기 위해서 선물가격에 기본단위 50만 원을 곱하고 개시증거금 5%를 곱하면 6,421,250원이 계산된다. 현물에 투자했을 경우는 6.5%의 수익 417,381원을 얻는다. 선물에 투자했을 경우는 선물가격의 차이 13.35에 기본단위 50만 원을 곱하면 6,675,000원을 얻는다. 약 16배의 차이다.

옵션은 어떤 거래당사자가 다른 당사자에게 특정자산을 미리 약속된 날에 또는 약속된 날 이내의 어느 날에 미리 약정된 가격으로 살 수 있는 또는 팔 수 있는 권리를 이야기한다. 즉, 옵션거래는 권리를 매매하는 거래다. 특정자산이라고 하는 것이 기초자산이 되고, 약속된 날은 만기일이며, 미리 약정된 가격은 행사가격이라고 한다. 또한 살 수 있는 권리를 콜옵션, 팔 수 있는 권리를 풋옵션이라고 한다.

현재 코스피200지수가 250이라고 하자. 한 달 뒤 255에 살 수 있는 권리를 10만 원에 매수하였다. 한 달 뒤 코스피200지수가 260으로 올랐다. 이때는 권리를 행사한다. 260-255=5만큼 이익이기 때문이다. 만일 코스피200지수가 250이 되었다면 행사하지 않는다. 행사하게 되면 250-255=-5가 되어 돈을 물어내야하기 때문이다.

옵션매매는 선물매매보다 더 큰 레버리지가 나타난다.

2015년 10월 22일 종합주가지수는 2023.00이었으며 그 다음날인 10월 23일의 종합주가지수는 2040.40이었다. 0.9%의 상승률이다. 10월 22일의 행사가255인 콜옵션 가격은 0.69였다. 다음날 가격은 0.94였다. 36%의 상승률이다. 현물투자와 비교하면 약 40배 차이가 난다.

선물과 현물은 기관투자자들이 헷지를 위해서 활용하는 상품이다. 개인이 투자해서 수익을 올리기란 거의 불가능하다. 나도 지점장 시절 선물거래와 옵션거래를 많이 해보았지만 결과는 신통치 못했다. 선물거래와 옵션거래는 하지 말기를 권한다. 만일 정 하고 싶으면 생업을 포기하고 1년 정도 집중 공부한 다음에 하기를 권한다.

08

코스닥 투자

코스닥 투자에 앞서 1999년 이야기부터 먼저 해야겠다. 코스닥에 대한 올바른 지식 없이 발을 들여 놓았다가 패가망신한 사람들이 많았기 때문이다.

IMF를 극복하기 위한 방편의 하나로 벤처기업을 육성하는 정부의 정책이 있었고, 뒤이어 코스닥에는 광풍이 몰아쳤다. 4월부터 오르기 시작한 주가는 7월이 되자 무려 3배가 올랐다. 지수로 3배가 올랐으니 개별 종목 중에는 더 큰 폭으로 오른 종목이 허다했다. 코스닥의 주가가 올라가면서 자연히 거품이 생겼다. 많은 사람들이 거품인 것을 알면서도 거품이 점점 더 커지자 이성보다는 감정이 앞섰다. 자본금이 얼마인지도 모르고 매출액이나 경상이익 같은 지표들은 안중에도 없었다. 오로지 벤처기업인가 아닌가에만 관심이 쏠렸고 올라가는 주식에만 매수주문을 냈다. 코스닥 투자는 손수건 돌리기 게임이 되고 있었다. 거품은 터졌다. 주가는 걷잡을 수 없이 폭락했다. 3개월 만에 1/3토막이 났다. 꼭대기에 주식을 산 사람은 큰 손해를 보았다. '모 아니면 도' 하는 식으로 투자하다보니 그 끝은 좋을 리 없었다.

코스닥에 투자할 때에는 다른 무엇보다도 리스크 관리에 초점을 맞추어야 한다.

리스크 대비책은 크게 4가지다.

첫째, 회피전략이다. 리스크를 발생시킬 가능성이 있는 경우 주식을 보유하지 않음으로써 위험 발생요인을 제거하는 전략이다. 주가가 상당기간 하락할 것으로 예상될 때는 주식을 보유하지 않는 회피전략을 구사한다.

둘째, 보유전략이다. 리스크의 발생 가능성이 있다는 것을 알면서도 불가피한 리스크인 경우 수용하는 전략이다. 체계적 위험의 경우는 보유전략으로 대응한다.

셋째, 축소전략이다. 투자규모를 축소하는 것으로 손실 발생을 최소한으로 줄이거나, 발생했을 때 피해를 최대한 줄이는 전략이다. 주식의 포트폴리오를 구성해 종목 손실에 따른 피해를 줄이는 것도 해당된다. 비체계적 위험에 대한 대비책으로 유용하다.

넷째, 전가전략이다. 감당하기 어려울 정도로 큰 위험이 발생했을 때 손실의 일부 또는 전부를 선물이나 옵션을 활용하여 전가하는 전략이다.

대박을 꿈꾸지 말라

1999년, 새롬기술(지금의 솔본)의 주가는 1,075원에서 135,500원으로 폭등하였다. 5개월도 안 되는 사이에 무려 126배가 오른 것이다. 2000년도에는 동특의 주가가 2,770원대에서 278,000원대까지 폭등하였다. 정확하게 2개월 만에 주가는 거의 100배가 올랐다. 만약 누군가가 1999년 8월에 새롬기술을 1백만 어치 샀다가 2000년 1월에 팔고 이 돈으로 다시 동특을 사서 3월에 팔았다면 1백만 원이 무려 126억이 되었을 것이다.

물론 이렇게 한 사람은 아무도 없다. 하지만 이런 이야기가 사람들의 입에 오르내리면서 코스닥에 투자하는 사람들은 자신도 모르게 대박을 꿈꾸는 경우가 많아지게 되었다. 폭등했던 종목들의 말로는 비참했다. 대부분 퇴출되어 거래소에서 사라졌거나 20년이 지난 지금도 여전히 90%의 손실을 기록하고 있다.

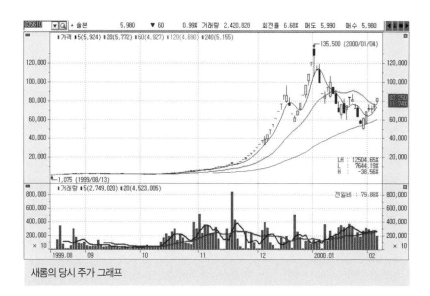

새롬의 당시 주가 그래프

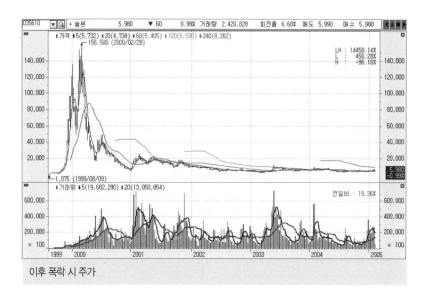

이후 폭락 시 주가

〈코스닥 개별종목의 기록적인 주가상승과 그 이후〉

종목명	최저가(원)	최고가(원)	상승률(%)	2018년 10월5일 주가	하락률(%)
리타워텍	1,790	362,000	20,123%	퇴출	−100%
한국디지탈라인	545	51,500	9,350%	퇴출	−100%
새롬기술(솔본)	4,550	308,000	6,669%	5,660	−98%
VGX인터내셔날 (진원생명과학)	1,218	82,400	6,665%	6,250	−92%
싸이버텍	5,710	232,000	3,963%	퇴출	−100%
터보테크	1,400	48,500	3,364%	퇴출	−100%
장미디어	4,480	155,000	3,360%	퇴출	−100%

분명히 얘기하건데 코스닥 시장은 절대 대박을 꿈꾸는 시장이 아니다. 대박을 꿈꾸면서 투자에 나선다면 쪽박을 차기 쉽다.

1999년도의 코스닥 폭등기에도 큰 수익을 얻은 사람은 드물다. 주가가 10배 올랐다는 것은 제일 바닥에 사서 제일 꼭대기에 팔았을 경우다. 실제로 이렇게 한 사람은 아무도 없다. 차트를 보면 10배가 올랐어도 실제 투자자의 손에 쥐어지는 수익은 많아야 2~3배였다. 이렇게 수익을 얻어도 다음 매매에서 절반 이상 손실을 보게 되면 결국 원금이다. 코스닥 시장에 투자할 때는 허황된 마음보다는 신중한 마음가짐이 필요한 이유다.

목표수익률은 적절히 정하자. 많이 벌면 많이 벌수록 좋겠지만 터무니없이 높은 수익을 목표로 하면 운신의 폭이 좁아진다. 상식적으로 생각할 수 있는 수익을 목표로 하자.

코스닥은 특히 여유자금으로 투자해야 한다. 코스닥은 성장성이 중시되는 시장이다. 회사가 성장할 동안 기다릴 수 있는 시간적 여유가 있어야 한다. 생활자금 같이 급한 자금으로 투자한다면 길게 기다릴 수 없다. 남의 돈으로 빚을 내어 투자한다면 이자부담이 더해져 더더욱 기다릴 수 없다. 행여 주가가 폭락한다면 난처한 일이 생긴다. 코스닥에 투자할 경우에는 꼭 자기 돈으로, 그리고 여유자금으로 투자에 나서야 한다.

무리한 수익을 추구하기 보다는 위험을 줄여 나가면서 정석투자를 하다보면 오히려 수익이 차곡차곡 쌓여 나간다.

전자공시시스템

상장기업에 대한 방대한 자료를 구할 수 있는 곳이 있다. 금융감독원의 전자공시시스템(http://dart.fss.or.kr)이다. 이곳에는 상장기업의 공시사항들이 모두 입력돼 있으며 각종 정보를 무료로 조회할 수 있다.

공시란 기업에서 투자자에게 알려야 할 사항을 발표하는 것이다. 대규모 수주를 받았다는 자랑거리도 공시사항이지만 회사의 치부를 들춰내야 하는 것도 공시에 포함된다. 자랑거리와 치부를 모두 밝혀야 하는 이유는 증권거래의 공정성과 올바른 투자 판단 자료를 제공해 투자자를 보호하기 위해서다. 만일 이런 제도가 없다면 회사의 내부 사정에 정통한 사람과 여기에 연결된 세력들이 먼저 취득한 정보를 이용해 불공정매매를 할 것이다.

유리한 것만 공시하고 불리한 것은 공시하지 않는 회사, 불성실하게 공시하는 회사는 투자할 가치가 없는 회사다. 반드시 실시해야 하는 공시임에도 불구하고 고의로 누락시키거나 거짓 공시를 한다거나 번복이나 취소를 하는 회사들은 투자대상에서 제외해야 한다.

공시에는 정기공시와 수시공시의 2가지가 있다. 정기공시는 사업보고서나 반기보고서와 같이 중요한 보고 사항을 담고 있으며, 이를 통해 회사가 얼마나 경영을 잘했는지 파악할 수 있다. 정기공시 중 사업보고서에는 회사의 개요, 사업의 내용, 재무에 관한 사항, 감사인의 감사의견, 이사의 경영진단 및 분석의견, 주주에 관한 사항, 임원 및 직원 등에 관한 사항, 계열회사 등에 관한 사항, 이해관계자와의 거래내용, 그밖에 투자자 보호를 위하여 필요한 사항 등이 기록되어 있다. 가장 최신의 정보입수가 가능하다.

수시공시는 증자나 회사채 발행 같은 회사의 중요 사항에 대해 발표하는 것으로 수시공시를 통해 투자자들은 그 회사의 주식을 사야 할지 팔아야 할지 결정하곤 한다.

공시 안에 길이 있다

전자공시시스템이 있기 전까지 특정 종목에 대한 정보를 수집하는 경우에는 증권사 직원의 도움이 필수였다. 유능한 직원을 만나면 많은 정보를 얻을 수 있었고, 무능한 직원을 만나면 아무런 정보도 얻을 수 없었다. 예전의 주식수익률은 얼마나 정보가 빠른 직원을 알고 있느냐에 달려있었다. 지금은 굳이 증권사 직원에게 의지할 필요가 없다. 전자공시시스템만 활용하면 혼자서도 얼마든지 정보를 취득할 수 있기 때문이다.

전자공시시스템 활용의 또 다른 장점은 회사에 얽힌 여러 가지 소문들을 미뤄 짐작할 수 있다는 점이다. 증권시장이라고 하는 곳은 수없이 많은 루머가 난무하는 곳이다. 루머 중에서 주가에 영향을 미치는 것에 대해서는 거래소에서 해당 회사에 대해 사실 확인 요청을 한다. 그러면 그 회사는 '사실이다' 혹은 '사실 무근이다'라고 공시를 해야 한다. 이런 공시를 시계열적으로 검토해보면 이 회사에 어떤 루머들이 있었는지도 미뤄 짐작할 수 있다.

전자공시시스템을 이용하는 방법은 간단하다. 해당 화면에서 종목명이나 종목 코드만 입력하면 된다. 그러면 지금까지 있었던 공시가 제목별, 날짜별로 쭉 나열된다. 이 화면을 통해 어떠한 공시들이 있었는지를 파악할 수 있고 좀 더 자세한 내용을 알고 싶다면 제목을 클릭하면 된다.

예상 외로 재미있는 사업보고서

나는 종목분석을 할 때 가장 먼저 사업보고서를 살펴본다. 회사의 개요에서는 이 회사가 어디에 위치하고 있고 어떤 사업을 하는지 알 수 있다. 회사의 연혁에서는 이 회사의 히스토리를 쭉 파악할 수 있다. 특히 회사 이름을 자주 바꾸는 경우에는 어떻게 바뀌었는지도 파악이 가능하다. 배당에 관한 사항에서는 최근 3년간 배당을 어떻게 했는지 살펴본다. 만일 최근 3년간 배당이 모두 없을 경우에는 가급적 매매하지 않는다.

사업의 내용은 가장 읽을거리가 많다. 산업의 특성부터 시작해서 업계 현황도 알 수 있고 회사의 내부사정도 소상히 알 수 있다. 마치 남의 일기장을 보는 것 같아서 연애소설보다 더 재미있다. 재무에 관한 사항에서는 순이익을 주로 본다. 적자기업은 건드리지 않는 편이다.

임원 및 직원의 현황도 재미있다. 임원들은 어떤 사람인지, 몇 살인지, 주요 경력은 어떻게 되는지 알 수 있다. 직원 현황에서는 직원이 몇 명인지, 남자는 몇 명이고 여자는 몇 명인지, 남자들 평균연봉은 얼마고 여자들 평균연봉은 얼마인지 알 수 있다. 요즘 취업준비생들은 기업의 연봉에 관심이 많던데 사업보고서를 보면 정확히 알 수 있다. 임원의 급여도 알 수 있다. 어떤 기업은 몇 천만 원에 불과하기도 하고 어떤 기업은 10억이 넘기도 한다. 이렇게 사업보고서를 쭉 읽어 내려가면 이 회사에 투자해야할지, 투자하면 안 될지 대충 감이 잡힌다. 시간을 내서 관심 있는 기업의 사업보고서를 한 번 읽어보자. 예상 외로 재미있을 것이다.

chapter 8

금융상품
이야기

다양한 투자의 세계
채권, 펀드, ETF, ELS, 가상화폐, 금

채권

채권은 자금을 조달하기 위한 목적으로 발행하는 차용증서다. 채권 발행자는 채권보유자에게 정해진 날짜에 정해진 금액을 지급할 것을 약속한다. 채권발행자는 정부, 지방자치단체, 은행, 기업이며 채권투자 자는 자산운용회사, 보험회사, 은행, 개인이다. 채권을 발행한 입장에 서는 부채에 해당되고 투자자 입장에서는 투자 상품의 하나가 된다.

채권은 발행조건에 만기까지의 원리금 지급 기준이 확정되어 있다. 정해진 날짜에 정해진 이자가 나오고 원금이 지급된다. 채권발행자의 사정이 악화되더라도 애초에 정한 이자는 반드시 지급한다. 주식의 배 당은 실적이 좋지 않으면 지급하지 않지만 채권의 이자는 실적이 좋지 않아도 반드시 지급해야 한다. 원금과 이자가 모두 지급되면 채권은 소 멸한다. 채권의 상환이 종료될 때까지의 소요기간을 만기라고 한다. 일반적으로 발행에서 상환까지의 기간이 상대적으로 긴 특징도 있다.

채권의 수익은 이자소득과 자본소득으로 나뉜다. 이자소득은 이자지급일마다 표면이자율에 따라 지급하며 자본소득은 채권의 가격변동에 따른 유동적인 수익이다. 채권시장을 통하여 채권이 만기가 되기 전이라도 자유로운 중도매매가 가능하고 유동성도 높다.

나는 대리시절에 채권매매를 많이 했었는데 주로 회사채를 매매했다. 회사채 외에는 국민주택채권이 고작이었다. 당시에는 대부분의 채권이 보증채였다. 회사가 망하면 증권회사가 대신 돈을 지급했다. IMF 때 많은 기업이 부도가 났다. 보증한 증권회사들은 큰 손실을 보았다. 이후 채권시장에서 보증채는 사라졌다.

지금은 모든 채권이 무보증채다. 회사가 망하면 채권도 주식과 같이 휴지가 된다. 그래서 신용도가 낮은 채권은 거래가 잘 되지 않고, 거래가 되더라도 높은 이자를 지급해야 한다. 자연히 최근의 채권발행자는 정부, 지방자치단체, 금융기관, 신용등급이 높은 회사에 한정되고 있다. 채무불이행 위험이 낮은 곳들이다.

채권은 이자지급방법에 따라 할인채, 복리채, 이표채로 나눌 수 있다. 할인채는 단리로 계산된 만기까지의 이자를 액면금액에서 차감하여 발행하는 채권이다. 만기에 액면금액을 상환 받음으로서 할인액 만큼의 이자 효과를 보게 된다. 복리채는 만기일에 원리금을 일시에 수수하는 채권으로 약정이율로 복리재투자를 가정하여 만기에 원리금을 계산한다. 이표채는 이자지급을 약속하는 이표가 부여된 채권으로 이자지급일마다 이자를 지급한다.

〈주식과 채권의 비교〉

구분	주식	채권
증권의 성격	자기자본	타인자본
투자자 지위	주주	채권자
반대급부	배당금	이자
투자회수	주식매도, 주식매수청구권	채권매도, 만기상환
상환여부	상환 없음	만기상환

채권수익률

채권수익률은 채권으로부터 발생되는 현금흐름의 합계와 현재가격을 일치시키는 이자율이다. 만기수익률이라고도 한다. 투자자가 채권을 구입하여 만기까지 보유할 경우 얻게 되는 수익률이다.

채권 가격은 만기지급금액/(1+채권수익율)로 계산된다.

1년 만기 채권이 있다고 하자. 액면가는 1만 원이고 이자는 8%다. 원리금은 10,800원이 된다.

이 경우 채권수익률이 6%라고 하면 채권가격은 10,188원이 되고 8%라고 하면 채권가격은 10,000원이 되고 10%라고 하면 채권가격은 9,818원이 된다.

채권수익률과 채권가격은 역의 관계에 있다. 금리가 올라가면 채권가격은 하락한다. 이 경우 채권시장은 약세라고 이야기한다. 금리가 내려가면 채권가격은 상승한다. 이 경우 채권시장은 강세라고 이야기한다. 주식시장은 종합주가지수가 상승할 때가 강세장이다. 채권시장은 채권수익률이 하락할 때가 강세장이다.

채권을 사고 나서 금리가 하락하면 자본차익을 누릴 수 있고 금리가 상승하면 자본차손이 생긴다.

전환사채는 주식으로 전환이 가능한 사채다. 주식으로 전환되면 채권으로서의 권리는 사라진다. 권리 행사 전에는 채권자의 입장이지만 행사 후에는 주주의 입장으로 바뀐다. 주식으로 전환할 수 있는 장점이 있어 발행이율은 낮은 편이다.

신주인수권부사채는 신주를 인수할 수 있는 권리를 부여받은 사채다. 신주인수는 추가자금을 통해 이루어지며 채권자의 위치는 그대로 유지된다. 발행이율은 일반사채와 전환사채의 중간 정도다.

후순위채는 채권을 발행한 기관이 파산했을 때, 다른 채권자들의 부채가 모두 청산된 다음에 원리금을 상환 받을 수 있는 채권이다.

신종자본증권은 주식과 채권의 성격을 동시에 가지고 있는데 통상 만기는 30년 이상이며 변제순위는 후순위채보다 더 후순위다.

펀드란?

펀드(fund)란 독립적으로 운용되고 있는 투자금의 집합체다.

여러 사람의 돈을 모아 한꺼번에 운용하면 여러 가지 장점이 있다. 100만 원의 돈으로 포트폴리오를 구축하기는 힘들지만 100만 원씩 1만 명이 돈을 모아 100억 원이 된다면 적절한 포트폴리오를 구축할 수 있다. 또, 100만 원의 자금을 운용하기 위해 1만 명의 각 개인이 고민하는 것보다 100억 원의 자금을 펀드매니저가 혼자 고민하는 것이 더 효율적이다.

펀드를 이용하는 이유는 펀드매니저 때문이다. 펀드매니저는 하루 24시간 펀드를 관리한다. 일반인이 증권에 대해서 공부하고 고민하는 것보다 훨씬 더 많은 시간을 공부하고 고민하기 때문에 성과도 낮다. 펀드는 성과형 상품이라 손실이 발생할 수도 있다. 하지만 일반인이 운용하는 것보다는 손실이 덜하다.

펀드는 편입되는 유가증권에 따라 크게 주식형 펀드와 채권형 펀드로 나뉜다. 주식형 펀드는 다시 주식이 70% 이상 편입된 성장형, 30~70% 편입된 혼합형, 30% 이하 편입된 안정형으로 구분한다(성장형을 주식형, 혼합형을 주식혼합형, 안정형을 채권혼합형이라고 표현하기도 한다).

성장형은 주가가 상승할 때 수익이 나지만, 하락할 때에는 손실이 난다. 안정형은 주가가 상승해도 상승 폭의 일부분만 수익으로 나타나고 주가가 하락할 때에도 하락 폭의 일부분만 손실로 나타난다.

추가로 돈을 불입할 수 있는지 없는지에 따라 추가형과 단위형으로 구분한다. 추가형은 돈을 더 넣고 싶으면 언제든지 넣을 수 있지만, 단위형은 더 넣을 수 없다. 추가형은 최초에 설정한 금액 이외에 추가적으로 설정이 가능하지만, 단위형은 최초에 설정한 금액으로만 운용하기 때문이다.

중간에 돈을 찾을 수 있는가 없는가에 따라 개방형과 폐쇄형으로 구분한다. 개방형은 필요한 시점에 돈을 자유롭게 찾을 수 있고 폐쇄형은 중간에 찾는 것이 금지돼 있다.

거치식 펀드와 적립식 펀드

입금방식에 따라 거치식 펀드와 적립식 펀드로 구분된다. 거치식 펀드는 한꺼번에 입금하는 펀드다. 적립식 펀드는 매월 나누어 입금하는 펀드다. 매월 나누어 입금하기 때문에 분할매수가 자연스럽게 이뤄진다. 분할매수를 하게 되면 코스트 에버리징(cost averaging, 비용평준화) 효과가 나타난다.

코스트 에버리징 효과는 매월 일정한 금액으로 주식을 사다보니 주가가 높을 때는 수량을 적게 매수하고, 주가가 낮을 때는 수량을 많이 매수하여 평균 매입단가가 낮아지는 효과를 말한다.

다음 표를 보자. 주가가 변할 때마다 동일한 수량을 매입하는 경우에는 100주씩 5번에 걸쳐 매수하게 되어 총 500주를 매수하게 된다. 평균 가격은 2만 원이다. 동일한 금액으로 매입하는 경우에는 적게는 83주, 많게는 125주를 매수하게 되어 총 510주를 매수하게 된다. 평균가격은 1만9,608원이다. '2만 원-1만9,608원=392원'이 코스트 에버리징 효과로 인해 생긴 차이다.

주가가 20,000원일 때는 100주를 매입하지만 주가가 16,000원이 되면 125주를 매입할 수 있고 주가가 24,000원이면 83주만 매입할 수 있다. 주가가 낮을 때는 많은 수량을, 주가가 높을 때는 적은 수량을 매입하기 때문에 평균가는 낮아지게 된다. 다음 표에서는 5회의 기간 동안을 예시로 제시했지만 기간이 길면 길수록 그 효과는 더 높아진다.

〈코스트 에버리징 효과에 의한 평균매입가격〉

월	주가	동일수량 매입 시		동일금액 매입 시	
		매입수량	총매입금액	매입수량	총매입금액
1월	20,000	100주	2,000,000	100주	2,000,000
2월	18,000	100주	1,800,000	111주	2,000,000
3월	16,000	100주	1,600,000	125주	2,000,000
4월	22,000	100주	2,200,000	91주	2,000,000
5월	24,000	100주	2,400,000	83주	2,000,000
합계		500주	10,000,000	510주	10,000,000
평균매입가			20,000		19,608

부동산펀드

펀드하면 주식형펀드와 채권형펀드만 생각하기 쉽지만 부동산펀드
도 있다. 부동산펀드는 대출형, 임대형, 경공매형, 직접개발형으로 나
뉜다. 대출형은 부동산개발회사에 대한 자금대여를 통해 대출이자수익
을 추구하는 펀드다. 개발 사업이 원활치 않을 경우 투자 손실의 위험
이 있다. 임대형은 오피스빌딩, 상가 등을 매입하여 임대한 후 임대수
익을 추구하는 펀드다. 공실률이 증가하거나 임대료 감소에 따라 펀드
의 수익률이 저조할 위험이 있다. 경공매형은 경매나 공매를 통해 주로
업무용, 상업용 부동산을 저가에 매입한 후 임대하거나 매각함으로써
임대수익과 시세차익을 추구하는 펀드다. 경공매 부동산의 미확보상태
가 지속되면 펀드수익률이 감소할 위험이 있다. 직접개발형은 부동산

펀드가 직접 부동산개발을 한 후 분양이나 임대를 통해 개발이익을 추구하는 펀드다. 전문 인력이 없으면 사업이 원활하게 진행되지 않을 위험이 있다.

해외펀드

해외펀드는 해외의 주식이나 채권에 투자하는 펀드를 말한다. 저금리 시대가 되면서 관심이 증대되고 있다. 역내펀드와 역외펀드로 나뉘는데 역내펀드는 국내 자산운용사가 운용하는 것이고 역외펀드는 외국 자산운용사가 해외에서 운용하는 것이다.

국내펀드의 환매일은 3~4일임에 비해 해외펀드의 환매일은 7~10일 정도 걸린다. 환매금액 확정도 느린 편이며 수수료도 국내펀드에 비해 높은 편이다. 다소 불편한 것은 사실이지만 저금리 시대에 접어들면서 해외펀드에 대한 관심은 증대되고 있다.

나는 일본 출장을 갈 때마다 은행과 증권사를 방문했다. 우리보다 먼저 저금리 시대를 맞은 일본은 어떻게 자금운용을 하는지 궁금해서였다. 가장 먼저 눈에 띈 것은 해외펀드의 종류가 무척 많았다는 것이다. 2000년 초부터 이미 미국국채, 호주국채를 판매하고 있었다. 글로벌 소버린 채권을 기초로 한 월분배형펀드도 판매하고 있었다(월분배형펀드는 4년 뒤 우리나라에서 월지급식펀드라는 이름으로 판매되었다).

우리나라보다 먼저 저금리 시대에 접어든 일본을 보더라도 향후 해외펀드에 대한 관심은 더 높을 것으로 생각된다. 노무라증권의 홈페이지에서 판매하고 있는 해외펀드를 검색해 보았더니 미국, 유로, 호주, 캐나다, 뉴질랜드 등 다양한 나라의 국채가 편입되어 있었다.

펀드 가입하는 곳

펀드에 가입하기 위해서 가장 쉽게 찾을 수 있는 곳이 은행과 증권회사다.

투자자에 따라 은행에서 파는 펀드는 손실이 발생하지 않는 것으로 알고 있는 경우가 있다. 착각이다. 펀드라고 하는 것은 실적형 상품이며 운용에 따라 수익이 발생하기도 하고 반대로 손실이 발생하기도 한다. 증권사에서 가입한 펀드는 손실이 날 수 있지만 은행에서 가입한 펀드는 손실이 발생하지 않는다는 것은 착각에 불과하다.

펀드를 판매하는 증권사나 은행은 펀드의 수익률과는 무관하다. 투자자의 입장에서는 증권사에 가서 펀드에 가입하든 은행에 가서 펀드에 가입하든 아무 상관이 없다. 하지만 초기에 어느 펀드에 가입하면 좋은지 상담을 제대로 받기 위해서는 판매사의 역할이 크다.

펀드에 가입할 때는 은행보다 증권사를 이용하기를 권한다. 내가 증권회사 출신이라서 하는 말이 아니다. 은행원들은 기본적으로 확정금리에 밝은 사람들이고 고객의 자산에 손실을 끼치는 것을 무엇보다도 두려워한다. 투자성 자산에 대한 판매경험도 증권사 직원에 비해서 많이 부족하다. 가장 중요한 것은 펀드의 기본이 되는 주식과 채권에 대한 지식이 증권사 직원보다 떨어진다는 것이다. 펀드에 가입하는 투자자의 입장에서는 향후 주식시장의 전망이 궁금할 수도 있고 급작스러운 주가의 변화가 왜 발생했는지 의아할 수 있다. 이런 경우 은행원들로부터 자세한 설명을 듣는 것은 힘들다. 은행원들의 기본적인 업무에서 벗어나 있기 때문이다.

증권사 직원들은 기본적으로 주식과 채권에 대한 지식과 정보가 풍부하다. 공모주 청약부터 시작해서 실권주 청약까지 주식과 관련된 다양한 상품을 취급한다. 매일 주가의 변화 속에서 생활해나가고 있기 때문에 주식의 변동요인과 향후 전망에 대해서도 나름대로 고객에게 자세한 설명을 할 수 있다. 또 입사하자마자 투자성 자산을 취급하여 수익과 손실에 대한 경험이 풍부하다는 것도 장점이다. 소위 '깨먹은 경험'이 풍부하다는 이야기다. 깨먹은 경험이 많기 때문에 그 대응방법에 대해서도 대책을 가지고 있다. 이런 이유로 펀드는 은행보다 증권사에서 가입하는 것이 투자자 입장에서는 좀 더 낫지 않을까 하는 생각이다. 은행원들도 펀드에 대해 깊은 지식을 가지고 있지만 속 깊은 이야기를 들으려면 역시 증권사가 한 수 위다.

펀드 수수료

펀드 수수료는 펀드를 판매한 대가로 판매회사에 지급하는 판매보수와 자산운용사에 지급하는 운용보수로 나누어진다. 여기에 수탁보수, 사무관리보수 등이 더해진다.

보수는 펀드 순자산 총액의 일정비율로 산정되는데 통상 주식형의 경우 1~1.5%, 공사채형의 경우 0.05~0.25% 정도 받고 있다.

환매수수료는 투자자가 중도에 자금을 인출할 경우 부담하는 수수료다. 펀드운용에 안정을 기하고 환매에 따른 사무처리비용을 충당하기 위한 장치다. 환매수수료 산정방법은 정액식과 정률식이 있다. 정액식은 1,000좌당 몇 원의 수수료를 정하는 것이고 정률식은 수익금의 몇 %를 수수료로 공제하는 것이다.

세금 부분도 있다. 수익이 어느 부분에서 발생했는지에 따라서 달라진다. 주식매매로 인한 수익은 비과세고 배당금이나 채권의 차익으로 인한 부분은 과세다.

예를 들어 수익이 10%라고 가정하자. 주식의 매매차익으로 발생한 수익이 7%이고 주식의 배당금과 채권의 매매차익, 채권의 이자로 발생한 수익이 3%라고 하자. 이 중 세금을 부과하는 부분은 3%에 대한 부분이다.

주식형 펀드에서 손실이 발생했음에도 불구하고 세금을 징수하는 경우가 있다. 일반적으로 생각하기에 수익이 없으니 당연히 세금도 없겠다고 생각하기 쉽다. 하지만 주식형 펀드에서도 수익이 나는 부분이 있다. 예를 들어 펀드의 손실이 −15%지만 주식으로 발생한 손실은 −17%이고 채권이자로 인한 수익은 2%라고 하면 2%에 대해서는 세금이 부과된다.

펀드에
가입할 때는

펀드에 가입할 때는 투자의 목적부터 정해야 한다. 노후대책 마련인지, 자녀교육비 마련인지, 아니면 여유자금의 투자인지를 먼저 정해야 투자 기간을 정할 수 있고, 펀드의 성격도 정할 수 있기 때문이다.

펀드에 가입한다는 것은 어느 특정 펀드를 선택한다는 것이다.

좋은 펀드에 가입하는 기준은 무엇일까? 투자의 목적과 펀드의 성격이 서로 어울려야 좋은 펀드다. 자산을 최대한 불리는 것이 목적이라면 성장형 펀드를 선택하고, 안정적인 수익을 원한다면 안정형 펀드를 선택해야 한다. 목돈을 굴리려면 거치식으로 투자해야 하고, 매달 돈을 모아 만기에 목돈을 만들려면 적립식으로 투자해야 한다.

거치식으로 투자할 때는 펀드에 가입하는 타이밍에도 신경 써야 한다. 주식형 펀드는 주가에 좌우되고 채권형 펀드는 금리에 좌우된다.

고수익을 올리려면 타이밍을 잘 잡아야 한다. 주식형 펀드는 주가가 바닥을 쳤거나 상승 국면 초기일 때가 최적기이며, 채권형 펀드는 금리가 하향 추세를 보일 때가 최적기다.

투자설명서도 확인해야 한다. 투자설명서에는 펀드매니저의 투자 방침, 투자와 관련된 위험, 투자 제한, 이익 분배 방법 등이 적혀 있다. 특히 자산운용방침은 확인하는 것이 좋다. 가입 기간과 관련해서는 환매 가능 여부를 확인해야 한다. 펀드의 환매 가능 여부는 약관상 규정돼 있다. 펀드의 환매 가능 여부 및 환매제한 기간을 확인하고 나면 투자 기간에 맞는 펀드를 고를 수 있을 것이다.

펀드의 관리

펀드는 불특정 다수의 돈을 모아 운용하는 것이다. 모두에게 공평한 투자 기회와 수익을 제공해야 하고 투명하게 관리되어야 한다. 이를 위하여 펀드는 판매조직과 운용조직을 서로 다르게 두고 있다. 판매조직은 펀드에 가입할 때 찾아가는 곳이다. 대표적인 곳이 증권회사와 은행이다. 운용조직은 펀드를 실제로 운용하는 곳으로 자산운용회사를 말한다.

판매사와 운용사를 분리해 놓은 이유는 투자자를 보호하기 위해서다. 판매사와 운용사가 같은 경우 특정한 펀드의 수익률을 올리기 위해 다른 펀드의 수익률을 희생시키는 경우가 과거 여러 차례 있었기 때문이다.

판매사와 운용사 외에 수탁회사도 있다. 고객의 돈이 보관되어 있는 곳이다. 수탁회사는 은행이 맡고 있는데 은행이 가지고 있는 다른 돈들과 분리해서 보관한다. 분리하는 이유 또한 투자자를 보호하기 위해서다. 다른 돈들과 섞여서 행여 부실채권으로 전락하면 안 되기 때문이다. 펀드에 가입한 돈은 오로지 자산운용회사의 운용지시에 따라서만 사용된다. 만일 운용지시가 상식을 벗어난 지시라면 수탁회사는 운용지시를 거부할 수 있다.

펀드를 판매하는 판매사와 운용하는 운용사, 그리고 관리하는 수탁회사의 3각관계가 형성되고 있어 펀드는 안전하게 보관되고 있다. 혹자는 펀드라고 하는 것이 예금자보호법에 적용되지 않아 불안하다고 하는데 오히려 예금자보호법보다 더 안전하게 보관되어 있다.

판매사와 운용사가 모두 사라졌다고 하더라도 내 돈은 안전하게 수탁회사에 보관되어 있다. 수탁회사는 신용도와 안정성에서 가장 뛰어난 은행이 맡고 있다. 만약 수탁회사인 은행조차 망했다 하더라도 펀드에 있는 돈은 은행의 돈과 섞이지 않기 때문에 안전하다.

기준가와 좌수

펀드에 가입하면서 투자자들이 가장 많이 궁금해 하는 것이 기준가라고 하는 것이다. 기준가는 펀드의 현재 가치를 평가해서 나타내주는 숫자다. 돈에 '원'이라고 하는 단위가 있듯이 펀드에는 '좌'라고 하는 단위가 있다. '좌'라고 하면 평소에 잘 들어보지 못 했기 때문에 어색하게 느껴진다. 쉽게 생각해서 kg이나 km 같은 단위로 생각하면 된다. 주식을 살 때에는 몇 주라고 이야기하듯이 펀드에 가입할 때에는 몇 좌를 매입했다고 한다. 몇 원 입금했다고 생각하기 쉽지만 통장에 찍힐 때에는 몇 좌만큼 매수했다고 찍히고 이후에도 모든 것이 기준가로 평가된다.

최초 1,000좌당 가격을 1,000원으로 나타낸다. 펀드의 평가가치가 올라가면 1,000좌당 가격이 1,011.43원, 1,029.08원 하는 식으로 올라가고 펀드의 평가가치가 내려가면 1,000좌당 가격이 998.45, 975.21 하는 식으로 내려간다.

기준가가 변하는 이유는 펀드에 가입하는 시기에 따라 그 가치가 다르기 때문이다. 똑같은 1천만 원을 펀드에 투자하더라도 평가가치가 높아 기준가가 1,234.00일 때에는 8,103,278좌밖에 매입하지 못한다. 하지만 평가가치가 낮아 기준가가 854.00일 때에는 11,709,602좌나 매입할 수 있다. 평가가치가 높을 때 가입한 사람은 좌수를 적게 배정받고 평가가치가 낮을 때 가입하는 사람은 좌수를 많이 배정받는다. 기준가가 높을 때에는 적은 좌수를 매입하고 기준가가 낮을 때에는 많은 좌수를 매입하는 것은 결국 같은 가치만큼 매입하는 것을 의미한다. 이렇게 함으로써 평가가치가 올라갈 때 가입한 사람과 내려갈 때 가입한 사람 쌍방에게 공평한 분배가 이루어진다.

기준가는 소수점 둘째자리까지 표현되며 기준가로 본인의 수익과 손실을 계산할 수 있다. 펀드가 시작할 때 가입한 사람이라면 기준가에서 1,000을 뺀 숫자를 10으로 나누면 수익률이 된다. 기준가가 1,243.49라고 하면 1,243.49에서 1,000을 뺀 243.49를 10으로 나눈 숫자, 24.349%가

수익이 된다. 반대로 기준가가 956.54라고 하면 956.54에서 1,000을 뺀 −43.46을 10으로 나눈 숫자, −4.346%가 손실이 된다.

펀드가 설정된 이후에 가입한 사람의 수익률은 현재의 기준가에서 가입할 당시의 기준가를 빼고 이 수치를 가입할 당시의 기준가로 나누면 된다. 예를 들어 기준가가 956.54인 시점에 가입하였다고 가정하자. 그리고 현재의 기준가는 1243.49이다. 이 경우 수익률은 (1243.49 − 956.54)/956.54 = 30.0%가 된다.

내 펀드 체크하기

펀드에 투자한 사람이 매일 기준가에 일희일비 하는 것도 문제지만 그렇다고 전혀 무관심한 것도 문제다. '종합주가지수가 올랐으니 내 펀드도 종합주가지수의 상승폭 만큼 올랐겠다'라고 생각하기 쉽지만 사실은 그렇지 않다.

안정형 펀드에 가입한 사람은 상승폭의 30% 안팎의 수익을 올렸을 것이다. 안정형 펀드는 주식편입비중이 30% 수준이기 때문이다. 마찬가지로 성장형 펀드에 가입한 사람은 주가지수 상승폭의 70~80%의 수익을 올렸을 것이다. 펀드의 주식편입비율이 70~80% 수준이기 때문이다. 만일 이러한 기준에도 미치지 못하는 펀드라면 문제가 있는 펀드라고 판단해야 한다. 주가지수의 상승폭이 30%일 때 안정형 펀드의 경우 9% 정도의 수익을 나타낼 것이다. 그런데 4~5% 정도의 수익밖에 못 올렸다면 왜 그런지 이유를 분석해 봐야 한다.

276

가장 먼저 생각해 볼 수 있는 것은 펀드매니저의 변동 여부다. 우리나라 펀드매니저들의 이직률은 높은 편이다. 관리하던 펀드매니저가 퇴사하고 새로운 펀드매니저가 운용하면서 제대로 신경을 쓰지 못하는 경우가 발생할 수 있다. 펀드매니저가 교체되기 전까지는 펀드의 포트폴리오가 급격하게 변하는 경우는 거의 없다. 시가총액이 큰 종목은 최소한 6개월 이상 가져간다. 포트폴리오의 재편은 주로 중소형주 위주로 종목을 교체할 때 일어난다.

펀드매니저가 바뀌었다면 대대적인 종목 교체가 이루어지고 그 과정에서 수익률이 급락하는 경우가 있다. 또 한 가지는 펀드의 규모가 갑자기 급감하는 경우이다. 주로 법인자금이 들어와 있는 펀드에서 발생되는데 법인자금이 일시에 출금되면서 펀드의 규모가 축소되는 것이다. 이 경우에도 펀드매니저의 관심에서 멀어져 제대로 관리가 되지 못한다.

이 두 가지의 경우가 아니라면 제대로 운용을 하지 못한 경우다. 시장의 흐름과 동떨어져 주식을 운용한다든지 매매의 타이밍을 제대로 가져가지 못한 경우다. 과감히 펀드를 갈아타는 것도 고려해 볼 수 있다.

종합주가지수는 10% 상승하였는데 펀드는 뜻밖에도 30% 상승한 경우라면 이 또한 바람직하지 못하다. 우리나라의 종합주가지수라고 하는 것은 시가총액식으로 되어 있다. 자본금이 큰 종목들의 주가움직임과 거의 흡사하게 움직인다. 종합주가지수와 무관하게 지나치게 높은 수익이 났다는 것은 종합주가지수의 영향을 덜 받는 소형주에서 큰 수익이 났다는 것으로 풀이할 수 있다. 뜻밖의 큰 상승은 뜻밖의 큰 하락

과도 일맥상통한다.

샤프지수라고 하는 것이 있다. 초과수익률을 펀드수익률의 표준편차로 나누어 계산한다. 펀드를 비교할 때 사용하는데 높은 수치가 나타날수록 양호하다고 평가한다.

A펀드는 초과수익률 10%, 표준편차 5%이고 B펀드는 초과수익률 20%, 표준편차 30%다. 초과수익률만 놓고 보면 10%의 수익률을 올린 A펀드보다 20%의 수익률을 올린 B펀드가 더 양호해 보인다. 하지만 표준편차까지 고려하면 A펀드는 평균적으로 5~15%의 범위 내에서 안정적인 투자수익률을 보이지만, B펀드는 -10~50%의 범위 내에서 큰 폭으로 투자수익률이 변동될 가능성이 크다.

샤프지수를 구해 보면 A펀드는 0.1/0.05=2가 나오고 B펀드는 0.2/0.3=0.67이 나온다. 초과수익률만 놓고 보면 B펀드가 양호하지만 위험을 고려한 수익률은 A펀드가 더 양호하다.

펀드평가사이트

어떤 펀드의 실적이 좋은지 또 어떤 펀드가 나에게 맞는지 알아보기 위해서는 펀드평가사이트를 활용하자.

펀드평가사이트는 펀드에 대한 설명을 자세히 해 주고 있다. 수익률 분석을 통해서 좋은 운용회사가 어느 회사인지, 실적이 좋은 펀드가 어느 펀드인지를 종류별로 분류해 준다. 새로 나온 상품도 안내해 주고 나에게 알맞은 펀드도 알려준다. 본인의 나이, 성격, 자금의 규모 등에 어울리는 펀드를 나열해 그 중에서 하나를 선택할 수 있도록 하고 있다. 선호하는 운용회사의 상품을 고를 수도 있고 몇 개의 펀드로 나누어서 가입할 수도 있다.

운용회사 간에는 운용 철학이 달라 주식시장의 변화에 따라 대응 방법이 다르고 수익률도 다르게 나타난다. 과거의 운용결과가 종합주가지수와 무관하게 움직인 펀드보다는 비슷하게 움직인 펀드가 마음 편히 투자할 수 있는 펀드다.

기준가 확인도 가능하고 과거의 실적도 알아볼 수 있다. 벤치마크와의 비교를 통해서 종합주가지수의 움직임과는 어떤 차이가 있었고 어떤 움직임을 보였는지도 확인할 수 있다. 운용회사와 펀드매니저도 조회할 수 있으며 운용회사의 경우 대표자와 대표자의 약력, 수탁고의 규모, 보유하고 있는 펀드의 수에 대해서도 조회할 수 있다. 수익률뿐만 아니라 수익률의 변동성까지 감안해서 등수도 매긴다.

본인의 컴퓨터에 즐겨찾기를 해 놓고 수시로 접속한다면 많은 정보를 얻을 수 있을 것이다.

대표적인 사이트로 펀드닥터(www.funddoctor.co.kr)가 있다.

ETF

ETF(Exchange Traded Funds, 상장지수펀드)는 인덱스 펀드를 상장시켜 거래할 수 있게 한 것이다.

ETF의 장점은 분산투자를 가능하게 한다는 점이다. 지수의 대표적인 주식 50~1백 개 종목으로 구성되기 때문에 한 두 종목의 실적이나 단기 재료에 민감하게 반응하지 않는다.

주식투자에는 2가지의 위험이 있다. 체계적 위험과 비체계적 위험이다.

체계적 위험은 시장위험이다. 특정 주식의 가치는 변화가 없는데 9.11테러 같은 큰 사건이 발생하면 주식시장은 전체적으로 하락한다. 시장위험은 장기투자로 극복할 수 있다. 시장이 급락하여 주가가 하락하더라도 시간이 흐르면 다시 제 위치를 찾아간다.

비체계적 위험은 개별위험이다. 특정 주식의 가치가 현저히 저하된다든지, 혹은 부도가 난다든지 하는 위험이다. 개별위험은 가치투자로 극복할 수 있다.

ETF는 특정 기업의 주가가 아닌 종합주가지수를 대상으로 하기 때문에 개별주식에 대한 위험에서 벗어날 수 있다. 개별주식에 투자하면 시장위험에 개별위험까지 부담해야 하지만 ETF는 시장위험만 감수하면 된다. 심리적 요인에 의한 급등락으로부터도 자유로운 편이다.

다음 그림은 종합주가지수와 KOSPI200(우리나라 거래소를 대표하는 200개 종목의 시가총액을 지수화한 것)을 추종하는 KODEX200의 비교차트다. 거의 흡사하게 움직이는 것을 확인할 수 있다. 매매는 시장에 대

종합주가지수와 ETF(KODEX200)의 비교차트

한 방향성만 파악하면 된다. ETF의 수익률은 종합주가지수의 상승률과 비슷하다. 종합주가지수가 10% 상승하였다면 ETF도 10% 상승하고 종합주가지수가 10% 하락하였다면 ETF도 10% 하락한다.

전체적인 시장이 상승할 것으로 예상되면 ETF를 산다. 하락할 것으로 예상되면 판다. 대주 주문을 낼 수도 있다. ETF대주는 투자자가 ETF를 증권사에서 빌려 판 뒤, 일정기간이 지나 주가가 내리면 되사서 갚아 주는 것이다.

ETF는 환매수수료를 받는 인덱스 펀드와 달리 환매가 자유로운 것도 장점이다. 인덱스 펀드의 경우 환매수수료 때문에 '울며 겨자 먹기'로 펀드를 유지하다가 오히려 손실을 보는 경우도 있다. ETF는 팔고 싶을 때 수수료 부담 없이 팔 수 있으므로 매매가 자유롭다.

ETF는 주식처럼 실시간으로 거래가 가능해 인덱스 펀드의 단점을 커버해주는 역할도 한다. 인덱스 펀드는 가입하거나 환매하는 경우 신청시점의 가격이 아닌 D+1일 기준가(펀드가입 혹은 환매시)나 D+2일 기준가(펀드환매 시)로 거래가 이루어진다. 주식시장에 큰 호재가 나와 인덱스 펀드를 가입하면 그날 상승폭이 모두 반영된 그 다음날의 기준가로 매입이 이루어진다. 당일 상승분에 대해서는 이익을 포기해야 하는 단점이 있다. 환매할 때도 마찬가지다. 큰 악재가 나와 환매를 신청하면 그날의 하락폭이 모두 반영된 기준가로 돈을 돌려받기 때문에 손실을 떠안아야 한다. ETF는 주문 즉시 실시간으로 체결이 이루어지고 이익과 손실이 정산되기 때문에 인덱스 펀드에 비해서 우월적인 위치를 누리고 있다.

ETF를 이용한 적립식 투자

ETF는 주식주문 수수료를 낸다. 평생무료수수료를 활용하면 수수료 없이 매입이 가능하다. 주식형펀드의 경우 1% 정도의 수수료를 받고 있기 때문에 그 만큼 수수료를 아낄 수 있다. 주식을 매도할 때 부과되는 증권거래세도 면제된다. 거래비용 측면에서는 펀드에 비해 훨씬 매력적이다.

ETF를 이용한 적립식 투자의 방법도 있다.

적립식 펀드에 가입하는 대신에 ETF를 매달 사는 것이다. 물론 좀 불편하기는 하다. 적립식 펀드는 은행통장에서 자동으로 돈이 빠져나가지만 ETF는 본인이 직접 돈을 증권계좌에 입금하고 주문을 내야 한다. 하지만 수수료가 없다는 점을 고려하면 충분히 감내할 만하다.

ETF는 얼핏 보기에는 인덱스 펀드같이 보이지만, 알고 보면 알짜배기 펀드다. 금융이 발달된 선진국에서는 널리 대중화되어있는 금융상품이다.

2004년 해외금융벤치마크팀장으로 일본에 체류할 때 깜짝 놀란 것이 있었다. 각 증권사마다 ETF를 대대적으로 홍보하고 있었던 것이다. 당시만 하더라도 국내에서의 ETF 존재감은 거의 없었다. 증권사 직원들도 잘 모를 때였다. 나는 국내로 돌아와 각종 강연과 기고를 통해 ETF의 장점을 홍보하였다. 하지만 호응은 별로 없었다. 증권사 입장에서는 인덱스 펀드를 팔면 1% 정도의 수수료 수입이 들어오는데 ETF 매매는 0.1% 안팎의 매매수수료만 받을 수 있어 적극적으로 나서지 않았다. 개인투자자들은 기대수익률이 낮다며 외면했다.

하지만 이후 ETF는 다양하게 진화하고 있다. 중국ETF를 이용하면 중국증시에 투자할 수 있고 일본ETF를 이용하면 일본증시에도 투자할 수 있다. 반도체, 자동차, 보험 등의 업종투자도 가능하다. 2배의 수익을 올릴 수 있는 레버리지ETF도 있고 하락에 배팅하는 인버스ETF도 있다.

수수료 높은 펀드에 가입하는 것보다 ETF를 매수하는 것이 수수료 부담을 줄이면서 펀드를 이용할 수 있는 방법이다(사족이지만 나의 MBA 학위논문이 '효율적 간접투자상품으로서의 ETF 연구'다. 혹시 논문이 필요하신 분은 이메일로 연락주시면 제공하도록 하겠다).

ELS

ELS(Equity Linked Securities, 주가연동증권)는 금융공학 기법이 발달함에 따라 등장한 금융상품이다. ELS는 원금보장형ELS와 원금비보장형ELS로 나눈다. 원금보장형ELS는 원금을 보장해주는 ELS다. 원금비보장형ELS는 원금이 보장되지 않는 ELS다. 당연히 예상수익은 원금비보장형ELS가 높다.

어떤 증권회사에서 원금보장형ELS를 팔고 있다. 상품이름은 KOSPI200-HSCEI지수 Knock Out Call 형이다. 상품이름을 통해서 알수 있듯이 기초자산은 KOSPI200지수와 HSCEI지수(Hang Seng China Enterprises Index, 항셍중국기업지수)다. 투자기간은 1.5년이다.

만기일까지 기초자산 중 어느 하나라도 최초기준가격의 125% 초과상승한 적이 있거나 만기평가가격이 기초자산 중 어느 하나라도 125%

초과한 경우에는 3%의 이율을 지급한다. 만기에 기초자산의 평가가격
이 어느 하나라도 최초기준가격의 100% 이하인 경우에는 2%의 이율을
지급한다. 만기에 기초자산의 평가가격이 모두 최초기준가격의 100%
초과 125% 이하인 경우에는 두 기초자산 중 가격변동률이 낮은 기초자
산을 기준으로 상승분의 70%를 지급한다.

말로 설명하면 좀 어려운데 그림으로 표시하면 이해가 쉽다.

쉽게 말해서 이 상품에 투자한 투자자는 최소 2%의 수익은 확보할
수 있으며 최대 17.5%의 수익까지 기대할 수 있다.

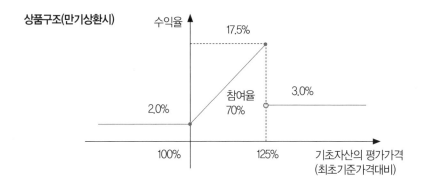

원금보장형ELS 상품구조의 차트 예

원금비보장형

어떤 증권회사에서 원금비보장형ELS를 팔고 있다. 이 상품의 이름은 XX증권 제1958회 파생결합증권이다. 기초자산은 HSI(Hang Seng Index) 지수와 EURO STOXX50(유럽증시에 상장된 50개 우량기업)지수다. 투자기간은 3년이지만 6개월마다 자동조기상환 조건이 있다.

최초기준일로부터 6개월이 경과되었을 때와 1년이 경과되었을 때 기초자산의 가격이 90% 이상인 경우, 즉 10% 미만으로 하락했을 경우에는 연 4.5%의 이율을 지급한다. 만일 10% 이상 하락했다면 다시 1년 6개월과 2년이 경과되었을 때, 기초자산의 가격이 85% 이상인 경우, 즉 15% 미만으로 하락했을 경우에는 연 4.5%의 이율을 지급한다. 2년인 경우에는 9.0%의 수익이 발생하게 된다. 이때에도 15% 이상 하락하였을 경우에는 다시 2년 6개월과 3년이 경과되었을 때 기초자산의 가격이 80% 이상인 경우, 즉 20% 미만으로 하락했을 경우에는 연 4.5%의 이율을 지급한다. 기간이자로 계산하면 13.5%다.

3년 경과 시점에서 만기일에 기초자산의 가격이 어느 하나도 최초기준가격의 55% 미만으로 하락한 적이 없는 경우에도 연 4.5%의 이자, 13.5%의 기간이자가 지급된다.

하지만, 55% 이하로 하락한 적이 있는 경우에는 손실이 발생하게 된다. 손실은 기초종목의 {(만기평가가격/최초기준가격)−1}×100%로 계산된다. 예상 가능한 손실규모는 −20%에서 −100%까지다.

이를 그림으로 나타내보자.

상품구조

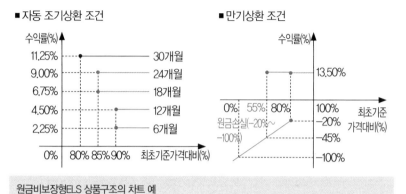

- 자동 조기상환 조건

수익률(%)

11.25%	30개월
9.00%	24개월
6.75%	18개월
4.50%	12개월
2.25%	6개월

0% 80% 85% 90% 최초기준가격대비(%)

- 만기상환 조건

수익률(%)

13.50%

0% 55% 80% 100% 최초기준
원금손실(-20%~ -20% 가격대비(%)
-100%) -45%
-100%

원금비보장형ELS 상품구조의 차트 예

DLS, ELD, ELF

ELS와 비슷한 것으로 은행에서 판매하고 있는 ELD(Equity Linked Deposit, 주가지수연동정기예금)와 투신사가 내놓은 ELF(Equity Linked Fund, 주가지수연동펀드)가 있다.

ELD는 투자한 원금 중 일부를 원금이 보장되는 이자율로 정기예금에 넣은 뒤 나머지 돈으로 주가지수 옵션 등에 투자해 만기 때 원금을 보장하면서도 이자수익으로 주가지수에 연동해 추가수익을 올린다.

ELF는 증권사가 발행한 ELS를 편입한 펀드다. 채권투자를 통해 원금 보존을 추구하면서 ELS 권리증서를 발행할 수 있는 증권사로부터 ELS를 구입해 펀드에 편입한다.

DLS(Derivative Linked Securities, 파생결합증권)는 기초자산이 금리, 환율, 신용, 상품 등이다. 금리를 기초자산으로 할 경우에는 국고채금리,

IRS금리, CD금리 등이고 상품을 기초자산으로 할 경우에는 원유, 금, 백금, 구리, 니켈 등이다. 환율을 기초자산으로 하는 경우 평가 기간 동안 환율이 일정 시점 대비 플러스·마이너스 몇 원 구간을 벗어나지 않으면 얼마의 수익을 기대할 수 있는 식으로 구성돼 있다.

이런 상품들에 투자할 때 중간에 해약하게 되면 공정가액(기준가)의 90~95% 수준에서 발행사가 신의성실의 원칙에 따라 산정하며 이 경우 원금손실도 발생할 수 있다. 따라서 만기 또는 자동조기상환의 원칙을 준수하는 것이 현명하다.

P2P 투자

P2P(Peer to Peer)투자는 온라인을 통해 모든 대출과정을 자동화하여 비용을 줄이고, 대출자에게는 보다 낮은 금리를, 투자자에게는 보다 높은 수익을 제공하는 핀테크 서비스다. 쉽게 말해서 돈을 빌리는 측과 돈을 빌려주는 측이 플랫폼을 통해 직접 연결되는 시스템이다.

은행에 돈을 맡기는 사람은 1%의 이자를 받고 대부업체에서 돈을 빌리는 사람은 19%의 이자를 내야하는 상황을 가정해 보자. 만일 이자를 10%로 가정한다면 돈을 맡기는 사람은 1%보다 9%나 높은 10%의 이자를 받고, 돈을 빌리는 사람은 19%보다 9%나 낮은 10%의 이자를 낸다. 돈을 맡기는 사람은 높은 이자를 받아서 좋고, 돈을 빌리는 사람은 낮은 이자를 내어서 좋다.

P2P투자는 몇 천만 원의 큰돈이 필요한 것이 아니라 몇 만 원의 소액

으로도 투자가 가능하다. 초기에는 개인신용 대출이 주로 이루어졌지만 이후 부동산 담보대출, 프로젝트 파이낸싱 대출, 소상공인 대출 등으로 발전하고 있다. 인기 있는 상품의 경우 업로드와 동시에 마감되어 투자 기회를 잡기도 쉽지 않다. 간단한 가입 절차와 스마트폰으로 진행되는 간편한 투자방법, 높은 기대수익률은 P2P투자의 가장 큰 매력이다.

좋은 점만 있는 것은 아니다. 잘못되면 손실은 본인이 져야 한다. 이런 위험성 때문에 정부에서는 개인투자자의 연간 투자액수를 건당 500만 원 이하로 제한하고 업체당 한도는 2천만 원으로 제한하고 있다. 단, 부동산 PF대출, 부동산 담보대출의 투자한도는 1천만 원이다. 소득적격자(이자 배당 소득이 2천만 원을 초과하거나 사업 근로소득이 1억 원을 초과하는 개인투자자)는 4천만 원을 한도로 하고 있다. 소득적격자로 인정받으려면 필요서류를 해당 P2P 업체에 제출하면 된다.

세금은 많이 낸다. P2P투자는 '비영업대금에 대한 소득'으로 간주되어 25%의 소득세, 2.5%의 지방소득세로 총 27.5%의 세금이 징수된다. 10% 수익이라고 하면 실수익은 7.25%이고 20% 수익이라고 하면 실수익은 14.5%다.

단, 2019년부터 2020년까지 2년간 한시적으로 총 15.4%의 소득세율로 인하된다.

빠르게 커지고 있는 시장

2005년 세계 최초의 P2P 금융서비스 'Zopa'가 탄생했다. 이후 미국, 영국 등 금융선진국에서 빠르게 성장하고 있다. 2014년 말 미국의 P2P 금융 시장규모는 55억 달러(6조2천억 원), 영국은 22억 파운드(3조8천억 원)를 기록하였다.

우리나라의 시장규모도 빠르게 커지고 있다. 2017년 말 한국P2P금융 협회 회원사의 누적대출액은 1조8,034억으로, 2016년의 4,682억에 비해 285% 성장한 것으로 나타났다. 2018년 2월 말 2조를 돌파하였고 2018년 9월말 현재 2조6,827억 원을 기록하고 있다. 대출항목별로는 건축자금대출이 34%, 부동산담보대출이 26%, 기타담보대출이 20%, 신용대출이 20%로 나타났다. 평균 대출금리는 14.6%였으며 연체율을 3.95%, 부실률은 1.64%를 기록하였다.

연체율은 상환일로부터 30일 이상 90일 미만 동안 상환이 지연되는 경우이고 부실률은 상환일로부터 90일 이상 장기연체 중인 경우를 말한다.

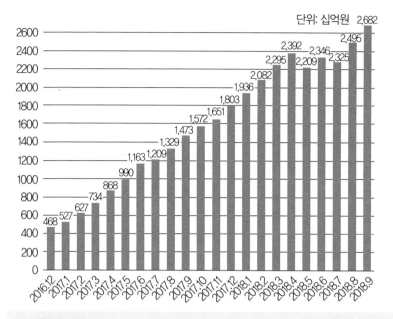

단위: 십억원

P2P 대출취급액 변화 　　　　　　　　　　　　　　 출처 : 한국P2P금융협회

나의 경우

나도 P2P투자를 하고 있다. 두 군데 업체와 거래 중이다.

M사에서 하고 있는 것은 매일 11시 50분이 되면 상품이 오픈된다. 판매규모가 적다보니 거의 오픈과 동시에 매진되어 버린다. 부도도 한 번 맞았다. 2016년 11월 22일 목표수익률 18.51%, 만기 18개월로 투자한 상품은 부도가 나 버렸다. 총투자금액의 1/3이 사라졌다.

12%의 목표수익률과 15%의 목표수익률, 18%의 목표수익률로 나누어 투자했는데 역시 가장 높은 수익률을 제시했던 18%대 상품에서 부도가 났다. 이후 가능하면 목표수익률 15% 이내의 상품에 투자하고 투

자금액은 한 상품 당 1/10로 나누어서 투자하고 있다.

Z사에서는 한 상품에 1백만 원씩 투자하고 있는데 연간예상수익률은 낮은 것은 10.5%, 높은 것은 14.1%다. 이곳은 아직까지 부실이 생기지 않았다. 1천만 원을 투자했는데 현재 평가금액은 12,380,000원으로 총 12.4%의 수익률을 올리고 있다.

나는 P2P 투자에 대해서 '하이 리스크 하이 리턴'으로 인식한다. 다른 상품에서 높은 수익이 발생하더라도 1~2군데에서 부도가 발생해버리면 생각보다 수익은 크게 발생하지 않는다. 그래서 투자규모는 크게 늘리지 않고 자산포트폴리오 차원에서 분산투자한다는 마음으로 일정한 규모를 유지한다. 수익이 발생하는 부분은 재투자하고 있다.

07

가상화폐

　2017년 최고의 수익은 가상화폐에서 나왔다. 가상화폐의 대표주자라고 할 수 있는 비트코인은 120만 원에서 시작하여 2,400만 원을 돌파하기도 하였다. 20배의 상승을 보인 것이다. 비트코인의 가격상승은 낮은 축에 속한다. 100배 이상의 상승을 보인 코인들이 부지기수였다.

　2018년에 들어와 가상화폐는 폭락에 폭락을 거듭하였다. 2,400만 원이 넘었던 비트코인은 10월 현재 7백만 원대에서 거래되고 있고 1,975원까지 상승했던 에이다는 90원대에서 거래되고 있다. 간단하게 계산해도 비트코인은 70%, 에이다는 95% 폭락했다.

　과거의 경험으로 보면 이렇게 폭락한 가상화폐의 가격이 예전 가격을 회복하기란 쉽지 않아 보인다. 하지만 가상화폐는 기본적으로 휘발성이 원체 강해서 언제 어느 때 또다시 2017년 같은 폭등을 가져올지는

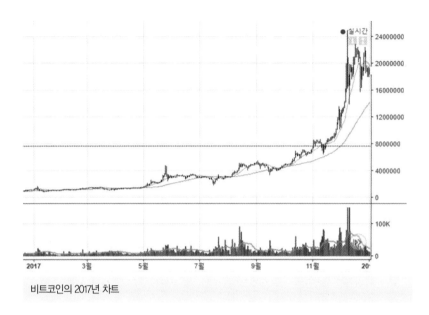

비트코인의 2017년 차트

모른다.

　가상화폐의 내재가치 혹은 적정가격을 판단하기란 쉽지 않다. 주식 같은 경우에는 증권회사의 리서치센터에서 목표주가라든지 예상실적 같은 것을 제공하지만 가상화폐는 목표주가도 있을 수 없고, 예상 실적도 기대하기 힘들다. 기술적인 가치, 개발자의 신원, 프로그램의 꾸준한 업데이트 여부, 개발자가 추구하고 실현하고자 하는 기능 등으로 가치를 분석하기도 하지만 일반인의 입장에서 투자결정 요인으로 판단하기는 무리다.

　이런 상황 하에서 가상화폐에 투자하는 방법은 2가지다. 첫 번째는 유망하다고 판단되는 가상화폐를 매입 후 본인이 목표로 하는 가격까지 장기 보관하는 것이다. 유망하다고 판단하는 것도 본인의 판단이고 목표가도 본인의 판단이다. 시간이 얼마나 걸릴지도 알 수 없다. 운이 좋아 1달 만에 달성할 수도 있고 몇 년이 걸릴 수도 있다.

두 번째는 기술적 분석을 이용하는 것이다. 가격의 변동이 심한 편이기 때문에 기술적 분석을 활용해서 수익을 극대화 시키고 싶은 투자자들이 사용하는 방법이다.

가상화폐거래소는 금융기관이 아니다

가상화폐를 매매할 때 주의해야 할 사항이 하나 있다. 국내의 많은 가상화폐거래소는 금융기관이 아니라는 것이다. 금융기관은 해킹을 당하더라도 고객의 자산은 안전하게 보전된다. 설령 손실이 발생하더라도 금융기관의 손실로 귀속된다. 하지만 가상화폐거래소는 다르다. 가상화폐거래소가 해킹을 당하면 고객의 손실로 직결된다.

금융기관에는 나의 계좌가 존재한다. 다른 고객의 돈과 섞일 일이 없다. 회사의 돈과 섞일 일도 없다. 하지만 가상화폐거래소는 다르다. 고객이 금융기관에 돈을 보내는 것은 금융기관의 독립된 내 계좌로 보내는 것이지만 가상화폐거래소로 돈을 보내는 것은 가상화폐거래소 계좌로 돈을 보내는 것이 된다. 만일 가상화폐거래소의 내부자가 나쁜 마음을 먹으면 고스란히 고객의 손실로 이어진다.

2018년 4월 국내 가상화폐거래소 5위업체인 코인네스트 대표와 임직원들이 검찰에 체포되었다는 보도가 나왔다. 보도에 따르면 이들은 거래소 법인계좌에 있는 고객 자금을 빼돌리거나 임의로 투자한 혐의를 받고 있다. 횡령액은 수백억대로 알려져 있다. 고객의 돈을 자신들의 계좌로 빼돌리고 실제 코인이 없는데 코인이 있는 것처럼 속이는 나쁜 짓을 한 것이다.

주식을 거래하는 한국거래소는 여의도에 한 군데 밖에 없지만 가상화폐를 거래하는 가상화폐거래소는 10군데가 넘는다. 대부분 자본금 규모가 작은 영세한 규모다.

본인이 매매할 가상화폐거래소를 선택할 때에는 단순하게 수수료가 싼 곳에서 매매할 것이 아니라 안전한 가상화폐거래소를 선택해야 한다.

08

외환 투자

달러로 직접 재테크에 나선다면 원·달러 환율이 내려갈 때 달러를 샀다가 원·달러 환율이 올라갈 때 파는 것이 가장 좋은 방법이다.

문제는 스프레드다. 은행에서 환전할 경우 매매기준율로 환전해 주는 것이 아니라 스프레드만큼 벌어진 금액으로 환전해 준다.

달러의 경우 매매기준율이 1079.00원이라고 하면 살 때는 1097.88원을 주고 팔 때는 1060.12원을 받는다. 스프레드는 1.75%이다. 사고팔고를 합하면 3.5%다. 달러를 사면 3.5%가 올라야 본전이다.

엔도 마찬가지다. 매매기준율이 1026.40원이라고 하면 살 때는 1044.36원을 주고 팔 때는 1008.44원을 받는다. 스프레드는 1.75%이다. 사고팔고를 합하면 3.5%다. 엔도 달러와 마찬가지로 3.5%가 올라야 본전이다.

은행의 외화예금을 활용하여 전신환 매수와 전신환 매도를 한다고 해도 2% 가까운 스프레드는 감수해야 한다. 그나마 달러와 엔은 스프레드가 3.5%이지만 유로는 3.98%, 위안화는 10%에 달한다. 4% 이상 상승을 기대해야 하는 유로화, 10% 이상 상승을 기대해야 하는 위안화로는 투자하기 힘들다. 결국 외화투자는 미국 달러와 일본 엔으로 압축해서 투자하는 수밖에 없다.

외화에 투자할 때는 현찰을 사고파는 것보다 수수료가 낮은 전신환을 이용해서 투자한다. 외화예금을 통해서 매매할 수 있는데 이 경우에도 직접 현찰을 찾게 되면 수수료를 내야 한다.

유학생이 있거나 해외출장이 잦은 외화의 실수요자 입장에서는 외화예금을 이용한다. 쌀 때 사서 외화예금에 넣어두면 환율이 올라도 걱정할 필요가 없을 뿐만 아니라 환차익도 누릴 수 있다.

〈각국 외환의 스프레드〉 (2018년 외환은행 기준, 단위:%)

통화	살 때 스프레드	팔 때 스프레드	스프레드 합계
미국 달러	1.75	1.75	3.50
일본 엔	1.75	1.75	3.50
유로	1.99	1.99	3.98
중국 위안	5.00	5.00	10.00
홍콩 달러	1.97	1.97	3.94
태국 바트	6.00	6.00	12.00
대만 달러	7.00	7.00	14.00

나의 경우

나도 외환 투자를 한다. 서울에 거주하기 때문에 서울역에 있는 우리은행과 국민은행을 이용하여 외환을 매수한다. 이곳은 환전수수료를 90%나 할인해주기 때문이다. 가끔은 명동에서 환전하기도 한다. 명동 환전상은 달러나 엔을 많이 보유할 경우 싸게 환전해 주기도 한다. 명동 환전상이 싼지 우리은행이나 국민은행의 서울역지점이 싼지는 인터넷으로 검색하면 나온다.

나는 주로 달러는 1,050~1,100원 사이에서 사고 1,200원 가까이 되면 판다. 엔화는 950~1,000원 사이에서 사고 1,100원 근처에서 판다. 이 범위를 벗어날 경우나 급등 혹은 급락할 때마다 사고팔고를 반복한다.

다음의 표는 2018년 1월 9일의 거래현황인데 달러는 1,068원에 매수하였고 엔화는 950원에 매수하였다. 2018년 10월 6일 현재 달러는 1,130원이니 5.8%의 수익, 엔화는 994원이니 4.6%의 수익을 올리고 있다. 달러는 1050원 아래, 엔은 900원 아래로 가면 추가 매수할 계획이다.

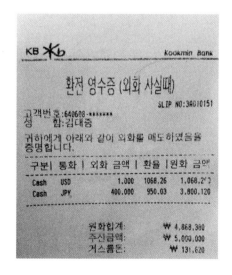

금(Gold)

금은 인플레이션을 헷지 할 수 있는 대표적인 자산이다.

안정된 투자 상품이기도 하면서 세원 노출 없이 상속과 증여가 가능하다. 세계 어디를 가더라도 통용된다. 환금성만 따지면 갑중의 갑이다. 전 세계에서 가장 널리 통용되는 화폐는 달러지만 달러보다 더 인정받고 있는 것이 금이다.

휴대도 간편하다. 현금으로 몇 억 원을 운반하려면 큰 가방이 몇 개 필요하겠지만 금은 호주머니에 쏙 들어갈 만큼 적은 양이다. 유사시에 얼마든지 몸에 지니고 이동할 수 있는 장점이 있다.

우리나라에서 재테크의 가장 좋은 수단이라고 하는 부동산도 호주머니에 넣어서 옮길 수는 없다. 주식도 부도나면 휴지로 변하고 만다. 한 점에 몇 억 하는 골동품이나 그림도 깨어지고 찢어지면 낭패다. 금은 호주머니에 넣어서 운반할 수도 있고 설령 어딘가에 부딪치더라도 깨어지거나 찢어지지 않는다.

IMF때 금 모으기 운동이 있었다. 국가부채를 갚기 위해 국민들은 가지고 있던 금을 팔았고 그렇게 모인 금은 227톤이나 되었다. 당시 외환부채가 300억 달러였는데 모인 금이 21억 달러어치나 되었다. 이렇듯 금은 평소에는 안전자산으로 사용되고 필요할 때에는 화폐와 교환이 가능하다.

금은 세계적으로 경기가 부진하거나 전쟁이 일어나거나 국제정세가 불안할 때마다 위험자산을 회피하려는 투자자들이 몰려 상승세를 보인다. 화폐보다 금의 가치를 더 높게 평가하기 때문이다. 지난 2001년 미국에서 발생한 9·11테러 때에는 국제 금값이 5% 이상 급등하기도 하였다.

예전에는 금에 대한 투자에 뾰족한 방법이 없어서 그저 금은방에 가서 금붙이를 사는 정도였다. 일부 부유층은 한꺼번에 3억~4억에 이르는 금괴를 구입하는 경우도 있었다. 지금은 금 ETF에 투자하면 수월하게 투자에 나설 수 있다.

현재 증권거래소에는 KODEX골드선물(H)이 상장되어 있다. 뉴욕상품거래소에서 거래되는 금선물의 가격변동지수를 기초자산으로 한다. 다음의 차트는 최근 1년간 금 시세와 KODEX골드선물(H)의 시세다. 차트가 비슷하게 움직이는 것을 확인할 수 있다.

45,257.72원/g 전일대비 ▼152.57 (-0.34%) 2018.03.30 18:00 신한은행 기준 | 고시회차 46회

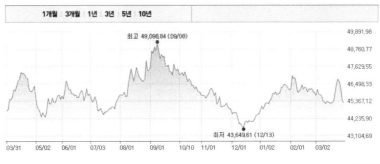

금 시세

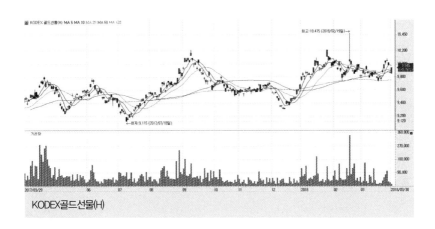

KODEX골드선물(H)

나의 경우

기혼남성을 대상으로 한 설문조사 결과를 본 적이 있다. 아내의 생일 때 선물로 무엇을 주느냐 하는 질문이었다. 첫 번째가 꽃다발, 두 번째 가 케이크, 세 번째가 속옷이었다고 한다. 하지만 나는 다른 것을 준비

한다.

꽃다발이나 케이크나 속옷 대신 금반지나 금목걸이를 사 준다. 꽃다발은 시들면 버려야 하고 케이크는 먹으면 없어지고 속옷은 한 번 입으면 자산가치가 없어지는 것이지만 금은 자산가치가 남기 때문이다. 나는 선물을 주어서 기분 좋고, 아내는 선물을 받아서 기분 좋고, 금의 자산 가치는 그대로 유지되니까 더 기분 좋은 일이다. 금 한 돈 값이 5만 원할 때 산 금붙이는 한때 20만 원을 넘어서기도 했다.

금붙이를 가지고 있으면 가계비상금 역할도 한다. 실직을 당했거나 갑자기 현금이 필요할 때 금붙이를 팔아서 현금화시킬 수도 있기 때문이다.

chapter 9

노후에 필요한
상품

보험은 초장기 상품이다
오, 나의 모든 연금이여

보험

보험은 생명보험과 손해보험으로 구분한다.

생명보험은 사람의 생존 또는 사망에 관하여 약정한 급여의 제공을 약속하는 보험이다. 조기사망, 상해 및 질병, 노령화 등의 우연한 사고로 인한 경제적 손실을 보장한다. 생애주기 전체에 걸친 주택마련, 자녀교육, 은퇴 후 대비를 위한 저축기능도 있다.

손해보험은 우연한 사고로 인하여 발생하는 손해를 보상하는 보험이다. 예측할 수 없는 재난으로부터 발생하는 재산상의 손실위험에 대처하기 위하여 만들어진 상호보장적 성격을 가지고 있다.

보험에는 대수의 법칙이 존재한다. 작은 규모로는 불확정적이지만 큰 규모로는 일정한 법칙이 있다는 것이다.

어느 마을에 1만 가구가 살고 집 한 채의 가격은 2억 원이라고 하자.

한 해에 화재로 5집 정도가 전소된다고 한다. 2억 원×5집=10억이라는 비용이 산출된다. 이 경우 각 가구마다 10만 원씩을 부담하여 공동기금을 만든다. 1만 가구에 10만 원씩이면 총 10억이 모인다. 10억을 화재가 난 5가구에 지급하는 것이다. 보험의 기본 구조는 이와 같다. 즉, 보험의 기본 구조는 일어날 확률이 존재하고 사고가 일어날 경우 감당하기 힘든 금액이 될 것이라는 데 있다.

보험에 가입할 때는 저축보다 보장에 방점을 찍고 가입해야 한다.

보험은 크게 보장성 보험과 저축성 보험으로 나뉜다. 보장성 보험은 정해진 기간에 사건이 발생하지 않으면 그동안 납입한 보험료가 소멸된다. 화재보험, 자동차 보험이 대표적이다.

저축성 보험은 정해진 기간에 사건이 발생하지 않으면 그동안 납입한 보험료를 돌려받는다. 얼핏 들으면 돈을 돌려받는 저축성 보험이 소멸되는 보장성 보험보다 좋아 보인다.

실상은 그렇지 않다. 저축성 보험에 가입했다가 사건이 발생하면 실제 보상금액은 미미하다. 보험료의 구성요소 중에서 저축성의 비중이 크면 클수록 보상받는 보험금 비중은 작아진다. 저축의 성격이 강할수록 만기에 지급받는 금액은 커지는 대신 보상받는 금액은 줄어든다.

A라고 하는 보험은 매달 10만 원을 보험료로 내는 보험 상품이다. 이 중에서 보장성인 암 보험은 2만 원이고 8만 원은 저축성에 해당되는 금액이다. 실제로 암에 걸렸다는 판정이 나오면 보험료 2만 원에 해당되는 보험금이 결정된다. 2만 원짜리 암 보험을 든 것과 같은 보험금을 받는다. 이 경우는 10만 원짜리 보험 상품에 가입할 것이 아니라 2만 원은

암 보험에 가입하고, 나머지 8만 원은 은행의 정기적금에 가입하는 것이 더 현명한 방법이었을 것이다.

종신보험과 정기보험

사망보험은 보험에 가입한 사람이 사망했을 때 보험금이 지급되는 보험 상품으로 종신보험과 정기보험으로 나뉜다.

종신보험은 피보험자가 사망할 때 계약액과 동일한 보험금을 수익자에게 지급한다. 종신보험은 유족의 경제적 지원을 위해 필요한 보험이다. 남겨진 사람들은 보험금으로 가장의 사망으로 인한 경제적 손실을 메울 수 있다. 여러 모로 유익한 보험이지만 한 가지 단점이 있다. 보험료가 비싸다는 것이다. 보험료는 확률을 근거로 산정되는데, 사람이 죽을 확률은 100%이므로 당연히 높을 수밖에 없다.

이럴 경우는 정기보험을 이용하자. 정기보험이란 말 그대로 기간이 정해져 있는 보험이다. 1·2·5·10년이라는 일정 기간을 정하고 그 기간 중에 사망했을 때 보험금이 지급된다. 그 기간 동안 생존해 있으면 보험금은 소멸된다.

사망보험에 가입하는 이유는 내가 죽었을 때 내 아이들이 아직 어린 경우, 경제적 어려움이 예상되기 때문이다. 만일 자녀가 대학생 정도 되었다면 내가 죽더라도 헤쳐 나갈 수 있을 것이다. 그렇다면 굳이 보장기간이 긴 종신보험에 가입할 이유가 없다. 기간을 끊어서 정기보험으로 가입하는 것이 낫다. 정기보험도 가입기간 내에 사망하면 종신보험과 같은 보험금이 지급된다.

35세의 남자를 기준으로 종신보험과 정기보험을 비교해 보자. 아래 표는 K 생명보험회사의 홈페이지에서 보험료 계산을 해 본 것이다. 10년 납으로 해서 종신보험을 가입하게 되면 399,000원의 보험료를 매달 내야 한다. 하지만 정기보험으로 가입하게 되면 17,100원의 보험료만 내면 된다. 399,000원의 종신보험, 17,100원의 정기보험, 꽤 차이가 크

주계약

주계약	보험기간	납입기간	가입금액	보험료
저해지환급형_기본형플러스(55세형)	종신 ☑	10년납 ☑	10,000 만원	399,000 원

특약 　전체특약 보기

선택	특약명	보험기간	납입기간	가입금액	보험료
		조회된 데이터가 없습니다.			

보험료 계산

홍길동님(35세/남)의 합계 보험료는 **399,000원** 입니다.

주계약

주계약	보험기간	납입기간	가입금액	보험료
기본형	10년만기 ☑	전기납 ☑	10,000 만원	17,100 원

특약 　전체특약 보기

선택	특약명	보험기간	납입기간	가입금액	보험료
		조회된 데이터가 없습니다.			

보험료 계산

홍길동님(35세/남)의 합계 보험료는 **17,100원** 입니다.

다. 23배의 차이다. 그래서 보험은 최소한의 보험료로 최대한의 보험금을 확보할 수 있도록 선택해야 한다.

보험은 초장기상품이다

보험에 가입할 때는 기분에 따라 막연하게 가입할 것이 아니라 보험료를 납부할 기간과 금액을 잘 계산해보고 가입해야 한다. 55세 이후의 수입이 불투명하다면 보험납부기간을 그 전으로 끝내야 한다.

나도 지인을 통해 보험에 가입한 적이 있었다. 대학 다닐 때 친하게 지내던 선배였는데 졸업 후 연락이 끊겼다. 20년 만에 나를 찾아와 저간의 사정을 이야기했다. 암에 걸려 투병생활을 했고 지금은 완쾌되어 직장을 구하려고 하는데 이미 나이가 되어 구직이 힘들다는 것이다. 겨우 구한 것이 보험모집인이었다. 옛정도 있고 또 가슴 아픈 사연에 보험을 가입했다. 선배는 실적에 기여할 수 있는 상품에 가입해 달라고 했고 나도 선배가 알아서 해 달라고 일임했다. 그렇게 가입한 보험은 결국 1년도 되지 않아 해지할 수밖에 없었다. 나에게는 전혀 필요 없었던 보험이었기 때문이다.

보험은 한번 가입하면 짧게는 10년, 길게는 30년을 납입해야 하는 초장기상품이다. 중간에 해약하면 본인만 손해 본다. 보험에 가입할 때는 냉정해져야 하는 이유다.

보험가입을 취소하고 싶은 경우에는 일정한 기간 내에 보험계약의 청약의사표시를 철회할 수 있다. 전화로 한 보험계약은 청약일로부터

30일이며 그 밖의 경우에는 보험증권을 받은 날로부터 15일이다. 나의 아들이 전문연구요원 근무를 위해 D사에 취직했다. 어느 날 회사로 전화가 걸려와 보험 상품에 가입했다고 했다. 상품내용을 보니 저축성 보험인데다 아들에게 딱히 필요한 보험이 아니었다. 바로 해약하라고 했다. 그러면서 보험계약의 청약의사표시 철회에 대해서 설명해 주었다. 세상물정 어두운 사회초년생들에게 보험 상품을 권하는 전화가 자주 온다. 본인이 잘 판단이 서지 않으면 주위에 물어보고 주위에서도 잘 모르면 아예 가입하지 않는 것이 낫다. 전화로 설명 듣고 가입하는 것보다는 인터넷으로 가입하는 것이 보험료도 더 낮다.

보험용어

보험증서를 보면 보험용어가 많이 나온다. 처음 보면 무슨 말인지 잘 이해가 가지 않는다. 먼저 보험용어부터 정확히 알고 있어야 한다. 보험계약자란 보험료를 내는 사람이다. 보험대상자 혹은 피보험자는 보험의 대상이 되는 사람이다. 보험수익자는 보험금을 받는 사람이다. 보험료는 보험가입자가 보험회사에 내는 돈이며 보험금은 보험회사가 보험수익자에게 지급하는 돈이다.

사업비는 보험영업에 쓰이는 돈으로서 설계사 수당, 판매촉진비, 점포운영비, 직원급여, 수금비용 등에 쓰인다. 보험회사의 사업비는 20~30% 정도인데 초기 1~2년 사이에 당겨서 사용한다.

보험 구조조정

설마 나한테 무슨 일이 생기겠냐는 생각으로 보험 상품을 하나도 가입하지 않은 사람들이 있다. 혹은 가입하고 싶은데도 형편상 가입하지 못하는 경우도 많다. 보험을 하나도 들어놓지 않으면 위기상황이 발생했을 때 곤란한 처지에 빠지게 된다.

이보다 더 큰 문제는 많은 보험에 가입하여 비싼 보험료를 내면서도 내가 어떤 보험에 가입했는지 제대로 파악하지 못하는 경우다. 본인에게 정작 필요한 보험은 가입되어 있지 않고 어떤 보험은 중복해서 가입되어 있다. 대여섯 개의 보험 상품에 가입하였음에도 불구하고 정작 암과 관련된 보험에는 가입되어 있지 않은 경우, 암으로 인한 치료비는 고스란히 본인의 부담이다.

보험 구조조정을 위해서는 먼저 내가 가입한 보험증서를 모두 나열해 보자. 보험증서를 분실한 경우는 재발급 받자. 보험증서에는 보험의 종류와 증권번호, 주피보험자 등이 기본적으로 적혀 있으며 보험가입 금액과 보험기간, 납입기간, 보험료 등이 적혀 있다. 보험증서를 통해서 기본적인 사항들을 먼저 분석해 보아야 한다.

가장 먼저 보험료의 지출규모부터 파악해본다. 수입 중에 보험료로 지출되는 부분이 얼마나 되는지 계산해 보는 것이다. 보험이라고 하는 것은 사람마다 처한 상황이 다르기 때문에 일괄적으로 몇 %를 보험료로 지급하라고 할 수는 없다. 여유가 있다면 많이 가입할수록 좋겠지만 그렇다고 생활비의 상당부분을 보험료로 지출한다는 것도 부담이다.

다음에는 보장기간에 대한 부분이다. 가입하고 10년, 15년, 20년이나 60세, 65세가 만기인 상품은 효용성에 문제가 있다. 평균수명이 연장되고 있는 상황에서 60세 혹은 65세까지만 보험혜택이 주어진다면 그 이후 대책이 없다. 보험 혜택은 나이가 들수록 늘어나는 만큼 보장기간은 꼭 체크해야 한다. 가입한 지 얼마 되지 않는 보험이 보험기간이 짧다면 과감하게 해지하는 것도 한 방법이다. 보험료 만기가 얼마 남지 않았다면 그냥 기간을 채우는 것이 나을 것이다.

보장기간과 더불어 보장금액에도 신경 써야 한다. 보장금액은 보험의 종류와 보험료에 따라 달라진다. 사고가 발생했을 때 우리 가족의 의식주를 해결할 수 있을 정도의 보장금액이 되려면 얼마 정도의 보험료를 내야 하는지 계산해 보자. 현재 가입해 있는 보험과 비교하여 적다면 더 넣어야 할 것이고 많다면 줄여도 좋을 것이다.

보험 해약 시 유의사항

보험에 가입했다가 중간에 해약하게 되면 해약환급금을 받게 된다. 해약환급금은 가입한 보험에 따라 비율이 다르다. 종신보험의 해약환급금은 얼마 되지 않는 반면 연금보험의 해약환급금은 그나마 낫다.

종신보험료를 1년 납입했다가 해약하면 납입보험료의 3.5% 정도만을 환급받는다. 2년 정도 납입해야 30% 정도 환급금을 받는다. 연금보험의 경우는 1년을 납입했다가 해약하면 납입보험료의 70% 정도를 환급금으로 받을 수 있고 2년을 납입했다가 해약하면 85% 정도를 돌려받는다.

돌려받는 해약환급금의 비율이 납입한 보험료에 비해 현저히 적다보니 보험에 가입하기를 망설이는 사람들이 많다. 보험회사들이 폭리를 취한다고 생각하기 때문이다.

여기서 잠깐, 보험료가 어떻게 산정되고 또 어떻게 구성되어 있는지를 살펴보자.

보험료는 위험의 범위에 대응하여 정해진다. 보험료를 산출하는 데 가장 우선시 되는 것은 예정사망률이다. 개인이 사망하거나 질병에 걸리는 확률을 따져 확률이 높으면 보험료도 높게 책정되고 확률이 낮으면 낮게 책정된다. 예정이율과 예정사업비율도 보험료의 책정에 영향을 미친다. 계약자가 납입한 보험료와 지급하는 보험금 사이에는 시차가 존재하는데 이 기간 동안 보험회사는 운용수익을 올릴 수 있다. 수익만큼 일정한 비율로 보험료를 할인해 주는데 이를 예정이율이라고 한다.

계약자가 보험료를 납부하게 되면 초년도에는 많은 경비가 발생하게 되고 이 부분이 모두 비용으로 처리되기 때문에 환급받는 금액이 적어진다. 보장성 보험의 경우에는 가입한 기간 동안의 위험보험료가 모두 공제되기 때문에 환급받는 금액이 더욱 적어진다.

연령대별 보험 활용

보험에 가입할 때에는 연령대별 상황을 적절히 고려하여 선택하는 것이 중요하다.

20대의 남자는 재해발생에 대비하여야 한다. 가장 높은 재해발생위험이 있는 시기다. 이전까지의 생활영역은 학교와 집에 국한되었지만 이 시기는 대학생활과 군 입대 등 새로운 변수들이 증가한다. 또한 20대 중후반이 되면 취직을 하면서 스트레스도 증가하는 시기다. 여자 또한 직장에서의 스트레스, 결혼 등의 부담감과 불규칙한 식생활 등으로 질병위험이 증가할 시기다. 질병위험 증가가 남성보다 높은 것으로 나타나고 있으며 암에 대한 위험도 남성보다 훨씬 높은 것으로 나타나고 있다.

30대는 순환기계 질환이 등장하는 시기다. 중반이 넘어서면 남성은 심장질환과 뇌혈관질환이 늘어나고 여성은 암 발병 위험이 증가한다.

남성의 경우 재해위험이 평균위험에 머물고 있고 질병위험은 점차 늘어나게 된다. 그러나 위험 상승폭은 완만한 것으로 나타나고 있다. 암 위험도 아직은 미미하지만 지속적인 상승선을 이어가게 된다. 심장질환과 뇌혈관질환이 늘어나는 시기이며 질병위험이 30대 초반의 상승세를 그대로 이어가는 시기이기도 하다. 특히 이 연령대의 흡연율이 가장 높은 것으로 나타나고 있다. 흡연은 폐암의 원인도 되지만 동맥경화성 심장질환의 발병 요인도 되므로 주의가 필요하다.

여성의 경우 질병위험은 비교적 높았던 20대 후반에 비해 다소 줄어들지만 암 발병 위험은 점차 증가폭이 커지는 것으로 나타나 지속적인 식생활에 대한 주의가 필요하다. 또한 재해 위험이 꾸준히 증가하는 추세에 있으므로 안전에 대한 주의도 해야 하는 시기다.

이 시기에는 건강과 상해를 종합 보장하는 종합보험, 연금보험, 정기보험 등을 가입하는 것이 좋다. 종합보험에 가입할 때에는 고령화에 대비하여 보장기간을 길게 가져가는 것이 요구된다. 연금보험은 연령대와 관계없이 전 연령대에 걸쳐 꾸준히 준비해야 하는 상품이다. 자라나는 자녀를 위하여 교육보험에 가입하는 것도 고려해 볼 만하다. 자녀학자금을 지원해 주는 회사가 늘어나면서 교육보험에 대한 관심이 예전보다는 못하지만 만일을 대비해 가입하는 것도 괜찮을 듯싶다.

40대 남성은 간 질환에 대한 위험이 증가하여 간암에 대한 위협이 높은 시기다. 또한 돌연사에 대한 위험이 증가하는 시기이기도 하다. 돌연사를 예방하기 위해서는 적절한 운동과 스트레스 관리가 필요하다. 재해위험도 평균을 상회하는 것으로 나타나고 있다. 이는 남성의 경제활동이 장기간에 걸쳐 이루어지기 때문이다. 기본적으로 암 위험은 연령 증가와 비례하여 늘어난다. 이 연령대의 경우 간암에 대한 위험이 높은 것으로 나타나고 있다.

여성의 경우는 각종 스트레스로 인한 위암 등이 주요 사인으로 등장하게 되는 시기다. 이 시기에는 특히 암에 대한 위험이 높아지는데 이에 대해 암보험 등에 가입하는 것이 요구된다. 암을 예방하기 위해서는 스트레스를 해소하는 데 주안점을 두어야 할 것이다. 질병위험은 30대 후반처럼 비교적 낮은 상태다. 그러나 재해위험과 암 관련 위험은 계속적으로 증가하는 추세이기 때문에 각별한 주의가 요구된다.

50대는 뇌혈관질환에 대한 위험이 상위 위험으로 등장한다. 재해위험은 50대 후반으로 갈수록 약간씩 줄어들지만 전반적으로 동일한 위험을 나타내고 있다.

50대 이후는 연령이 높아 보험료도 매우 비싸진다.

국민연금

국민연금은 국민의 생활 안정과 복지 증진을 위해 국가에서 시행하는 사회보장제도다. 관리운영비는 국가에서 지원하고 있으며 법에 정해진 가입 요건에 해당하는 사람은 누구나 강제로 가입된다.

가입요건에 해당되지 않은 사람들도 가입할 수 있다. 임의가입이라고 하는 것이다. 가장 흔한 경우가 가정주부다. 가정주부는 별도의 소득활동이 없기 때문에 가입하지 않아도 되지만 사적연금보험보다는 국민연금을 활용하는 것이 더 유리하다. 사적연금보험은 사업비를 징구하지만 국민연금은 그런 것이 없기 때문이다. 나의 아내도 임의가입으로 매달 국민연금을 불입하고 있다.

국민연금의 가장 큰 장점은 낸 돈보다 더 받는다는 것이다. 최초로 연금을 받는 시점에 과거의 소득을 현재가치로 재평가하여 연금액을 산정하고 연금을 받는 중에는 물가상승분에 따라 연금액도 오른다. 납부한 보험료보다 연금수령액은 더 많게 된다.

국민연금의 연금급여 종류에는 매월 지급하는 노령연금, 장애연금, 유족연금이 있고 일시급으로 지급하는 반환일시금과 사망일시금이 있다.

노령연금은 노후 소득보장을 위한 급여로서 국민연금의 기초가 되는 급여다. 가입 기간이 10년 이상이면 평생 동안 매월 지급받는다. 급격한 노령화로 수혜 대상이 급증할 것으로 예상돼 2013년부터 5년마다 단계적으로 한 살씩 연장돼 2033년 이후에는 65세부터 지급받게 된다. 조기노령연금은 소득 있는 업무에 종사하지 않는 경우에 지급되며 일찍 받는 만큼 덜 받게 된다. 분할연금은 노령연금 수급권자의 이혼한 배우자가 노령연금 수급권자의 가입기간 중 혼인기간 동안에 해당되는 연금액의 1/2을 받는다.

장애연금은 가입 기간 중에 발생한 질병 또는 부상으로 인해 완치 후에도 장애가 남았을 때 장애 정도에 따라 일정한 급여를 지급받는다. 장애 1급은 기본 연금액의 100%, 장애 2급은 기본 연금액의 80%, 장애 3급은 기본연금액의 60%, 장애 4급은 기본 연금액의 225%를 일시불로 지급받는다.

유족연금은 국민연금에 가입하고 있던 사람 또는 연금을 받던 사람이 사망하면 그에 의해 생계를 유지하던 유족에게 지급하는 연금이다. 10년 미만 가입한 경우 기본 연금액의 40%, 10년 이상 20년 미만인 경우는 기본 연금액의 50%, 20년 이상인 경우에는 기본 연금액의 60%를 지급받는다.

반환일시금은 연금을 받지 못하거나 더 이상 가입할 수 없는 경우 청산적 성격으로 지급받는 급여다. 사망일시금은 유족연금 또는 반환일시금을 받지 못할 경우 장제보조적, 보상적 성격으로 지급받는 급여다.

국민연금이 고갈되면

국민연금과 관련된 것 중 가장 큰 관심은 나중에 국민연금이 고갈되면 연금을 지급받을 수 있는가 하는 것이다. 낮은 출산율과 수명의 연장으로 연금을 내는 사람은 점점 줄어들고 받는 사람은 점점 늘어난다. 국민연금의 지급 연령도 늦춰지고, 지급되는 금액도 줄어들고, 나중에는 연금을 지급하지 않는 것이 아닌가 하는 것이다.

이에 대한 국민연금공단의 답변은 이러하다.

〈국민연금은 국가가 최종적으로 지급을 보장하기 때문에 국가가 존속하는 한 반드시 지급됩니다. 설령 적립된 기금이 모두 소진된다 하더라도 그 해 연금지급에 필요한 재원을 그 해에 걷어 지급하는 이른바 부과방식으로 전환해서라도 연금을 지급합니다. 우리보다 먼저 국민연금과 같은 공적연금제도를 시행한 선진복지국가들도 초기에는 기금을 적립하여 운영하다가 연금제도가 성숙되면서 부과방식으로 변경했습니다.

현재 전 세계적으로 공적연금제도를 실시하고 있는 나라는 170여 개국에 달하지만 연금지급을 중단한 예는 한 곳도 없습니다. 심지어 최악의 경제 상황에 직면했던 80년대 남미 국가들과 90년대의 옛 공산주의 국가에서도 연금지급을 중단한 사례는 없습니다.〉

퇴직연금

퇴직연금제도는 노동자들의 노후생활 보장을 위해 퇴직금을 별도의 금융기관에 적립하고 노동자가 퇴직할 때 일시금 또는 연금으로 지급되는 제도다. 퇴직금이 사외에 유치되므로 회사에 문제가 있어도 노동자의 퇴직금 수급권은 보장된다. 연금을 통해 안정적인 노후자금 계획을 수립할 수 있고, 세제 혜택으로 실질 소득이 증가되는 이점이 있다. 이직이나 조기 퇴직 시에는 개인형 퇴직연금(IRP, Individual Retirement Pension) 계좌를 통해 연금을 받을 수 있다.

개인형 퇴직연금은 근로자가 퇴직하거나 직장을 옮길 때 받은 퇴직금을 자기 명의의 퇴직계좌에 적립하는 것이다. 납입금액에 대해 최대 300만 원까지 세액공제가 가능하다.

기존의 퇴직금제도는 법정 퇴직금제도로 근속연수 1년당 30일의 평균임금을 지급하는 것이었다. 퇴직금제도에는 퇴직급여충당금을 이용한 사내 적립과 퇴직보험 및 퇴직신탁을 이용한 사외 적립의 2가지 방법이 있었다.

정부는 노동자의 퇴직금 수급권 보호와 노후 보장을 위해 사외 적립 방법을 권장해왔다. 퇴직금을 장부상으로만 적립한 회사들이 많아 회사가 문을 닫으면 노동자들은 실업과 체불의 이중고에 시달릴 위험에 늘 노출돼 있었다. 기업 입장에서도 대규모의 퇴직금을 지급하는 일이 노동자의 퇴직 시마다 불규칙적으로 발생해 기업 경영에 부담을 주고 있었다. 여기에 연봉제, 중간 정산의 확산, 짧아진 근속연수, 잦은 이직 등 기존의 퇴직금제도로는 사회 환경과 노동시장의 변화를 따라갈 수 없게 됐다. 더군다나 기존의 퇴직금제도는 5인 미만의 사업장 노동자를 제외하고 있어 많은 노동자들이 퇴직금의 혜택에서 배제되고 있었다.

기존 퇴직금제도의 불합리성을 개선하고자 2005년 퇴직연금제도가 새로 도입됐다. 법적으로 2016년부터는 300인 이상, 2017년부터는 100인에서 300인 미만 회사가 의무 가입되었고, 2018년에는 30인에서 100인 미만, 2019년에는 10인에서 30인 미만 회사, 2022년에는 모든 회사가 가입해야 한다.

확정급여형과 확정기여형

퇴직연금제도의 종류에는 확정급여형(DB, Defined Benefit)과 확정기여형(DC, Defined Contribution)의 2가지가 있다.

확정급여형은 장래에 노동자가 받을 급여 수준이 사전에 결정돼 있고, 사용자가 부담할 금액은 적립금 운용 실적에 따라 변동되는 방식이다. 노동자 입장에서는 기존의 퇴직금 제도와 큰 차이가 없다. 장래에 받을 연금액이 정해지고 노동자는 퇴직연금 운용에 책임이 없다. 회사는 퇴직금의 60% 이상을 퇴직연금기관에 맡기고 성과가 나면 모두 회사의 몫이 된다. 투자수익률이 높을 경우 회사는 부담이 줄어드는 장점이 있다. 반면 회사를 옮길 때 기존 퇴직연금 누적분을 가져가기 어렵고 투자수익률이 낮거나 기업 경영이 나빠지면 노동자는 돈을 제대로 못 받게 되거나 기업에 부담이 되는 단점도 있다. 이 제도는 회사 경영이 안정적이고 이직이 적으며 정년이 보장된 회사의 노동자에게 유리하다.

확정기여형은 사용자의 부담금 수준이 사전에 결정되고, 노동자가 받을 퇴직급여는 적립금 운용 실적에 따라 변동되는 방식이다. 회사는 매년 노동자마다 정해진 액수를 부담하면 되고 운용 책임이 없으며, 투자수익률이 높으면 노동자 개인에게 이익이 돌아간다. 회사 경영이 어려워져도 별 문제가 없다. 회사를 옮겨도 퇴직연금 누적분을 계속 이어갈 수 있다는 장점이 있다. 반면 투자수익률이 나쁘거나 운용을 잘못하면 책임은 노동자 개인에게 돌아간다. 회사는 투자수익률이 좋아도 부담이 줄지 않으며, 노동자의 충성도를 유지하기 어려운 단점이 있다. 이 제도는 회사 규모가 작고 변화가 크거나 직장을 옮길 가능성이 큰 노동자에게 유리한 방식이다.

05

개인연금

연금저축은 일정한 기간 동안 정해진 금액을 입금하고 나중에 연금으로 매달 지급받는 것이다.

연금의 수령요건은 최소 5년 이상 납입해야 하고 55세부터 10년 이상 연금으로 수령해야 연금소득으로 과세(3.3%~5.5%)된다. 최초 10년간 수령연차별 한도액 이내에서 연금을 수령해야 하며 연금수령 요건을 만족하지 못하면 기타소득세(16.5%)가 부과된다.

연금저축에는 400만 원 한도 내에서 세액공제혜택이 있다. 징수세율은 개인별로 차이 난다.

총 급여가 5,500만 원 이하 노동자 또는 종합소득 4천만 원 이하 거주자는 400만 원의 세액공제한도로 16.5%의 연말정산 세액공제를 받고, 총 급여가 5,500만 원 초과 1억2천만 원 이하 노동자 또는 종합소득이 4천만 원 초과 1억 이하라면 400만 원의 세액공제한도로 13.2%의 세액공제를 받는다. 총 급여액 1억2천만 원 초과 또는 종합소득금액 1억 원 초과의 경우라면 300만 원의 세액공제한도로 13.2%의 세액공제를 받는다.

연금저축은 은행의 연금저축신탁, 자산운용사의 연금저축펀드, 보험사의 연금저축보험으로 나뉜다. 2017년까지 가입한 연금저축신탁은 원금이 보장되나 2018년부터 가입한 연금저축신탁은 원금이 보장되지 않는다. 연금저축펀드는 실적배당상품으로 원금이 비보장되며 채권형, 혼합형, 주식형으로 나뉜다. 연금저축보험은 종신형이 가능하다는 특징을 갖고 있다. 죽을 때까지 지급받는다는 것이다. 보험료 납부 기간 중에 사망할 경우에는 납입된 보험료 상당액의 사망급부금을 수령할 수 있다.

연금저축보험

개인연금은 노후의 자금이기 때문에 단순히 수익률로만 판단하지 말고 안정성에 초점을 맞추어야 한다. 기본으로 연금저축보험에 가입하고 이후 연금저축펀드로 보완해 나가는 것이 효율적이다.

연금저축보험에 가입할 때에는 꼭 10년 이상 납입을 해야 한다. 보험사의 사업비 때문이다. 보험사는 보험모집인들이 보험 상품을 판매하는 방식으로 영업이 이루어진다. 보험모집인에게 수당을 지급하기 위해서 초기에는 수수료를 많이 뗀다. 10년이 지나가면 오히려 다른 금융기관보다 수수료를 덜 뗀다. 그래서 연금저축보험은 10년 이상 납입할 각오로 가입해야 한다.

연금보험은 일명 '여자를 위한 보험'이라고 한다. 여자가 남자보다 오래 살기 때문에 혜택을 더 보기 때문이다. 남편 없이 혼자 살아야 하는 여자에게 연금보험에서 매달 나오는 보험금은 매우 큰 도움이 될 것이다.

변액보험은 물가상승분까지 보상받을 수 있는 보험으로, 투자를 통한 수익금이 많으면 보험금의 액수도 늘어나고 수익금이 적으면 보험금의 액수도 줄어든다. 보험이라는 '보장성'과 투자라는 '수익성'의 두 마리 토끼를 동시에 잡을 수 있다.

변액보험은 투자수익에 따라 보험금의 액수가 달라지므로 능력 있는 보험회사를 선택하는 것이 중요하다. 보험사의 자산운용 능력에 따라 수익률은 천차만별로 나타나기 때문이다.

비록 변액보험의 실적이 좋지 않더라도 보험에 가입할 때 설정한 최저사망보험금은 보장해준다. 또 사망보험금이 납입보험료보다 적은 경우에는 납입보험료를 지급해주고, 중도에 해약할 경우 원금 보장이 되지 않지만 연금 개시 시점까지 납입한 보험료는 100% 보장해준다.

금융감독원의 통합연금포털을 활용하면 본인이 가입한 국민연금, 퇴직연금, 개인연금의 내역을 확인할 수 있다. 국민연금의 경우는 연금개시연도와 예상연금수령액을 알 수 있고 개인연금의 경우는 가입회사, 상품유형, 상품명, 가입일, 연금개시예정일, 적립금 등을 일목요연하게 볼 수 있다.

06
국민건강보험

국민건강보험은 국가가 국민의 기본적인 의료문제를 해결하고 전체 국민들의 의료비용을 공동으로 해결하고자 만들었다. 국민들이 매월 보험료를 내면 그것을 쌓아두었다가 질병 등 치료할 일이 생겼을 때 진료비의 일부분을 납부해 주는 것이다. 국민건강보험은 법에 의해 시행하는 제도로서 대상이 되는 사람은 누구나 의무적으로 가입해야 한다. 가입과 탈퇴를 마음대로 한다면 아플 때만 가입해서 혜택을 받고 평소에는 탈퇴해버릴 수 있기 때문이다. 이런 도덕적 해이가 발생한다면 부담은 진료비를 성실하게 납부하는 가입자에게 돌아가고 이는 국민건강보험의 상부상조 정신에 어긋난다.

국민건강보험은 직장을 통해서 가입한 직장의료보험과 그 외의 사람들이 가입한 지역의료보험으로 나뉜다. 직장의료보험은 상시 1인 이상의 노동자를 사용하는 사업장에 고용된 노동자와 그 사용자가 대상이다. 직장의료보험에 포함되는 대상자는 회사의 구성원에 의하여 생계를 유지하는 배우자, 직계존속 및 그 배우자, 형제자매도 포함된다. 의료비는 급여를 기준으로 산정하는데 전년도에 받은 보수총액을 기준으로 하고 차후 연말정산절차를 거친다. 급여가 대폭 상승한 사람은 추가부담금을 지게 되고 급여가 대폭 하락한 사람은 환불받게 된다. 2018년 현재 직장가입자는 보수의 6.24%를 직장과 본인이 각각 50%씩 낸다. 본인이 3.12%, 회사가 3.12%를 낸다.

노인장기요양보험은 고령이나 노인성질병 등으로 인해 6개월 이상 혼자서 일상생활을 수행하기 어려운 노인 등에게 신체활동 또는 가사지원 등의 장기요양급여를 사회적 연대원리에 의해 제공한다. 장기요양보험료는 건강보험료에 장기요양보험료율을 곱해서 계산하는데 장기요양보험료율은 2018년 1월부터 7.38%가 적용되고 있다.

지역의료보험은 직장의료보험이 아닌 사람이 대상인데 보험료는 소득과 재산, 자동차, 생활수준 및 경제활동참가율을 참작하여 정한 부과요소별 점수를 합산한 보험료 부과점수에 점수당 금액을 곱하여 산정한다.

국민건강보험에서는 가입자 및 피부양자에게 현물급여와 현금급여를 제공하고 있다. 현물급여는 요양기관을 통하여 직접의료서비스를 제공하는 것으로 요양급여와 건강검진이 있다. 요양급여는 가입자 및 피부양자에게 질병이나 부상이 발생하거나, 가입자 및 피부양자가 출산을 하게 되는 경우에 보험자가 요양을 직접 행하거나 요양기관을 통하여 요양을 제공하는 것이다. 일부항목을 제외하고는 진료비용의 일부만을 환자가 부담한다. 병, 의원에 입원할 경우 진료비의 80%는 건강보험에서 부담하고, 외래진료를 받을 경우에는 병·의원 종류에 따라 50~80%를 부담한다.

건강검진

건강검진은 자각증상이나 질병이 없는 상태에서 사전에 질병을 예방하는 건강예방 행위다. 질병에 걸릴 가능성이 있는 개인 또는 집단에 대하여 건강검진을 실시하여 질병을 조기에 발견하고 치료함으로써 국민의료비를 절감하고 건강을 증진시키기 위한 2차적 예방사업으로 2년에 1회 무료 건강검진을 실시한다.

검진대상은 지역가입자의 경우 세대주 및 40세 이상 세대원이고 직장피부양자는 만 40세 이상이 해당된다. 직장가입자는 사무직 근로자 중 격년제 실시에 따른 대상자, 비사무직은 대상자 전체다.

암 검진에서 자궁경부암, 대장암은 무료인 반면 위암, 유방암, 간암은 수검자가 10%는 부담한다.

영유아건강검진은 전액 무료로 실시된다.

〈영유아 건강검진〉

구분	검진시기	검진유효기간	검진항목
1차	4개월	4~6개월	문진 및 진찰, 신체계측, 건강교육 및 상담
2차	9개월	9~12개월	문진 및 진찰 신체계측 건강교육 및 상담 발달평가 및 상담
3차(구강검진)	18개월	18~24개월	
4차	30개월	30~36개월	
5차(구강검진)	42개월	42~48개월	
6차(구강검진)	54개월	54~60개월	
7차	66개월	66~71개월	

chapter 10

진정한
부자를 위하여

가슴이 따뜻한 작은 부자
10억 만들기가 주는 꿈

진정 우리가
바라는 부자

'네 이웃을 사랑하라'는 말은 성경에만 나오는 것이 아니다. 이웃과 더불어 늘 사랑하는 마음으로 살아가야 한다는 것은 세상 사는 이치가 아닌가 한다.

지금도 이런 이야기가 국어 교과서에 있는지 모르겠는데 내가 초등학교 때 거인아저씨에 대한 이야기가 있었다. 벌써 40년도 더 전의 일이라 정확한 내용은 기억나지 않지만 대강 이런 내용이었던 것 같다.

〈아이들은 날마다 학교가 끝나면 거인의 정원에 가 놀았다. 어느 날 친구한테 놀러갔던 거인이 7년 만에 돌아왔다. 그가 도착했을 때 아이들은 정원에서 놀고 있었다. 거인은 "여기서 뭐 하는 거야?" 하고 소리 질렀고 아이들은 도망쳤다. "이 정원은 내 것이야. 나 외에는 아무도 놀

수 없어." 그는 정원 주위에 높은 담을 쌓았다. 그리곤 '무단출입 시 고발함'이라고 푯말을 붙였다. 거인은 매우 이기적이었다.

그리고 봄이 왔다. 대지는 꽃과 새들로 가득 찼다. 하지만 이기적인 거인의 정원만은 겨울이었다. "봄이 왜 이리 늦는지 모르겠어." 거인은 창가에 앉아 투덜거렸다. 그러나 결코 봄은 오지 않았다. 여름도 오지 않았다. 가을은 많은 정원에 황금빛 열매를 주었으나 거인의 정원에는 오지 않았다. 그래서 거인의 정원은 늘 겨울이었다.

그러던 어느 날 벽의 작은 구멍을 통해 아이들이 기어 들어와 나무가지 위에 앉으니 나무는 무척 기뻤다. 그리하여 나무는 꽃을 피웠고 가지는 아이들 머리 위로 우아하게 물결쳤다. 새들이 주위로 날아와 환희에 찬 노래를 불렀다. 꽃도 푸른 잔디에서 나와 미소 지었다. 사랑스러운 광경이었다. 그 모습을 바라보는 거인의 마음은 녹아내렸다.

"나는 그동안 얼마나 이기적이었는가! 왜 봄이 찾아오지 않았는지 이제 알겠다. 담을 허물어야지. 이제 내 정원은 영원히 아이들의 놀이터가 될 거야."〉

그는 자신이 저지른 일을 진정 뉘우쳤다.

자기만의 벽을 쌓아놓고 이웃과 사랑을 나누지 않으면 계절마저 오지 않는다는 이 짧은 동화에서 정원은 거인에게 있어 '부'의 상징이었다. 정원을 거인 혼자 독차지하려하자 정원은 늘 겨울이었고 아이들과 나누자 봄이 왔다. 나누면 더 크게 가질 수 있다는 것을 이 이야기는 우리에게 들려주고 있다.

정신적으로도 풍요로운 부자

돈을 모으고, 굴리고, 관리하는 과정에서 스크루우지 같은 욕심쟁이가 되어서는 안 된다. 남의 불행이 곧 나의 행복이라고 생각하는 철면피가 되어서도 안 된다. 돈이면 모든 것을 다 해결할 수 있다는 편협한 사고의 소유자가 되어서도 안 된다.

돈은 어떻게 모으는가 보다 어떻게 쓰는가가 더 중요하다. 돈에 대한 바른 가치관을 가지고 있을 때에만 '물질적으로만 부자가 아니라 정신적으로도 부자'가 될 수 있다. 진정한 부자란 경제적으로 여유가 있으면서 영혼마저도 맑은 사람이라고 얘기하고 싶다.

부자가 되기 위해서는 10억 이상의 돈이 있어야 한다고 강조하고 물질적인 것에 초점을 맞추다 보면 마치 이 액수를 채우기 위해서 모든 것을 다 버려야 하는 것으로 오해하기 쉽다.

하지만 진정 우리가 바라는 부자는 정신적으로도 풍요로운 사람이다. 10억만큼의 물질적 재산을 가지고 있다면 10억만큼의 정신적 풍요로움도 같이 가지고 있는 부자야말로 우리가 꿈꾸는 진정한 부자의 모습이 아닐까?

돈은 많이 가지고 있되 마음이 가난하다면 그 사람은 '절름발이 부자'가 될 수밖에 없을 것이다.

정신적 부

정신적으로는 부유하지만 물질적으로는 가난한 사람 ⇨ 성직자	정신적으로도 부유하고 물질적으로도 부유한 부자 ⇨ 진정 우리가 바라는 부자
정신적으로도 가난하고 물질적으로도 가난한 사람 ⇨ 가난뱅이	정신적으로 가난하고 물질적으로만 부유한 부자 ⇨ 절름발이 부자

물질적 부

가슴이 따뜻한
부자

진정한 의미의 부자는 '가슴이 따뜻한 사람'이다. 가슴이 따뜻한 사람이란 인격적으로 결함이 없고 생활도 도덕적이며 무엇보다도 박애정신이 충만한 사람이다.

이런 사람들은 가지고 있는 돈을 활용하여 다른 사람들에게 행복을 안겨 주는 기술을 가지고 있다. 남을 행복하게 하는 기술이란 무작위로 돈을 뿌리는 것을 의미하지는 않는다. 불쌍한 사람을 보았다고 덥석 돈을 주는 것은 바람직하지 않다. 옛말에 '사흘 구걸한 거지는 평생 구걸한다'는 말이 있다. 구걸로 아사를 면하면 평생 구걸로 삶을 지탱한다는 것이다. 옛날 영국에서는 거지에게 적선하는 것을 법으로 금지한 적도 있었다고 한다.

부자의 진정한 가치는 돈과 더불어 '따뜻한 가슴'이다. 이미 경제적인 자유를 확보한 상황이기 때문에 정신적인 자유도 같이 성숙한다. 따뜻한 가슴을 가진 부자는 사물을 바라보는 눈이 늘 온화하고 그 가슴마저 따사롭다.

작은 부자가 된 사람들은 마음의 여유도 생긴다. 주변도 돌아보게 되고 불쌍한 사람을 보면 측은지심을 느끼게 되며 행복한 사람을 보면 같이 웃어줄 수도 있다. 우리가 기를 쓰고 부자가 되기를 소망하고 꿈꾸며 실천하는 것도 모두 이런 경지에 다다르기 위해서 일 것이다.

우리가 바라는 가장 이상적인 사회는 '우리 모두의 가슴이 따뜻한 사회'가 아닐까? 우리 모두의 가슴이 따뜻하다면 진정 세상은 아름다워질 것이기 때문이다. 돈에 구애 받지 않는 생활, 돈 때문에 속상하지 않아도 좋은 생활, 누군가를 행복하게 하고 베풀면서 사는 생활, 이런 생활이 충만한 사회라면 세상은 정녕 살만한 곳, 아름다운 동산으로 바뀔 것이다.

돈을 물질로 대변되는 화폐로만 생각하지 말고 우리의 가슴을 따뜻하게 만들 수 있는 도구라고 생각하자.

러시아의 문호 톨스토이는 돈은 똥과 같다고 했다. 그냥 놓아두면 고약한 냄새가 나지만 밭에 뿌리면 좋은 거름이 되기 때문이다.

빈곤의 대물림은 막아야 한다

IMF이후 9년간 빈곤한 가구가 빈곤에서 탈출할 확률은 6%에 불과했던 것으로 나타났다. '소득계층이동 및 빈곤에 대한 동태적 관찰' 논문의 분석 결과 저소득층인 1, 2분위 가구가 1년 뒤 같은 분위에 속할 확률은 각각 57.9%와 40.5%로 나타났다. 2분위와 3분위로 각각 한 단계씩 상향 이동할 확률은 19.3%, 19.0%였다. 하향 이동할 확률은 22.7%, 19.1%였다. 저소득층은 소득수준이 더 떨어질 확률이 훨씬 높았다.

소득 하위 1~3분위를 '빈곤'으로 정의해 분석한 결과, 2007~2015년 중 한해가 지났을 때 빈곤에 떨어질 확률은 7.1%, 빈곤을 유지할 확률은 86.1%, 빈곤에서 탈출할 확률은 6.8%로 계산됐다. 특히 빈곤유지율은 2007→2008년 84.1%에서 2014→2015년 87.7%로 증가했다. 빈곤의 고착화가 심화했을 가능성이 크다는 뜻이다.

빈곤의 고착화에 가장 큰 원인은 교육으로 지목되고 있다.

도시빈민이나 극빈층의 자녀들은 공부를 하고 싶어도 할 수 없는 처지다. 과외나 학원을 다니지 못하는 것은 당연한 일이고 어머니를 대신해서 집안 허드렛일도 해야 하고 부모님의 일도 도와야 한다. 중학교까지는 의무교육이라서 다닐 수 있겠지만 상급학교를 진학하기 위해서는 부모님 눈치를 보아야만 하는 가슴 아픈 아이들이다. 개천에서 용이 나던 시절은 이미 지나갔는지도 모른다. 솔직히 어느 부모인들 자식이 못되기를 바랄 것인가? 바둥거리며 살아가는 빈민들의 가슴속은 또 얼마만큼 까맣게 타들어 갈 것인가?

더 가슴 아픈 이들도 있다. 보육원 출신 아이들이다. 만18세가 되면 보육원을 떠나야 한다. 손에 쥐어지는 돈은 500만 원 이하 정도의 자립금이다. 이 돈으로 거주할 곳도 구해야 하고 먹을 것도 사야 한다. 돈이 떨어지기 전에 취직이 되면 그나마 다행이지만 그렇지 않으면 거리에 나앉을 수밖에 없는 처지가 된다. 손 벌릴 가족이나 친지가 없는 그들은 나쁜 길로 빠지기 쉽다.

빈곤의 대물림을 끊기 위해서는 누군가가 어디에선가 그 연결고리를 끊어 놓으면 되지 않을까? 내가 가진 부의 일부로 10명이 빈곤의 사슬을 끊고 그 10명의 기부로 다시 100명이 빈곤의 사슬을 끊고 그 100명의 기부로 다시 1,000명이 빈곤의 사슬을 끊는다면 빈곤의 대물림은 막을 수 있을 것이다.

당당한 부자

당당한 부자란 떳떳하게 벌어서 사회적 책임을 다하는 부자다.

돈은 바닷물과 같다고 한다. 많이 마실수록 더 목마르게 된다. 있는 놈이 더 하다라는 말은 그래서 나왔는지도 모른다.

부자가 되기 위해 물불 가리지 않다보면 고의든 아니든 주위 사람에게 피해를 줄 수 있다. 주위 사람들을 이용해서 부자가 된다면 그것은 우리가 진정으로 바라는 부자가 아니다. 물질적으로, 그리고 정신적으로 풍요로운 작은 부자가 되기 위해서는 주위 사람들을 이용하지 않는 의리도 분명 있어야 한다.

살다가 힘들면 가장 유혹을 느끼는 것이 바로 내 주위 사람들을 이용하는 것이다. 정당한 도움을 받는 것은 상관없지만 사리사욕을 위해 내 주위 사람에게 손실을 끼친다면 도덕적 해이에 다름 아니다. 주위 사람을 활용은 할지라도 이용은 하지 말아야 한다. 주위 사람을 활용한다는 것은 같이 커 나간다는 의미지만 이용한다는 것은 상대방이야 어찌 되든 나만 잘 되자는 것이기 때문이다.

나만 잘 되자고 하는 것은 사회적인 책임을 회피하는 것이다. 대표적인 것이 고액 상습 체납자다. 돈을 벌되 세금을 회피하고 사회적 책임을 다하지 않는 것이다. 국세청 홈페이지에는 고액 상습 체납자 명단이 나와 있다. 체납기간 1년 이상, 체납국세 2억 이상인 사람을 공개하고 있는데 2017년 11월 현재 14,612건이나 있다. 유○○이라는 사람은 상속세 등 총 12건을 체납하였으며 그 금액은 447억에 이른다. 우리는 최소한 이런 당당하지 못한 부자는 되지 말아야 한다.

행복지수

사람의 행복지수를 굳이 계량화시켜 본다고 하면 아래의 식으로 설명할 수 있을 것 같다.

행복지수 = 경제력×(일에서의 성취감+원만한 부부생활+건강)

위 식에서 각 변수들의 가중치는 사람마다 다를 것이다. 돈이 없는 사람은 경제력에 가중치를 많이 둘 것이고, 하고 있는 일이 불만족스러운 사람은 성취감에 높은 가중치를 둘 것이다. 서로간의 애정과 존경심이 식어버린 부부들은 원만한 부부생활에 가중치를 둘 것이고, 건강이 좋지 않은 사람은 건강에 높은 가중치를 둘 것이다.

조금 다른 시각에서 한 번 바라보도록 하자.

경제력이 갖춰진 상황에서 성취감, 부부생활, 건강 등에 문제가 있을 때 사람의 행복지수는 어떻게 될까? 그리고 경제력이 이런 것들을 해결해 줄 수 있을까?

성취감이 없는 일을 한다면 직업을 바꿀 수 있고, 부부생활이 극한상황까지 갔다면 최소한 새 출발할 수도 있다. 건강이 좋지 못하다면 좋은 곳에서 요양할 수도 있다. 경제력이 갖춰져 있다면 행복지수를 끌어올릴 수 있는 계기가 주어지는 셈이다.

하지만 일의 성취감만 높은 상황에서 다른 부분에 문제가 발생한다면 해결방법이 없다. 부부사이의 금슬만 좋다고 다른 모든 것이 해결되지는 않는다. 건강이 뛰어나다고 해서 행복하지는 않다.

위의 식에서 일에서의 성취감이 0이라도 행복지수는 높을 수 있고, 원만한 부부생활이 0이라도 역시 행복지수는 높을 수 있다. 건강이 0이라도 역시 행복지수는 높을 수 있다. 하지만 경제력이 0이라면 행복지수는 0이 될 수밖에 없다.

사람들의 행복지수 중에서 가장 큰 역할을 하는 것은 바로 '경제력'이다.

작은 부자들은 분명 행복하다. 그들에게는 최소한 경제적인 이유로 속을 썩는 일은 없다. 행복을 소극적으로 표현하면 '불만이 없는 상황'일 것이다. 불만의 근본인 '돈' 문제가 해결된 상황이기 때문에 분명 행복의 조건은 갖추고 있는 셈이다.

부자병을 예방하자

'부자병'이란 말이 있다. '부모의 재산이 자식들의 삶의 욕구와 능력을 쇠퇴시키는 질병'이다. 부모들의 부유한 재산은 자식들을 무책임하고, 무능력, 비도덕으로 마비시키고 쇠퇴케 하는 잠재적 힘을 가지고 있다. 자식이 그런 질병에 걸리지 않도록 부모들은 조심하지 않으면 안 된다.

부자병의 예방을 위해서는 '자식을 어떻게 가르쳐야 할까' 하는 생각보다 '어떤 부모가 되어야 할까' 하는 생각부터 먼저 하는 것이 중요하다. 자식이란 알게 모르게 부모에게서 배우는 법이다.

부모로서 할 수 있는 것을 생각해 보자.

자상한 부모의 모습을 보여주자. 엄한 부모 밑에서 살다 보면 아이는 불만을 바깥으로 표출하지 못하고 안으로 쌓게 된다. 그러다 엉뚱한 방향으로 폭발하기 쉽다.

아빠와 엄마의 돈은 모두 사회에 환원할 것이라고 어릴 때부터 세뇌교육을 시키자. 이렇게 하면 아이들은 부모의 돈에 관심을 가지지 않고 자신의 목표를 설정할 수 있을 것이다. '유산이 많으면 자식은 없어지고 상속자만 남는다'는 말을 명심해야 한다.

아무리 바쁘더라도 자녀와 대화의 시간은 가지자. 늘 아이의 곁에 부모가 있다는 사실을 깨닫게 해 주는 것이 중요하다.

자녀에 대한 과보호도 삼가자. 부모의 수입에 비해서 과다한 사교육비를 사용하는 것은 자제하자. 결혼비용은 일부분이라도 부담하게 하자. 미국청년들은 20살이 넘으면 부모에 의존해 사는 것을 부끄럽게 여긴다고 하는데 우리나라는 아직도 부모에 의지하는 캥거루족이 많다. 아이가 성년이 되었다면 과감하게 경제적인 독립을 할 수 있도록 유도하자. 부자병 예방을 위한 가장 좋은 방법은 바로 가정경제교육이다.

일기 쓰기

자녀에 대한 경제교육은 어릴 때부터 시켜야 한다. 어떤 부모들은 자녀가 초등학교에 입학하면 용돈기입장을 사용하게 한다. 요즘 초등학생들이 얼마나 바쁜가? 어른보다 더 바쁜 게 요즘 아이들이다. 부모가 매일 검사를 하면 몰라도 그렇지 않다면 2~3장 쓰다가 나머지는 빈 종이로 남겨 놓을 것이다.

어차피 아이들은 아이들이다. 부모가 리드해 줄 수밖에 없다.

그 방법의 하나로 아이에게 일기를 쓰게 하는 것이 좋은 경제공부의 시작이라고 생각한다. 경제이야기를 하다가 웬 엉뚱한 일기 얘기냐고 의아해 하는 사람도 있겠지만 아이들에 관한 한 모든 일은 쉽고 또 재미있게 시작해 주어야 한다.

우리 집 아이는 7살 때부터 일기를 썼다. 7살 아이가 무얼 알겠는가? 하지만 단 한 줄이라도 좋으니 그 날 일어났던 일 중에서 기억나는 일을 쓰라고 했다. 혹시 누가 과자를 사 주었거나 선물을 주었다면 그것을 적어도 된다고 했다.

일단은 그렇게 시작하였다. 처음 일기는 한 두 줄 수준을 벗어나지 못한다. 하지만 초등학교에 입학하고 점점 학년이 올라갈수록 일기 쓰는 양이 늘어났다.

부모 입장에서는 초등학교 다니는 아이의 일기를 보는 것이 재미있다. 아이도 습관이 붙으면 으레 잠자기 전에 일기를 써야 하는 것으로 안다. 일기를 쓰면서 누가 무슨 선물을 했고 세뱃돈을 얼마 받았는지를 인식하게 된다. 바로 이것이 아이들 경제교육의 출발이라고 생각한다.

일기쓰기는 6학년 때까지 계속 이어졌다. 내 서재의 책꽂이 한 쪽에는 아이가 썼던 몇 십 권의 일기장이 지금도 그대로 꽂혀 있다.

05

자녀 경제교육

자녀의 경제교육에 앞서 가장 먼저 하고 싶은 이야기가 있다. 내가 강의를 가면 꼭 하는 말이다. '아이의 돈을 갈취하지 말라'는 것이다. 아이들에게 들어 온 현금을 부모가 갈취해선 안 된다. 철모르는 아이에게 세뱃돈을 주면 엄마들은 "엄마가 잘 보관해 줄게"하며 가져간다. 그리고 그것으로 끝이다. 왜 아이의 소유권을 앗아 가는가? 세뱃돈은 아이에게 준 것인데 왜 엄마 호주머니에 들어가야 하는가? 아이의 재산인데 부모라고 해서 가져가면 안 된다. 아이의 재산은 아이의 재산으로 키워져야 하고 인정해 주어야 한다.

가까운 은행을 가서 아이 이름으로 통장을 만들자. 아이가 세뱃돈을 받거나 어른들로부터 돈을 받으면 은행에 예금해 주자. 입금액 옆에다가 (할아버지), (삼촌) 등으로 돈 준 사람들을 적어 놓자. 통장을 아이에게 보여 주자. 아이에게도 재산권의 개념이 생기고 은행이라고 하는 곳이 무엇 하는 곳인지를 알게 된다.

아이가 중학교에 들어가면 그럭저럭 돈이 꽤 모일 것이다. 이럴 때 그냥 은행의 보통예금에 넣어 놓으면 이자 붙는 재미가 없다. 증권사의 CMA같은 단기상품으로 돈을 돌릴 필요가 있다. 통장을 바꾸어 놓으면 아이들은 증권회사가 무엇 하는 곳인지 알게 된다. 제1금융권인 은행과 제2금융권인 증권사의 차이도 알게 된다. 이자의 개념을 이해하기 시작한다. 이자를 알게 되면서 세금도 자연스레 알게 된다. 자본주의의 경제 원리인 돈이 돈을 버는 과정을 이보다 더 적나라하게 가르치는 방법은 없다. 이렇게 직접 체험하게 하는 것이 바로 살아있는 경제교육이다.

아이에게 주식을 선물해 보자. 아빠가 상장기업에 다니면 그 회사 주식을 1주 사서 아이에게 선물해 보자. 아이에게는 오랫동안 기억에 남는 선물이 될 것이다. 아빠가 다니는 회사가 상장되어 있지 않다면 아이가 좋아하는 회사의 주식을 1주 사 주자. 아이가 자동차에 관심이 많다면 현대차 주식을 1주 사 주자. 현대차가 많이 팔리면 주가가 상승하고 현대차의 재고가 쌓이면 주가가 하락하는 것을 설명해 주자. 컴퓨터를 좋아하는 아이라면 안랩 주식을 1주 사 주자. 컴퓨터 바이러스가 기승을 부리면 왜 안랩의 주가가 올라가는지도 설명해 주자. 배당금이 나오게 되면 아이에게 배당금에 대해 설명해 주고 유·무상증자를 하게 되면 왜 증자를 하는지도 설명해 주자. 아이들은 주가의 변동을 자연스레 이해하게 되고 경기변화도 자연스럽게 이해하게 된다. 누가 가르쳐서

가 아니라 아이들 특유의 감(感)으로 안다. 아이에게 새로운 신세계가 있음을 깨닫게 해야 한다.

비상금의 개념

아이 이름으로 가입한 은행 통장에서 현금카드를 신청하자. 돈이 급하게 필요할 때 카드를 이용하여 출금하도록 하자.

학원에 가야 하는데 엄마가 외출중이어서 책값을 가져가지 못할 때, 아이는 부담 없이 카드에서 돈을 빼 쓸 수 있다. 엄마 생일 땐 돈을 빼서 케이크를 사 오기도 한다.

아이들은 카드 사용법을 알게 된다. 카드를 많이 사용하면 자신의 계좌 잔고가 줄어드는 것도 알게 된다. 은행에 잔고가 없으면 카드를 아무리 기계에 집어넣어도 돈이 나오지 않는 것도 알게 된다. 비밀번호를 소중하게 다루어야 한다는 것도 알게 된다. 돈을 찾을 때마다 수수료를 떼이기 때문에 은행에서 부과하는 수수료의 의미도 알게 된다.

용돈기입장에 기입하지 않아도 통장에 모두 기록되기 때문에 시간도 절약된다. 아이들도 재미있어 한다. 책상에 앉아 단순한 숫자의 나열인 용돈기입장을 적는 것이 재미있겠는가? 아니면 어른들처럼 은행에 가서 ATM기에서 돈을 빼 보는 것이 재미있겠는가?

아이가 현금카드를 잃어버리면 은행에 가서 재발급신청을 받도록 하자. 그런 절차를 통해 은행과 좀 더 가까워지고 계좌번호가 왜 필요한지도 깨닫게 되고 사고의 위험에 대비하는 것도 알게 될 것이다. 자신의 재산은 자신이 보호해야 한다는 것을 알게 된다. 자신도 경제활동을 한다는 인식을 가지게 된다.

마지막으로 비상금의 개념을 인지시켜 주자. 아이의 수첩이나 지갑에 비상금을 넣어 두자. 아이가 어릴 때에는 1,000원도 비상금이 될 수 있다. 중고등학생쯤 되면 만 원 정도의 비상금을 항상 가지고 다니도록 하자. 학교에서 집까지의 택시비 정도가 적당할 것이다. 학교에 있던 아이가 아파서 집에 와야 할 때, 도저히 걸어서 올 수 없을 때, 택시를 이용할 수 있는 정도의 금액이면 되지 않을까. 분명히 비상금을 쓸 수밖에 없는 경우가 생길 것이다. 비상금을 가지고 있는 아이들은 자라서도 '가계비상금'이라는 개념이 생길 것이며 유동자산의 중요성에 대해서도 인지하게 될 것이다. 억지로 시간을 내는 경제교육이 아니라 우리의 실생활에서 얻어지는 교육, 그리고 부모들의 꾸준한 관심만이 올바른 경제관을 가진 아이로 키울 수 있을 것이다.

부록

제 인생의 가장 큰 스승은
가난이었습니다

제 인생의 가장 큰 스승은
가난이었습니다

20살, 독립선언!!

저는 20살이 되던 해, 뜻 한 바가 있어서 독립했습니다. 학교 앞에 30만 원 보증금에 3만 원짜리 사글세를 구했지요. 30만 원은 어머니의 도움을 받았습니다. 학비는 한 학기에 6천 원 하는 학도호국단비만 내면 되었기에 부담은 한결 덜했습니다.

하지만 책 사 볼 돈이 없어서 늘 책 없이 수업에 들어갔고 시험 때가 되면 친구들 책을 빌려보곤 했습니다. 학생의 신분으로 의식주를 해결하는 것도 꽤 힘든 일이었습니다. 과외는 법으로 금지되어 있을 때였습니다. 제대로 된 아르바이트를 구하기는 무척 힘들었습니다. 롯데리아에서 시간당 450원을 받고 일하기도 하였고 아이템풀이라고 하는 학습지를 돌리기도 하였습니다. 학교 도서관 식당에서 빈 그릇을 날랐고 묵동 파출소에서 방범대원도 하였습니다. 겨울이면 찹쌀떡을 팔기도 하였지요. 그래도 늘 돈이 모자라 배가 고팠습니다. 젊은 혈기에 선배들에게 밥 사달라는 말은 창피해서 못하고 늘 막걸리를 사 달라고 했습니다. 학교 앞에는 막걸리 집이 많았고 그렇게 선배들에게 막걸리를 한 잔 얻어 마시면 배고픔에서 벗어날 수 있었습니다. 깍두기 대신 파전 같은 안주라도 먹게 되면 제 위장은 매우 호사하는 편이었지요.

다음은 그 사나이가 눈물 흘린 사연입니다.

방범대원 때 흘린 눈물

지금도 기억에 남는 건 묵동 파출소에서 방범대원 아르바이트를 할 때입니다. 시간당 1천 원을 주었던 것으로 기억합니다. 밤 10시부터 새벽 4시까지 일을 하면 하루에 6천 원을 벌 수 있어서 없는 살림에 큰 도움이 되었습니다.

제가 살던 곳은 학교 근처였습니다. 새벽 4시에 버스가 다닐 리도 만무하고 택시를 이용하자니 돈이 아까웠습니다. 중고 자전거를 5천 원주고 구입했습니다. 5천 원밖에 하지 않은 이유는 브레이크가 없었기 때문입니다. 브레이크가 없다보니 마음껏 속력을 낼 수 없었고 정지할 때는 제 긴 다리를 쭉 뻗어서 자전거를 세우곤 하였지요.

어느 날 자취방 근처에 다 와 가는데 택시가 갑자기 우회전을 하는 것이었습니다. 택시는 차고지에 들어가려고 방향을 틀었던 것이지요. 저는 놀라서 브레이크를 잡으려고 했지만 브레이크가 말을 듣지 않는 관계로 할 수 없이 그냥 옆으로 쓰러지고 말았습니다.

택시 기사는 놀라서 어디 다친데 없냐고 물어보았습니다. 저는 없다고 말하며 그냥 가시라고 했는데 그때 갑자기 눈물이 쏟아져 나왔습니다. 아파서 운 것도 아니었고 다쳐서 운 것도 아니었습니다. 그냥 제 삶이 서러워서 눈물이 펑펑 나왔습니다.

새벽 한길에서 한참을 울다가 겨우 눈물을 멈추고 자전거를 끌면서 제 자취방으로 향하는데 왜 그렇게 산다는 것이 서글프던지요. 그때를 생각하면 지금도 참 아련합니다.

자취방에서 흘린 눈물

자취를 처음 시작하면서 제대로 이불을 구하지 못했습니다. 몹시 추운 겨울이었는데 연탄 살 돈이 없어서 그냥 냉방에서 잤습니다. 밤이 깊으니 몹시 춥더군요.

제가 가진 이불은 분홍색 담요 한 장이었습니다. 담요를 깔려고 하니 덮을 이불이 없고 덮으려고 하니 바닥은 차고. 그래서 꾀를 내어 담요를 반으로 접어 반은 깔고 반은 덮었지요. 그런데 182센티나 되는 제 키가 그 담요로 모두 커버될 수는 없는 노릇이었습니다. 하도 추워서 중간에 일어나 양말을 두 개 껴 신고 코트를 입고 모자를 쓰고 그리고 웅크리고 잤습니다.

이때도 눈물이 나더군요. 솔직히 이때는 추워서 울었습니다.

참 부끄러운 일이지만 이때의 일들이 저에겐 참으로 많은 도움이 되었습니다. 돈이 얼마나 소중하고 귀한 것인지 제 몸으로 체험을 하였거든요. 그래서 저는 제 인생의 가장 큰 스승은 바로 가난이었다고 감히

358

이야기할 수 있습니다.

군대에 갔습니다

대학을 졸업하고 군대에 갔습니다. 군에는 장교로 갔습니다. 장교로 가면 봉급을 받을 수 있다기에 조그마한 돈이라도 모을 요량으로 장교로 갔었더랬습니다.

동료 장교들이 강원도 산골에서 외로움을 피하려고 술집에 갈 때도 저는 BOQ(독신장교숙소)에서 그냥 지냈습니다. 술이라고 하는 것이 제가 한 번 얻어 마시면 또 한 번은 사야하는 것이기에 처음부터 아예 술집에는 가지 않았습니다.

결혼을 하였습니다

저의 장인어른은 소위 재야인사라고 불리는 분이셨습니다. 대부분의 재야인사가 그러하듯이 명망가이시지만 돈은 없는 그런 분이었습니다. 제가 가장 존경하는 분이시기도 합니다.

그 분이 그러시더군요.

"김 서방, 내가 자네를 오래 보아왔는데, 내 자네의 인격을 믿네. 내가 우리 딸년 혼수를 못해 주더라도 자네가 그것 때문에 서운해 하거나 섭섭해 하거나, 그러지 않을 인격임을 잘 알고 있네. 결혼 축하하네."

제가 결혼할 때 장인어른이 선물로 주신 것은 대한민국임시정부의 낙관이 찍힌 족자 한 개가 다였습니다. 저의 아버지도 여유가 없기는 마찬가지였습니다. 저의 아버지도 저와 저의 아내에게 당시 유행했던 갤럭시 손목시계와 약간의 금붙이를 사 주는 것에 그쳤습니다. 결국 저와 저의 아내는 빈손으로 신혼살림을 시작할 수밖에 없었습니다.

신혼 방에서 흘린 눈물

처음 장만한 신혼 방은 보증금 50만 원에 7만 원 짜리 사글세방이었습니다. 창동역 근처에 있는 빌라의 방 한 칸에 세 들어 살았습니다. 당연히 부엌도 없었습니다. 그래서 베란다에서 밥을 해 먹었습니다. 가스렌지도 없어서 부루스타로 밥을 해 먹었지요. 방은 얼마나 좁은지 아내와 제가 둘이 누우면 더 이상의 공간도 없었습니다.

어느 날 새벽에 아내가 울고 있더군요. 더운 물이 나온다고 냉큼 머리를 감은 것이 화근이었지요. 더운 물은 주인집 아저씨가 샤워할 물이었거든요.

당시만 하더라도 연탄보일러를 사용하던 때여서 더운 물이 항상 나오는 것이 아니었습니다. 물이 데워지려면 시간이 걸리는 그런 때였지요. 주인집 아주머니로부터 셋방살이 하는 주제에 더운 물 쓴다고 타박을 받고는 아내는 서럽게 울었습니다.

16평 아파트에서 흘린 눈물

그곳에서 1년을 있다가 16평 아파트로 이사를 갔습니다. 서울에는 감히 집을 얻지 못하여 부평에 있는 서민아파트를 구했습니다.

아파트 가격은 평당 1백만 원이 채 되지 않는 1,510만 원이었습니다. 이 중에서 700만 원은 20년 장기로 융자받고 350만 원은 3년짜리 단기

융자를 받아 실입주금은 460만 원이었습니다. 이 돈마저 모자라 은행적금을 담보로 또 융자를 받아 보충했지요. 당시의 판단으로 조금 무리가 가는 범위지만 아내와 저의 월급을 합치면 겨우겨우 갚아나갈 수 있겠더라고요.

그렇게 이사를 간 16평은 마치 학교 대운동장 같았습니다. 이젠 아무리 추운 겨울에도 실내에서 요리를 할 수 있었고, 더운 물을 마음대로 쓸 수 있는 화장실이 있었고, 작은 방에는 책상과 책들을 갖다 놓을 수 있었지요.

행복했습니다. 그래서 다시 한 번 눈물을 흘렸습니다. 행복한 눈물이었습니다.

그곳에서 아이가 태어났습니다.

그렇게 넓게 보였던 16평도 아이가 태어나고 살림이 늘어나면서 점점 좁아지기 시작했습니다. 24평으로 옮기기 위한 준비에 들어갔습니다. 하지만 당장은 빚부터 갚아야 했습니다. 집을 살 때 받은 장기융자와 단기융자, 그리고 실입주금을 마련하기 위한 융자 등 월급을 받으면 원리금 갚기에 허덕였습니다. 최대한 돈을 절약하여 하루라도 빨리 빚을 갚는 것이 첫 번째 목표가 되었습니다.

먼저 빚부터 갚자

빚을 갚기 위해서 정말 극도의 궁핍한 생활을 각오하지 않을 수 없었습니다. 쌀값, 연탄비 등 정말 없어서는 안 되는 생필품을 제외하고는 모든 지출을 막았습니다. 돈을 많이 버는 것도 중요하지만 돈의 지출을 제대로 줄여야 돈의 흐름을 통제할 수 있다는 것을 그때 배웠습니다.

사실 월급쟁이들의 월급은 뻔합니다. 그리고 월급이라고 하는 것은 우리가 올리고 싶다고 올릴 수 있는 것도 아닙니다. 그저 주는 대로 받을 수밖에 없는 것이지요. 여기에 비해서 지출이라고 하는 것은 우리의 의지에 따라 얼마든지 조절이 가능한 부분입니다.

길거리에서 유모차를 보면

저는 지금도 길거리에서 유모차를 보면 마음이 짠합니다. 아이가 어릴 때 유모차가 정말 필요했습니다. 하지만 유모차 살 돈이 없었습니다.

그래서 늘 제가 아이를 업고 또 안고 다니면서 유모차가 지나가면 부러운 눈으로 쳐다보곤 하였습니다. 하지만 끝까지 저는 유모차를 사지 않았습니다.

아빠!, 고기 있다

외식도 하지 않았습니다. 그저 친구나 후배의 결혼식 뒤풀이 때 먹는 음식이 우리 가족의 유일한 외식이었습니다. 하루는 아이를 데리고 결혼식장에 갔습니다.

결혼식이 끝나고 피로연이 열리는 뷔페로 들어갔는데 아이가 갑자기 "아빠, 저기~ 고기 있다"하고 뛰어갔습니다. 얼마나 창피하든지요.

옆에서 친구들이 "야, 평소에 고기 좀 먹여라"하며 타박을 주기도 하였습니다. 지금은 옛일이 되어 이렇게 자연스럽게 얘기하지만 그때는 정말 창피했습니다.

음악회에 다녀왔습니다

한 번은 음악회를 갔습니다. 예술의 전당에서 열리는 음악회였습니다. 당시 제가 모시던 지점장님께서 티켓을 주셔서 아내와 아들을 데리고 갔습니다. 끝난 시간은 9시였습니다. 아내는 밥을 안 해 놓고 왔다면서 오랜만에 외식을 하자고 했습니다. 하지만 저는 집에 가서 먹자고 했습니다. 밥이 없으면 라면을 끓여 먹으면 된다고 했습니다.

결국 제가 고집을 피워 집에 와서 라면을 끓여먹었습니다. 그때 시간이 밤 11시였습니다.

침대를 원한 아이

아이는 침대를 가지고 싶어 했습니다. 저도 아이에게 침대를 사 주고 싶었습니다. 하지만 역시 경제적인 이유로 그렇게 해 주지 못했습니다. 대신 침대를 만들어 주었습니다. 아이가 덩치가 작았기에 가능했던 것이었습니다. 근처 공사장에서 각목을 주워 오고 또 널빤지를 구했습니다. 어설프게 목수 노릇을 하며 못질을 하고 여름날 마당에 내 놓으면 좋을 평상을 만들었지요.

그리고 그 바닥에 두터운 매트리스를 깔고 그 위에 다시 두터운 이불을 깔았습니다. 정말 투박한 침대였지만 그래도 아이는 좋아했습니다.

아이의 좋아하는 모습을 보며 형편이 나아지면 꼭 제대로 된 침대를 사 주겠노라고 속으로 다짐했습니다.

아내의 머리

아내는 미장원을 거의 가지 않았습니다. 파마도 하지 않았습니다. 숏커트 치고 나서 머리가 길면 늘 묶고 다녔습니다. 머리카락이 길면 또 묶고를 여러 차례 반복하다가 아주 길어지면 다시 한 번 숏커트를 치곤 했습니다.

자전거를 갖고 싶었던 아이

아이가 자라면서 자전거를 가지고 싶어 했습니다. 사실 큰돈은 아니었지만 그래도 다른 방도를 알아보았습니다. 직장 상사들 중에서 자녀가 성장하여 사용하지 않는 자전거가 없는지 물어보았습니다.

다행히 한 분이 자녀가 사용하던 자전거를 흔쾌히 주셨습니다. 아이는 그 자전거로 신나게 아파트단지를 돌아다녔습니다.

하늘나라 어머니가 주신 선물

아내도 침대를 원했습니다. 하지만 공사장에서 가져온 각목과 널빤지로 더블침대를 만들기는 힘들었습니다.

그 와중에 SBS의 알뜰살림장만퀴즈라고 하는 프로그램을 보았습니다. 이 프로그램에서는 침대를 상품으로 내 걸고 있었습니다. 침대 외에도 세탁기며 제주도여행권이며 하는 것들이 상품으로 나와 있었습니다. 저는 여기에 주목했습니다.

당시 알뜰살림장만퀴즈는 주부들만 나가는 것이었는데 토요일은 특집으로 남편들이 출연하였습니다. 필기시험에 합격하고 면접을 통과한

후 드디어 방송에 출연했습니다.

저는 1만점이 넘는 높은 점수를 받았고 아내가 원하는 침대를 상품으로 받을 수 있었습니다. 침대 외에도 세탁기, 등가구 응접셋트, 정수기, 리빙스타압력솥, 인덕션렌지, 김숙진한복, 제주도여행권 등 많은 상품을 받았습니다.

하늘나라에 계신 어머니께서 가난하게 결혼한 저를 위해 주신 선물이라고 생각했습니다.

첫 번째 위기

위기가 발생했습니다. 고객과의 분쟁으로 돈을 물어줘야 할 일이 생겼습니다. 그래서 결국 3달치 월급에 해당되는 돈을 물어주고 말았습니다. 난감하더군요. 한 달 벌어 한 달 먹고 사는 월급쟁이가 갑자기 세 달치의 월급이 펑크 났으니 말입니다. 결국 카드로 생활비를 빼 내어 사용했습니다(카드 돌려막기라는 것을 그때 처음으로 해 보았습니다). 돈을 모으는 것이 1년 걸리면 돈을 갚는 것은 2년 걸린다는 것을 그때 새삼 깨달았습니다.

제일 안타까웠던 것은 이 사건으로 인해서 현금흐름이 엉망이 되어 버렸다는 사실입니다. 이렇게 꼬인 현금흐름을 바로 잡느라고 1년 가까운 시간이 소요되었습니다.

김포에 주목하다

그래도 그렇게 악착같이 돈을 모으니 어느새 단기융자는 모두 갚게 되고 빚도 많이 줄어들었습니다. 이제는 24평을 향한 계획을 짤 수 있었습니다.

어디로 갈까 고민하다가 김포를 주목했습니다. 당시 김포의 아파트 분양가는 평당 200만 원 정도였습니다. 김포에 가 보았습니다. 그 곳에서 회사까지의 거리는 생각보다 멀지 않았습니다. 대형매장 같은 편의시설이 없는 점이 아쉬웠지만 서울까지의 거리와 당시의 가격을 비교해 볼 때 분명 저평가 받은 것으로 보였습니다. 또한 부평과 달리 공장이 없는지라 맑은 공기도 마음에 들었습니다.

24평 아파트를 분양받고

김포로 이사 가기로 결심하고 아파트를 하나 분양받았습니다. 1994년도의 일이니 16평으로 이사 오고 6년 만의 일이군요. 24평을 분양받았는데 분양가는 4천750만 원이었습니다.

이제 이 돈을 마련하는 것이 급선무였지요. 16평 아파트를 파니 2천3백만 원이란 돈이 손에 들어왔습니다. 그리고 회사에서 융자를 2천만 원 받았습니다(회사 융자는 그 해 생긴 것으로 사원들의 복지를 위해 저리로 융자해 주는 돈이었습니다). 그래도 얼마간의 돈이 부족해 은행의 융자를 받기로 했습니다.

집을 분양받기 위해서 나름대로 철저하게 준비하고 계산했다고 생각했는데 미처 생각 못 한 것이 있었습니다. 세금과 등기비용이었습니다. 부족한 돈을 메우기 위해 이런 저런 생각을 하다가 새벽에 신문을 돌리게 되었습니다.

새벽에 신문을 돌리고

당시 한겨레신문을 돌렸는데 새벽 3시 30분이 되면 저의 집 앞으로 신문이 몇 뭉치가 배달되었습니다. 그럼 그 뭉치를 풀어서 손에 들고 나갔지요.

그런데 그 당시 한겨레신문을 구독하는 집은 많지 않았습니다. 한 동에 1~2개만 넣으면 다시 다른 아파트, 다른 동으로 이동해야 했습니다 (하지만 조선일보는 한 동에 주루룩 넣더군요).

당시 100부 정도를 돌렸던 것으로 기억하는데 배급소에서는 항상 더 많은 수량의 신문을 주었습니다. 판촉용으로 사용하라고 한 것인데 저는 무인판매대를 만들어 신문을 판매했습니다. 1주일에 한 번씩 무인판매대의 돈을 수거했습니다. 다행히 누가 훔쳐가지는 않더군요.

신문배달 외에 한 것은 과외였습니다. 다행히 제 수학실력은 녹슬지 않았고 그래서 초등학생과 중학생을 대상으로 과외를 하였습니다. 일주일에 3일은 퇴근하고 학생 집에서 수학을 가르치고 집에 오면 11시가 넘었습니다.

두 번째 위기

몸은 힘들었지만 24평의 입주일을 기다리며 마냥 행복했습니다. 하지만 두 번째 위기가 찾아 왔습니다. 당시 저는 대신증권에서 교보증권으로 회사를 옮길 때였습니다.

당시만 하더라도 스카우트 방지협정이 있어서 증권회사끼리 스카우트는 금지되어 있었습니다. 보통 이런 경우 회사끼리 알아서 타협하는 경우가 대부분이지요.

그런데 일이 꼬이려고 했는지 회사끼리 제대로 타협이 되지 않았습니다. 그래서 출근은 매일 해도 정식으로 입사가 된 것이 아니어서 상여금은커녕 월급도 나오지 않았습니다.

대신증권을 그만두면서 퇴직금이 1천만 원 가량 나왔습니다. 이 돈에 다른 돈들을 모두 긁어모아 2천만 원 융자 받은 것도 갚았습니다. 새로운 직장에서 동일한 조건으로 대출받기로 약속이 되어 있었거든요. 그런데 입사가 미뤄지면서 대출도 같이 미루어졌습니다.

또 다시 현금흐름이 꼬이기 시작했습니다. 대신증권에 있을 때 받은 우리사주를 팔았습니다. 37,800원에 받은 주식을 16,300원에 팔았습니다. 당장 생활비가 없으니 어쩔 수가 없었습니다.

이마저도 동나서 다시 카드로 생활비를 충당했습니다. 반 년 가까이 지루하게 끌다가 겨우 타협이 되어 정식직원으로 발령이 났지만 그 반 년 사이 저의 재정과 현금흐름은 아주 엉망이 되어버렸습니다.

다행히 입주는 하고

천신만고 끝에 겨우 입주를 하였습니다. 24평은 방이 3개나 되었고 거실도 아주 넓었습니다.

이번에는 아들에게 제대로 된 침대를 해 줄 수 있었습니다. 냉장고도 새로 하나 장만하고 텔레비전도 샀습니다. 그렇게 하고 보니 세상 어느 부자도 부럽지 않았습니다.

IMF가 터지고

IMF가 터졌습니다. 주가는 폭락하고 아파트 가격도 역시 폭락하였습니다. 한 때 9천만 원 가까이 상승했던 저의 집값은 7천만 원 근처까지 하락하였습니다.

그런데 유심히 살펴보니 24평보다 32평의 하락폭이 더 컸습니다. 같은 동네의 32평 아파트는 1억3천만 원 정도에 거래가 되었는데 IMF가 터지자 1억 원 밑으로 급매가 나왔습니다. 9천만 원 초반에 나온 물량도 간혹 있었습니다. 곰곰이 생각해 보았습니다.

예전에는 24평과 32평 사이에 4천만 원의 갭이 있었는데 지금은 2천만 원 정도의 갭으로 줄어들었습니다. 이럴 때 한 번 말을 갈아타는 것이 어떨까 하는 생각을 하였습니다.

차익거래(arbitrage)를 활용하자

사실 이는 선물 거래에서 이야기하는 차익거래와 유사한 것입니다. 현물과 선물의 가격차를 이용하여 현물가격이 선물가격보다 고평가되면 현물을 팔고 선물을 사고, 반대로 현물가격이 선물가격보다 저평가되면 현물을 사고 선물을 파는 것이지요.

살고 있는 집을 팔아 32평으로 옮길 계획을 실행에 옮겼습니다.

제일 큰 문제는 현재 살고 있는 집을 파는 것이었습니다. 대부분 지역에서 아파트의 매매는 소강상태를 보이고 있었고 급매만 간혹 거래되는 시기였기 때문입니다.

부동산중개업자를 설득하고

일단 부동산에 집을 내 놓았습니다. 한 군데만 내 놓아서는 안 되는 노릇이기에 동네의 부동산이란 부동산에는 모두 다니면서 집을 내 놓았습니다.

또한, 아파트를 파는 것과 동시에 32평 아파트를 살 것이라는 것을 설명하여 잘 하면 복비가 2배로 들어오니 신경 써 달라고 부탁하였습니다. 그리고 우리 집의 좋은 점을 홍보하였습니다. 실제로 우리 집은 위치가 제일 좋은 동이었고 로얄층이었던 데다 전망이 좋아 가장 인기가 있는 축에 속했습니다.

7천2백만 원에 내 놓았는데 쉽게 나가지는 않았습니다. 그래서 7천만 원까지는 부동산업자가 알아서 금액을 할인해도 좋다고 했습니다. 결국 이사비용을 준다는 명목으로 50만 원을 더 깎아 주어 6,950만 원에 집을 팔 수 있었습니다.

계약금을 들고 바로 32평 아파트를 계약했습니다. 급매로 나왔던 9,200만 원짜리를 계약하였습니다. 집을 팔고사고 하는 것이 전광석화같이 이루어졌습니다.

애초에 2천만 원 정도의 갭을 생각했는데 실제로는 2,250만 원의 갭이 생겼습니다. 2,250만 원과 세금을 준비하느라 그 동안 모아놓은 돈을 모두 털었습니다.

어쨌거나 드디어 32평으로 이사를 오게 되었습니다. 당시 건설회사의 자재부장으로 근무하던 제 친구의 소개로 싼 가격에 장판과 도배를 새로 하니 새 아파트와 다름없었습니다.

아내의 공부

IMF가 터지면서 저희 회사에도 감원의 바람이 몰아쳤습니다. 600명 정도의 직원이 400명으로 줄어들었습니다. 거의 1/3이 줄어들었지요. 여기에 급여도 삭감되었습니다. 이렇게 되자 아내도 무언가를 해야겠다고 하더군요. 이미 아이도 초등학교를 다니고 있어서 엄마의 손을 덜 탈 때였습니다. 한참을 고민하던 아내는 독서지도사가 되겠다고 했습니다.

당시 독서지도사 과정은 아내의 모교인 이화여대의 평생교육원에만 개설되어 있었습니다. 아내는 정말 열심히 그 과정을 다녔습니다. 초급 과정을 마치더니 중급 과정을 마치고 다음에는 논술지도사 과정도 마쳤습니다. 그리고 국문학에 대한 공부도 해야겠다며 방송통신대학교 국문학과에 입학해서 공부하였습니다.

아내의 일자리

독서지도사 과정을 마치면서 아내는 독서지도를 시작하였습니다. 처음에는 아들과 아들의 친구들을 대상으로 하였는데 점점 사람이 늘어났습니다. 나중에는 저학년과 고학년으로 나누어서 지도하기에 이르렀습니다.

이때 재미난 일이 있었습니다. 제가 살고 있던 김포시의 시장님이 자신의 딸을 좀 지도해 줄 수 없겠냐고 물어 왔습니다.

아내는 정중히 사양했습니다. 독서지도라는 것이 토론을 겸하기 때문에 더 이상 넣어 줄 자리가 없었던 것이었습니다.

그런데 이 일이 이상하게 소문났습니다.

"저 집에서 독서지도 받으려면 학기 초에 집어넣어야 해. 안 그러면 못 들어가. 시장님 따님도 중간에 들어가려다 퇴짜 맞았대."

소문은 한발 더 나갔습니다. 여기에 아내가 김포시 여성회관 교수로 채용되면서 더욱 유명세를 타게 되었던 것이지요. 아내의 독서지도는 더욱 더 명성을 얻게 되었습니다.

아내냐? 아들이냐?

아들이 초등학교 6학년이 되면서 교육문제로 저와 아내는 고민하기 시작하였습니다. 저의 아이는 과학, 특히 화학 쪽에 아주 관심이 많았습니다.

어릴 때부터 화학실험을 좋아하여 베란다를 이용해서 실험실을 만들고 각종 실험을 하곤 하였지요. 불도 한 번 낸 적이 있어서 실험실 앞에는 항상 소화기가 비치되어 있었습니다.

아이는 과학고등학교에 가기를 원했습니다. 서울에 있는 과학고등학교를 가기 위해서는 중학교를 서울에서 나와야만 했습니다. 그렇다면 중학교 때 전학 가는 것보다 초등학교 6학년 때 전학 가는 것이 어떤가 하는 것이 주된 고민거리였습니다. 쉬운 결정이 아니었습니다.

당시 아이는 전교어린이회장을 맡고 있었고 아내는 독서지도와 논술지도, NIE(신문활용교육) 등으로 사회적인 지위와 경제적인 면을 모두 충족시키고 있었기 때문입니다.

아내를 생각한다면 김포에 남는 것이 유리하고 아들을 생각한다면 서울로 가는 것이 유리했습니다. 역시 모성은 위대하더군요. 아내는 모든 일을 다 접고 서울로 이사 가겠다고 했습니다.

서울의 어디냐?

서울의 어디로 이사를 가느냐가 관건이었습니다. 조금 욕심을 내어 40평대로 옮기기로 하였습니다. 더 나이를 먹기 전에 집을 완결시켜놓고 싶었습니다.

나이 40이 넘어서 집을 넓히는 것은 바람직하지 않다는 주위의 충고도 염두에 두었습니다. 일단 가장 염두에 둔 것은 교육문제였습니다.

좋은 중학교가 어디에 있는지 알아보았습니다. 서울과고, 한성과고 같은 특목고의 홈페이지에 들어가 입학생들의 분포를 조사해 보았습니다.

그랬더니 재미있는 현상을 발견했습니다. 서울에서 소위 교육환경이 좋다는 곳은 강남과 목동과 중계동이었다는 사실이었습니다.

강남으로 이사를 가려고 하니 집값이 높아서 가지고 있는 돈으로는 도무지 엄두가 나지 않았습니다. 목동에 가려고 해도 역시 마찬가지였습니다.

그런데 중계동은 아직 알려지지 않아서인지 가격이 낮았습니다. 중계동 중에서도 학원이 가장 밀접해 있는 은행4거리 근처의 43평 아파트를 낮은 가격에 살 수 있었습니다.

또 한 번의 위기

계약을 하면서 자금 계획을 거의 완벽하게 짜 놓았다고 생각했는데 뜻하지 않은 위기가 닥쳐왔습니다. 당시 저는 증권사의 지점에서 증권영업을 하고 있을 때였습니다.

한 고객으로부터 주문을 받아 주식을 사 드렸는데 고객 분이 자신이 주문한 종목이 아니라는 겁니다. 저는 A종목으로 들었는데 고객 분은 B종목이라고 끝내 우기더군요.

왜냐하면 A종목이 사자마자 하한가로 폭락했기 때문이었습니다. 저는 10년 넘게 고객으로부터 주식주문을 받는데 어떻게 그런 기본적인 실수를 하겠느냐며 항변했지만 고객 분은 요지부동이었습니다.

이런 경우를 대비해서 증권회사는 고객으로부터 오는 전화를 녹취해 놓습니다. 고객 분에게 "누가 실수를 했는지는 녹취해 놓은 것을 들어 보면 금방 알 수 있습니다. 같이 녹취된 것을 들어보고 고객님 말씀이 맞으면 제가 다 변상해드리겠습니다."

라고 말씀드렸습니다. 이전에도 몇 번 이런 경우가 있었거든요. 고의든 아니든 고객분들 중에 착각하시는 분들이 간혹 계셔서 이번에도 그러리라고 생각했습니다.

그런데 문제는 녹취기가 고장 난 바람에 확인할 길이 없다는 것이었습니다. 난감하더군요. 이런 저런 이유로 결국 중도금 주려고 장만해 놓은 돈은 고스란히 변상금으로 날아갔습니다.

다행히 비상시를 대비한다는 명목으로 몇 해 전에 받아 놓은 교보증권 우리사주는 팔지 않고 있었습니다. 결국 우리사주를 매도하고 은행에서 융자를 받아 겨우 입주할 수 있었지만 한동안 자금흐름이 꼬여 또 다시 고생을 해야만 했습니다.

단독주택으로 이사

2008년이 되었습니다.

노도강(노원, 도봉, 강북)지역의 아파트 가격이 급등했습니다.

저는 집을 팔 마지막 기회라고 생각했습니다.

이제부터의 집은 상승보다 하락에 대비해야 한다는 생각이었습니다. 그래서 과감히 팔았습니다. 지금 조회해보니 최고가에 팔린 셈이 되었습니다. 운이 좋았습니다. 하지만 대한민국에서 집 없이 사는 것도 또 다른 리스크라고 생각했습니다. 집값 변동에 가장 둔감한 집이 무얼까? 베타계수가 제일 낮은 것은 무엇일까? 고민하다가 대지지분이 넓은 단독주택을 생각하게 되었습니다. 그래서 지금은 북한산 자락, 성북구 정릉동의 122평 단독주택에 살고 있습니다.

제 개인적인 이야기는 여기서 끝내기로 하지요.

처음 460만 원의 실입주금도 모자라 쩔쩔 매던 때가 1987년도였습니다.

그리고 서울의 40평대 아파트로 이사를 온 것이 2000년이었습니다.

마당이 있는 단독주택으로 이사를 간 것이 2008년이었고요. 돌이켜 보면 참 우여곡절이 많았던 기간들이었습니다.

제가 이렇게 제 개인 이야기를 공개하는 것은 지금 이 순간에도 힘들어하고 있을 누군가를 위해서입니다.

저는 그야말로 맨손으로 결혼 생활을 시작했습니다. 많이 힘들었습니다. 하지만 그때 그때마다 고비를 넘기고 적절한 계획을 통해 넓은 집으로 옮기는 데 성공했습니다. 경제적인 자유도 확보했습니다.

지금 힘드십니까? 힘내십시오. 맨 주먹으로 시작한 저같은 사람도 있지 않습니까?

부동산/재테크/창업

장인석 지음 | 16,000원
312쪽 | 152×224mm

탐나는 부동산
어디 없나요?

이 책은 현재의 내 자금 규모로, 어떤 위치의 부동산을 언제 살 것인가에 대한 탁월한 분석을 펼쳐보여 준다. 월세탈출, 전세 탈출, 무주택자탈출을 꿈꾸는, 건물주가 되고 싶고, 꼬박꼬박 월세 받으며 여유로운 노후를 보내고 싶은 사람들을 위한 확실한 부동산 투자 지침서가 되기에 충분하다. 이 책은 실질금리 마이너스 시대에 부동산 실수요자, 투자자 모두에게 현실적인 투자 원칙을 수립하는 데 유용할 뿐 아니라 실제 구매와 투자에 있어서도 참고할 정보가 많다.

나창근 지음 | 15,000원
302쪽 | 152×224mm

나의 꿈,
꼬마빌딩 건물주 되기

'조물주 위에 건물주'라는 유행어가 있듯이 건물주는 누구나 한 번은 품어보는 달콤한 꿈이다. 자금이 없으면 건물주는 영원한 꿈일까? 저자는 현재와 미래의 부동산 흐름을 읽을 줄 아는 안목과 자기 자금력에 맞춤한 전략, 꼬마빌딩을 관리할 줄 아는 노하우만 있으면 부족한 자금을 충분히 상쇄할 수 있다고 주장한다. 또한 액수별 투자전략과 빌딩 관리 노하우 그리고 건물주가 알아야 할 부동산지식을 알기 쉽게 설명한다.

박갑현 지음 | 14,500원
264쪽 | 152×224mm

월급쟁이들은 경매가 답이다
1,000만 원으로 시작해서 연금처럼 월급받는 투자 노하우

경매에 처음 도전하는 직장인의 눈높이에서 부동산 경매의 모든 것을 알기 쉽게 풀어낸다. 일상생활에서 부동산에 대한 감각을 기를 수 있는 방법에서부터 경매용어와 절차를 이해하기 쉽게 설명하며 각 과정에서 꼭 알아야 할 중요사항들을 살펴본다. 경매 종목 또한 주택, 업무용 부동산, 상가로 분류하여 각 종목별 장단점, '주택임대차보호법' 등 경매와 관련되어 파악하고 있어야 할 사항들도 꼼꼼하게 짚어준다.

꼬박꼬박 월세 나오는
수익형부동산 50가지 투자비법

현재 (주)리치디엔씨 이사, (주)머니부동산연구소 대표이사로 재직하면서 [부동산TV], [MBN], [한국경제TV], [KBS] 등 방송에서 알기 쉬운 눈높이 설명으로 호평을 받은 저자는 부동산 트렌드의 변화와 흐름을 짚어주며 수익형 부동산의 종류별 특성과 투자노하우를 소개한다. 여유자금이 부족한 투자자도 전략적으로 투자할 수 있는 혜안을 얻을 수 있을 것이다.

나창근 지음 | 15,000원
296쪽 | 152×224mm

불확실성 시대에 자산을 지키는
부동산 투자학

부동산에 영향을 주는 핵심요인인 부동산 정책의 방향성, 실물경제의 움직임과 갈수록 영향력이 커지고 있는 금리의 동향에 대해 경제원론과의 접목을 시도했다. 따라서 독자들은 이 책을 읽으면서 부동산 투자에 대한 원론적인, 즉 어떤 경제여건과 부동산을 둘러싼 환경이 바뀌더라도 변치 않는 가치를 발견하게 될 것이다.

김태희 지음 | 18,500원
412쪽 | 152×224mm

바닥을 치고 오르는
부동산 투자의 비밀

이 책은 부동산 규제 완화와 함께 뉴타운사업, 균형발전촉진지구사업, 신도시 등 새롭게 재편되는 부동산시장의 모습을 하나하나 설명하고 있다. 명쾌한 논리와 예리한 진단을 통해 앞으로의 부동산시장을 전망하고 있으며 다양한 실례를 제시함으로써 이해를 높이고 있다. 이 책은 부동산 전반에 걸친 흐름에 대한 안목과 테마별 투자의 실전 노하우를 접할 수 있게 한다.

이재익 지음 | 15,000원
319쪽 | 170×224mm

그래도 땅이다
불황을 꿰뚫는 답, 땅에서 찾아라

올바른 부동산투자법, 개발호재지역 투자 요령, 땅의 시세를 정확히 파악하는 법, 개발계획을 보고 읽는 방법, 국토계획 흐름을 잡고 관련 법규를 따라잡는 법, 꼭 알고 있어야 할 20가지 땅 투자 실무지식 등을 담은 책이다. 이 책의 안내를 따라 합리적인 투자를 한다면 어느새 당신도 부동산 고수로 거듭날 수 있을 것이다.

김태희, 동은주 지음
17,000원
368쪽 | 153×224mm

춤추는 땅투자의
맥을 짚어라

이 책은 땅투자에 대한 모든 것을 담고 있다. 땅투자를 하기 전 기초를 다지는 것부터 실질적인 땅투자 노하우와 매수·매도할 타이밍에 대한 방법까지 고수가 아니라면 제안할 수 없는 정보들을 알차게 담아두었다. 준비된 확실한 정보가 있는데 땅투자에 적극적으로 덤비지 않을 수가 없다. 이 책에서 실질적 노하우를 얻었다면 이제 뛰어들기만 하면 될 것이다.

최종인 지음 | 14,500원
368쪽 | 153×224mm

주식/금융투자

북오션의 주식/금융 투자부문의 도서에서 독자들은 주식투자 입문부터 실전 전문투자, 암호화폐 등 최신의 투자흐름까지 폭넓게 선택할 수 있습니다.

고양이도 쉽게 할 수 있는
가상화폐 실전매매 차트기술

이 책은 저자의 전작인 《암호화폐 실전투자 바이블》을 더욱 심화시킨, 중급 이상의 투자자들을 위한 본격적인 차트분석서이다. 가상화폐의 차트의 특성을 면밀히 분석하고 독창적으로 체계화해서 투자자에게 높은 수익률을 제공했던 이론들이 고스란히 수록되어 있다. 이 책으로 가상화폐 투자자들은 '코인판에 맞는' 진정한 차트분석의 실제를 만나 볼 수 있다.

박대호 지음 | 20,000원
200쪽 | 170×224mm

암호화폐 실전투자 바이블
개념부터 챠트분석까지

고수익을 올리기 위한 정보취합 및 분석, 차트분석과 거래전략을 체계적으로 설명해준다. 투자자 사이에서 족집게 과외·강연으로 유명한 저자의 독창적인 차트분석과 다양한 실전사례가 성공투자의 길을 안내한다. 단타투자자는 물론 중·장기투자자에게도 나침반과 같은 책이다. 실전투자 기법에 목말라 하던 독자들에게 유용할 것이다.

박대호 지음 | 20,000원
200쪽 | 170×224mm

최기운 지음 | 20,000원
312쪽 | 170×224mm

지금, 당장 남북 테마주에 투자하라

최초의 남북 테마주 투자 가이드북 투자는 멀리 보고 수익은 당겨오자. 이 책은 한번 이상 검증이 된 적이 있던 남북 관련 테마주들의 실체를 1차적으로 선별하여 정리해 준 최초의 가이드북이다. 이제껏 급등이 예상된 종목 앞에서도 확실한 회사소개와 투자정보가 부족해 투자를 망설이거나 불안함에 투자적기를 놓치던 많은 투자자들에게 훌륭한 참고자료가 될 것이다.

최기운 지음 | 18,000원
424쪽 | 172×245mm

10만원으로 시작하는 주식투자

4차산업혁명 시대를 선도하는 기업의 주식은 어떤 것들이 있을까? 이제 이 책을 통해 초보투자자들은 기본적이고 다양한 기술적 분석을 익히고 그것을 바탕으로 향후 성장 유망한 기업에 투자할 수 있는 밝은 눈을 가진 성공한 가치투자자가 될 수 있다. 조금 더 지름길로 가고 싶다면 저자가 친절하게 가이드 해준 몇몇 기업을 눈여겨보아도 좋다.

최기운 지음 | 15,000원
272쪽 | 172×245mm

케.바.케로 배우는 주식
실전투자노하우

이 책은 전편『10만원 들고 시작하는 주식투자』의 실전편으로 주식투자 때 알아야 할 일목균형표, 주가차트와 같은 그래프 분석, 가치투자를 위해 기업을 방문할 때 다리품을 파는 게 정상이라고 조언하는 흔히 '실전'이란 이름을 붙인 주식투자서와는 다르다. 주식투자자들이 가장 알고 싶어 하는 사례 67가지를 제시하여 실전투자를 가능하게 해주는 최적의 분석서이다.

곽호열 지음 | 19,000원
244쪽 | 188×254mm

초보자를 실전 고수로 만드는
주가차트 완전정복

이 책은 주식 전문 블로그 〈달공이의 주식투자 노하우〉의 운영자 곽호열이 예리한 분석력과 세심한 코치로 입문하는 사람은 물론 중급자들이 놓치기 쉬운 기술적 분석을 다양하게 선보인다. 상승이 예상되는 관심 종목 분석과 차트를 통한 매수·매도 타이밍 포착, 수익과 손실에 따른 리스크 관리 및 대응방법 등 주식시장에서 이기는 노하우와 차트기술에 대해 안내한다.